NICHTS WIRD WIE VORHER SEIN

SERA MILANO

NICHTS WIRD WIE VORHER SEIN

Aus dem Englischen von Birgit Schmitz

CARLSEN

Für alle, die dabei sind, das Überleben zu lernen.
Gebt nicht auf.

»In einer mörderischen Zeit
bricht das Herz und bricht
und lebt, indem es bricht.«
Stanley Kunitz, The Testing Tree

EINS

AUSSAGE VON JOSEPH (JOE) MEAD, 17

Ich hab Ellie Kimber beim Tanzen zugesehen.

AUSSAGE VON VIOLET NKIRU CHIKEZIE, 16

Wir haben Ellie Kimber beim Tanzen zugesehen. Ihr Kleid war fast zu kurz, um den Namen zu verdienen, und es glitzerte wie der Schwanz einer Meerjungfrau. Auch ihre Haut glänzte, die Beine so lang, dass sie nirgends zu enden schienen. Mein kleiner Bruder zog an meiner Hand, und als ich ihn anschaute, sah ich, dass er sich genauso zur Musik bewegte wie sie. Da musste ich lächeln. Unsere Mutter neben uns schüttelte missbilligend den Kopf. Aber hingeguckt hat sie auch.

AUSSAGE VON PEACHES BRITTEN, 16

Alle sahen Ellie Kimber beim Tanzen zu. Sie war wie der hellste Silberstreif an einem verhangenen Himmel. Selbst wenn man sie hasste, konnte man einfach nicht wegsehen.

AUSSAGE VON ELLIOT (ELLIE) KIMBER, 17

Ich hab getanzt. So kann ich am besten alles vergessen. Augen zu, Kopf nach hinten. Und alles loslassen. Ich war ganz in die

Musik versunken, die hin und her waberte und mal lauter, mal leiser wurde, je nachdem, wie ich den Kopf drehte. Der Bass war wie ein Herzschlag, den man mehr fühlt als hört. Ich wurde von der Menge gegen die vordere Absperrung gedrängt und landete so dicht an den Lautsprechern, dass ich die Vibration in der Luft spüren konnte.

Keine gute Idee, ich weiß. Auf das bisschen Hörvermögen, das ich noch habe, sollte ich besser aufpassen. Aber auch wenn ich auf beiden Ohren taub wäre, hätte ich da vorn gestanden. Weil die Musik den Boden beben lässt, und wenn sie dann durch die Füße hochpulsiert, fühlt es sich fast so an wie beim Laufen, nur ohne den Schmerz oder die Konzentration oder die Schuldgefühle.

....

JOE

Die Musik war nicht mal gut. Die Setliste beim Ambereve-Festival ist jedes Jahr gleich: Erst dürfen ein, zwei Lokalmatadore ran, damit sie mit ihren verstimmten Klampfen auch mal woanders auf der Bühne stehen als beim Talente-Abend im Queen's Head Pub. Dann kommt – als Attraktion des Abends – Eric Stone. Ambersides einziger echter Promi. Auch wenn seine besten Zeiten schon mindestens zwanzig Jahre hinter ihm liegen.

PEACHES

Mum erinnert sich noch an die Zeit, als Eric Stone einer von den ganz Großen war. So groß wie die Beatles, nur mit einem besseren Haarschnitt, sagt sie. Sie hat ihm mal ihren BH auf die Bühne geworfen. Jetzt wohnt er im Reichenviertel oberhalb der Stadt und schaut auf unsereins herab. Ich kenne ihn nur als den alten Sack mit dem Bart, der mich angeschnauzt hat, als ich bei seinem Soundcheck gepatzt hab. Blödmann.

VIOLET

Ich würde mir seine Musik sonst nicht anhören, aber wie Ellie sich dazu bewegte, war wunderschön. Ich war fast ein bisschen neidisch, obwohl ich so was nie könnte – so vor allen tanzen. Ich würde es auch gar nicht wollen, und das nicht nur, weil meine Mutter dann aus dem Kopfschütteln gar nicht mehr rauskäme. Sie hat meinen Namen aus einem Kinderbuch, das sie zu meiner Geburt geschenkt bekam, und manchmal passt er viel zu gut zu mir: Violet, das schüchterne Veilchen. Ich mache mir nichts aus Tanzen. Ich halte mich lieber am Rand auf, wo ich andere beobachten kann, ohne selbst ins Blickfeld zu geraten. Ellie tanzt, als wäre es ihr egal, wenn die ganze Welt zuguckt. Aber warum auch nicht? Wenn sie tanzt, besteht die ganze Welt nur aus ihr. Ihr allein.

JOE

Sie bewegt sich, als ob … Keine Ahnung. Als ob sie leichter wäre als wir. Als ob sie keine Knochen hätte, die sie nach unten ziehen. Deswegen drehen sich in der Schule auch alle nach ihr um, wenn sie durch den Flur schwebt. Ich schaffe es nie, den Blick abzuwenden. Keiner schafft es; und das nicht nur wegen dieser ganzen »Model«-Geschichte. Obwohl ich sehe, dass andere Mädchen sie anstarren, als hätte sie ein Geheimnis – als könnten sie es vielleicht kopieren, wenn sie nur rausfänden, was es ist. Sie schauen sie an, als würden sie gern in ihre Haut schlüpfen und sie werden.

Und genauso hab ich sie an dem Abend auch angesehen. Angestarrt. Ich konnte nicht anders.

Sam stupste mich an, dann schob er einen Finger unter den Aufreißring meiner Dose und nahm sie mir lachend ab. »Vorsicht! Gleich fallen sie dir aus dem Kopf!«

Ich wandte ihm nicht mal den Blick zu. »Was?«

»Deine Augen, Mann.« Dann lachte er wieder, aber ich wusste, dass er ihr auch zusieht. Das haben wir alle gemacht. Sie war einfach –

VIOLET

Schön.

PEACHES

Was für eine blöde Tusse.

ELLIE

Ich wartete auf das Feuerwerk. Ambereve läuft immer nach dem gleichen Muster ab: Es gibt den ganzen Tag Stände auf der High Street und Karussells für die Kleinsten, die allerdings von angetrunkenen Teenies gekapert werden, wenn die Mitarbeiter nicht aufpassen. Es gibt heißen Apfelpunsch – mit und ohne Alkohol – in kleinen Pappbechern, kandierte Früchte und Knuspercrunch in gestreiften Papiertüten. Zuckerwatte und Liebesäpfel. Und dann kommt der Umzug.

VIOLET

Zu dem Umzug trifft sich immer ganz Amberside. In diesem Jahr sowieso.

ELLIE

Im letzten Jahr ist alles abgesagt worden, Umzug und Festival. Darum war es dieses Jahr wie eine Befreiung, wie ein kollektives Aufatmen, als wir uns versammelten, um loszuziehen. Wahrscheinlich waren genauso viele Leute dabei wie sonst auch, aber es fühlte sich voller an. Alle hingen irgendwie dichter aufeinander. Es herrschte ein so kompaktes Gedränge, dass es mir vorkam, als würden unsere Herzen im Gleichtakt schlagen. Das war schön.

PEACHES

Man soll sich draußen vor dem Rathaus eine Fackel nehmen und sie im Vorbeigehen zum Anzünden in ein Feuer halten. An diesem einen Tag im Jahr stört sich keiner daran, dass sie brennende Stöcke an angetrunkene Teenies verteilen. Obwohl es an meiner Schule einen Jungen gibt, der sich dabei mal die Haare abgefackelt hat.

JOE

Dougie hat sich mal selbst angekokelt. Das war der Hammer. Ihm ist aber nichts passiert, außer dass er bis Weihnachten keine Augenbrauen hatte.

ELLIE

Dann sind wir, wie immer, die Straße zum Hearne House hochgezogen.

PEACHES

Zum »Historischen Hearne House«, wie es auf den Plakaten heißt. Aber wir haben einen einfacheren Namen dafür.

VIOLET

Das Haus auf dem Hügel.

ELLIE

Alle sind bei dem Umzug dabei, entweder als Teilnehmer oder als Zuschauer: Schülerinnen und Schüler von der Clifton Academy und vom Sefton College, selbst diejenigen, die von sich behaupten würden, dass sie zu alt für so was sind. Eltern, die so tun, als müssten sie auf den Nachwuchs aufpassen. Kleine Kinder, die an irgendwelchen Armen zerren und darum betteln, auch mal die Fackel tragen zu dürfen.

Ich weiß noch, dass ich mich gefragt hab, wie das Ganze wohl von oben aussieht. All die kleinen Lichter in Bewegung, wie Sternschnuppen, die sich in einem dunklen See spiegeln. Kleine Kometen. Meine Eltern traf ich unterwegs eher zufällig. Und Mum meinte, so ein Freudenfeuer hätte echt was, wenn es abends noch warm genug ist, dass man dabei auch ein bisschen Haut zeigen und es genießen kann.

Dad schüttelte den Kopf und sagte mit einem Blick zu mir: »Jetzt ermuntere sie nicht auch noch.«

Ich lachte und verlor sie wieder aus den Augen, als wir über die Brücke gingen und ich zu meiner Gruppe aufschloss: Jessa, Cori, Sutton und ein paar andere um uns rum, die hofften, mithalten zu können. Der Sturm auf die Wiese fühlte sich an, als ob man eine Tür aufmacht und einen Schwall heißer Luft in einen kalten Raum lässt. Wir rannten zur Bühne.

VIOLET

An der Brücke über den Fluss bildete sich ein Rückstau. Das Haus ist ein Punkt inmitten eines sehr großen, von einer Mauer umgebenen Grundstücks, auf das man nur über diese eine Brücke kommt. Ein Stück des Flusslaufs liegt unter der Brücke, und dann fließt das Wasser auf der Innenseite der Begrenzungsmauer entlang, wie ein Burggraben, nur auf der falschen Seite. Ich hab vor Jahren mal ein Schulprojekt darüber gemacht. Die Mauern setzen zu beiden Seiten der Brücke an und ragen so hoch auf, dass sie das Haus in eine Festung verwandeln. Wobei man sich fragt, wen genau sie eigentlich draußen halten wollten.

PEACHES

Man fragt sich, wen sie drinnen festhalten wollten.

Ich hab keine Fackel getragen. Ich war ja schon seit neun Uhr morgens im Park gewesen, zusammen mit der Technik-Crew und anderen Freiwilligen vom örtlichen Laientheater. Es gibt diesen Deal, dass unsere Schultheatergruppe dreimal im Jahr Stücke auf dem Gelände aufführen darf und wir dafür mit unseren Leuten bei allen anderen Veranstaltungen dort mithelfen – also vor allem bei Hochzeiten und Tagungen und so. Ambereve ist bei Weitem das größte Event. Wir hatten Beleuchtungsbrücken aus Metall über der provisorischen Bühne aufgebaut und waren noch dabei, die letzten Checks zu machen, als die Zuschauer kamen. Auf einen Schlag war die halbe Stadt da, weswegen die Brücke zum Nadelöhr wurde. Am Ende quetschten die Leute sich quasi einzeln durch und wurden dann von Ordnern zu der Stelle geführt, wo sie ihre Fackeln aufs Begrüßungsfeuer werfen konnten.

Das Feuer soll ein Symbol für Einigkeit sein, aber ich glaub nicht, dass allzu viele darüber nachdenken, wie warm und wohlig ihnen bei diesem pyromanischen Gemeinschaftsakt ums Herz wird.

JOE

Dieses Jahr war das Feuer echt riesig. Wenn es was gibt, wofür Amberside sich total ins Zeug legt, dann ist das Brandstiftung. Dabei war das Begrüßungsfeuer nicht mal die Hauptattraktion. Die Leute stürmten wegen der Musik und dem Feuerwerk auf die Wiese. Dougie, Sam und ich mussten uns ranhalten, um uns unsern gewohnten Platz auf dem Südhang zu sichern. Da sitzen wir gern, weil man sich mit dem Rücken an die Mauer lehnen kann, die die Wiese von der privaten Gartenanlage trennt.

Als Sam mir meine Bierdose zurückgab, war sie leer, aber das hat mich nicht groß gestört. Hab eh nur so getan, als würde ich trinken. Ich bin ziemlich gut im Faken – was ich schon für Zigaretten rausgehauen hab, die ich gar nicht inhaliere … Ich wollte am nächsten Tag wieder mit dem Trainieren anfangen, diesmal so richtig, und weil es auf Oktober zuging, fiel mir das frühe Aufstehen auch ohne Kater schon schwer genug. Dieses Jahr war es schon kälter als sonst um die Zeit. Ich bohrte die Dose in die Erde und sah Ellie weiter beim Tanzen zu; um sie rum war die übliche wechselnde Gruppe von Mädchen, die um ihre Aufmerksamkeit buhlen. Wir warteten auf das Feuerwerk.

VIOLET

Meine Mutter sagte, sie käme nur wegen dem Feuerwerk am Ende des Konzerts mit. Andere gingen hin, weil sie tanzen und Zeit mit ihren Freunden verbringen wollten. Ich ging mit, um Zeit mit Mum zu verbringen. Es ist mir nicht peinlich, das zu sagen. Zu Hause ist immer so viel zu tun: Da muss ich Hausaufgaben machen, mich mit um Dad kümmern, eine Million Dinge erledigen. Es erschien mir immer wie ein kleines Wunder, mal einen Moment Zeit zu haben, um das alles beiseitezuschieben und den Leuten beim Tanzen zuzusehen. Und Mum beim Warten auf das Feuerwerk.

PEACHES

Das Feuerwerk kann sich meistens sehen lassen. Jedenfalls macht es mehr her als Eric Stone. Aber obwohl ich mir einen Top-Aussichtspunkt gesichert hatte, war mir das ganze Geböller eigentlich total egal. Dafür hatte ich nicht den lieben langen Tag darum gebettelt, während des Konzerts auf diesem schmalen Gerüst über der Bühne balancieren zu dürfen.

Es hat ewig gedauert, den Bühnenmeister davon zu überzeugen, dass ich die Richtige für den Job auf der Beleuchtungsbrücke war – die Auserwählte, die während des Konzerts über allem thronen und einen der quietschenden alten Verfolgerscheinwerfer immer direkt auf die kahle Stelle auf Eric Stones Kopf halten würde. Er hat mich angeguckt, als hätte er Angst, dass sich das Gerüst in der Mitte durchbiegt unter meinem Gewicht. Fühlte sich nicht so toll an. Aber es hat sich gelohnt. Denn sobald ich oben war, lag mir die ganze Welt zu Füßen, und alles wirkte sehr viel kleiner und unbedeutender als sonst. Sogar Ellie Kimber zu beobachten, machte mir nichts aus, wenn sie so tief unter mir war. Was die übliche Hackordnung total auf den Kopf stellte. Da oben war ich von alldem befreit. Sogar von mir selbst.

JOE

»Die lassen sich aber ganz schön Zeit«, klagte Dougie und schaute in den Himmel hoch. »Fangen die sonst nicht während seines großen Finales an?«

Eric Stone spielte grade »Rock Saw Us«, seinen größten Hit, der ihm den Spitznamen Rocksaurus eingebracht hat, jedenfalls bei allen, denen seine lahmen Uraltnummern zu den Ohren rauskommen. »Vielleicht hat er ja noch was Neues auf Lager«, gab ich zu bedenken. »Oder sie bringen zum Schluss doch noch einen auf die Bühne, der was kann.«

»Vielleicht ist der, der das Feuerwerk zündet, aber auch von diesem Hintern da abgelenkt«, warf Sam ein und zeigte irgendwohin. »Seht mal.«

Aber ich war auf was anderes fixiert.

Ellie Kimber trug ein kurzes Paillettenkleid, das in allen Farben glitzerte und wie aufgesprüht aussah. In dem Moment hätte ich wahrscheinlich aufzählen können, wie viele Haarsträhnen aus ihrem goldblonden Pferdeschwanz rausgerutscht waren, den sie beim Tanzen durch die Luft wirbelte. Aber die Ärzte sagen, ich soll davon ausgehen, dass meine Erinnerung einige Lücken hat.

Ich hab keine Ahnung, wessen Hintern Sam mir zeigen wollte. Das liegt allerdings nicht daran, dass mein Verstand mir Streiche spielt. Ich wusste es auch an dem Abend nicht.

Ich erinnere mich, dass ich verständnislos zu Dougie und Sam hingesehen hab und dass sie grinsten.

»Jetzt komm schon!«, stöhnte Sam. »Mach mit.« Und da blieb mir ja nichts anderes übrig, oder? Dougie lehnte lachend an Sam. Ich drehte mich um, um die vielen Hintern durchzugehen, die in unsere Richtung geschwenkt wurden, tat so, als ob ich den gefunden hätte, der gemeint war, und gab ihm Punkte auf einer Skala von eins bis zehn.

VIOLET

Die erste Explosion erhellte den Himmel und das Gesicht meiner Mutter. Ich hab sie angesehen und mir ihren Ausdruck genau eingeprägt. Sie lächelte so selten, dass ich es jedes Mal rot im Kalender angestrichen habe, wenn ein Lächeln aufblitzte. Mein kleiner Bruder schrie und drückte sich an mich, und ich legte meine Hand auf seine dichten Locken und versicherte ihm, dass alles gut ist.

»Ganz ruhig, Ade. Es ist zwar laut, aber dir kann nichts passieren. Sieh nur all die Farben!« Er war immer noch unsicher, aber er drehte sich so, dass er zu mir hochschauen konnte, drückte seine Finger auf mein Gesicht und sagte, meine Haut wäre blau geworden.

ELLIE

Der Himmel riss auf und blauer Glitzer regnete herab. Der blaue Himmel tauchte alle Gesichter unten in dieselbe Farbe. Eine große Explosion, dann folgte das Knattern von weiteren, kleineren Explosionen. Besser als der Rhythmus der Musik. Ich legte den Kopf in den Nacken, um zu sehen, was als Nächstes kommt.

PEACHES

Als das Feuerwerk losging, verhakte ich die Beine und einen Arm in den Streben des Gerüsts und ließ mich etwas nach vorn kippen. Ich spürte, wie sich mein nicht unbeträchtlicher Schwerpunkt verlagerte. Zweitausend Gesichter schauten zu mir hoch. Das war mal was Neues, wo ich doch an der Clifton üblicherweise irgendwo am Boden rumkrebse.

Ich muss die Erste gewesen sein, die gesehen hat, was passierte. Weil ich den perfekten Beobachtungsposten hatte. Und weil ich nicht das Feuerwerk anschaute, sondern die Leute unter mir, die in immer neuen Farben aufleuchteten. Dabei ist mir sogar kurz der Scheinwerfer verrutscht, woraufhin der Rock-Dinosaurier eine Sekunde lang im Dunkeln stand.

JOE

Sam packte mich hinten am Hemd. »Was ist das?«

VIOLET

»Du bist auch blau«, sagte ich zu Ade und fuhr mit der Fingerspitze über seine Wange, während die Lichter ein ganzes Spektrum von Farben durchliefen und auf unsere Haut warfen. »Und jetzt bist du wieder braun. Und orange. Und braun. Welche Farben hab ich?«

PEACHES

Die Leute reckten die Arme in die Luft und schauten in den Himmel hoch. Sie wiegten sich zur Musik, weswegen es einen Moment dauerte, bis ich die andere Bewegung wahrnahm, die mit einem Mal durch die Menge ging. Sie war irgendwie falsch. Weil sie gegen den Strom lief.

ELLIE

Die Welt bestand nur aus Lärm und Licht.

JOE

Sam zog mich am Hemd hoch. Plötzlich war er hinter mir auf den Knien. Er sagte: »Guck doch mal, Joe!«

VIOLET

Ade reckte sich grinsend hoch und legte die Fingerspitzen an mein Kinn. »Du hast alle Farben, V.«

PEACHES

Es fing ganz klein an. So, wie wenn eine Brise durch ein Getreidefeld weht und dabei ein paar hohe Halme abknickt. Die Menge unter mir geriet durcheinander, sie kam aus dem Takt und rückte irritiert enger zusammen.

Dann riss etwas eine Schneise mitten hindurch.

ZWEI

PEACHES

Leute fielen um. Sie verrenkten sich plötzlich und stürzten zu Boden. Ich verstand nicht, was los war. Direkt über mir explodierte das Feuerwerk. Ich hörte nur sein Echo in meinem Kopf und sah, dass verstreut in der Menge unten einzelne Menschen umfielen. Nicht wie Dominosteine, unmittelbar hintereinander, sondern einer hier und einer da. Wahllos. Zuerst hielt ich es für einen Scherz. Einen Flashmob. Irgendwas Geplantes.

JOE

»Was zum Teufel ...?« Ich stand auf und zog auch Doug hoch, weil ein Mädchen auf uns zu gestolpert kam, das ... Es gibt doch diese Klischee-Zombies aus schlechten Horrorfilmen? Die mit ausgestreckten Armen rumrennen, als würden sie blind nach irgendwas greifen, ohne zu wissen, wonach? Genau das hat das Mädchen gemacht.

VIOLET

Es gab einen Knall wie von einem Böller, nur so laut, als wäre er genau neben meinem Ohr explodiert. Ade umklammerte meine Hand – ich hatte ihm gesagt, er bräuchte keine Angst zu haben, weil das Feuerwerk viel zu weit weg wäre.

JOE

Sie streckte die Arme nach uns aus, nach Sam, Doug und mir. Und ihr Shirt war am Oberkörper klatschnass von einer rotschwarzen Flüssigkeit.

ELLIE

Ich bekam von hinten einen Schubs, und zwar mit solcher Wucht, dass mir die Luft wegblieb. Aber es war nicht eine einzelne Person. Die ganze Menge drängte gleichzeitig nach vorn, und ich wurde gegen die Absperrung gepresst.

PEACHES

Weil alle nach rechts oder links wegdrängten, war die Schneise, die durch die Menge geschlagen worden war, bald nur noch durch die zu erkennen, die am Boden lagen und nicht mehr wegrennen konnten. Und am Ende dieser Schneise: zwei von denen. Beide schwarz gekleidet, mit Kapuzen auf dem Kopf und vors Gesicht gebundenen Schals. Sie trugen riesige Waffen, Gewehre oder so was. Die Art, die man kaum für echt hält, weil man sie nur aus Filmen oder Spielen kennt.

Ich könnte Ihnen nichts über sie erzählen, weder wie alt sie waren noch welche Hautfarbe sie hatten. Von da, wo ich saß, sahen sie … winzig und weltverändernd zugleich aus.

Sie drehten ab, gingen jeweils in eine andere Richtung

los und fingen wieder an zu schießen. Schlugen neue Schneisen.

VIOLET

Ade drückte meine Hand ganz fest.

Dann ließ er los.

JOE

Doug kam als Erster bei ihr an. Ich dachte – die kenn ich doch. Sie ist im Jahrgang unter mir. Aber mir fiel ihr Name nicht ein, und aus irgendeinem Grund blieb ich an dieser Frage kleben. Wie sie hieß. Jetzt weiß ich ihren Namen wieder, von den Fotos, aber ... sie sah so verwirrt aus.

»Können wir helfen? Kann ich ...?«

Sie fiel nach vorn, in Dougs Arme. Sam guckte mich mit weit aufgerissenen Augen panisch an. Und ich holte mein Handy raus. Was man eben so macht, wenn man gerade gesehen hat, wie jemand stirbt. Man ruft Hilfe.

ELLIE

Die Leute kletterten über die Absperrungen, sie stiegen über mich drüber, um hochzukommen. Ich hatte in der ganzen Panik keine Chance rauszufinden, wo der Lärm eigentlich herkam. Wenn man nur auf einem Ohr was hört, nimmt man zwangsläufig alles verzerrt wahr – für mich klingt jedes Geräusch, als käme es von rechts. Also orientierte ich mich instinktiv nach links, weg von dem Lärm. Ich wollte auch über die Absperrung und grabschte nach Jesse, um sie mitzuziehen. Aber sie knallte mir ihren Ellenbogen in die Schulter, dann drückte sie eine feuchtkalte Hand in mein Gesicht und schob sich über die Absperrung. Sie hat sich nicht umgesehen, um zu gucken, ob ich hinterherkomme.

Dann spritzte mir irgendwas Heißes in den Nacken.

PEACHES

Eine Kugel streifte das Metall des Gerüsts und schlug Funken.

ELLIE

Das Feuerwerk war vorbei, aber um mich rum waren immer noch kleine Explosionen zu hören. Lichtlose Echos, die den Boden erschütterten. Die Absperrung kippte um.

PEACHES

Alle drängten zur Bühne, ein einziger großer Menschenpulk. So war es bestimmt noch leichter, sie ins Visier zu nehmen. Die Band ging hinter ihren Instrumenten in Deckung. Ich sah, wie sie zu den Seiten gekrochen sind. Stone war in einer dramatischen Drehung zu Boden gesunken und robbte dann quer über die Bühne nach hinten.

ELLIE

Es war, als würde ich weitertanzen, nur dass ich mich nicht mehr selbst bewegte. Ich wurde mal hierhin gezogen und mal dahin. Wie eine Marionette ohne Fäden.

VIOLET

Ade hatte einen Schuss in die Schulter und einen in die Wade abbekommen. Aber das wusste ich damals noch nicht. Ich wusste nur, dass Blut aus den zerfetzten Gliedern meines Bruders spritzte. Und dass meine Mutter verzweifelt seinen Namen schrie, ihn packte und hochhob. Er war eigentlich schon zu groß, um getragen zu werden, aber sie zog ihn in ihre Arme. Ihre Schreie waren lauter als Schüsse.

JOE

Es schien alles innerhalb einer Sekunde zu passieren. Das Mädchen – Hannah, sie hieß Hannah – fiel um, und dann schrien alle, die ganze Wiese schrie. Ich dachte, ich hätte plötzlich den Verstand verloren. Als ich den Ersten von ihnen sah, eine dunkle Gestalt mit einer Waffe in der Hand, ergab das alles zwar nicht wirklich mehr Sinn, aber trotzdem fühlte es sich dann klarer an. Klar und kalt. Da war jemand, der um sich schoss. Ein totes Mädchen in Dougs Armen. Wir wurden gegen eine Mauer gedrängt.

Keiner sagte was. Wir rannten los.

VIOLET

Es gibt nur einen Zugang zum Hearne-House-Gelände und einen Ausgang. So viele Leute liefen in alle möglichen Richtungen durcheinander, dass sie das nicht so genau gewusst haben können wie ich. Aber meine Mutter wollte nicht weglaufen. Sie rührte sich nicht mal von der Stelle. Sie blieb einfach wie erstarrt mit Ade im Arm stehen.

Ich wollte dasselbe tun, aber ich wusste, dass es nur einen Ausgang gab, und auf dem Gelände befanden sich Männer mit Waffen.

Ich gab meiner Mutter eine Ohrfeige. Ich glaube, ich hatte mal gehört, dass Schmerz die Angst besiegen kann, aber ich habe keine Ahnung, woher ich wusste, dass es funktionieren würde. Ich habe keine Ahnung, woher ich den Mut dazu nahm, selbst unter den Umständen, aber es war so, als würde ihr erst durch die Ohrfeige wieder einfallen, wie man atmet. Sie schaute mich an, und ich erklärte ihr, dass wir von dem Gelände runtermussten. Sie trug Ade, als würde er nichts wiegen. Wir liefen Richtung Fluss.

PEACHES

Mir wäre wahrscheinlich nichts passiert, wenn ich einfach geblieben wäre, wo ich war. Jedem anderen hätte ich bestimmt gesagt: *Bleib oben, du Idiot. Kein Mensch guckt jemals nach oben.* Aber ich fühlte mich in dem Moment wie auf dem Präsentierteller.

ELLIE

Mir verschwamm alles vor den Augen. Ich konnte niemanden finden, den ich kannte. Die Mädels, die neben mir getanzt hatten, waren wie durch einen Zaubertrick verschwunden. Ich fühlte mich vor allem durch die vielen Leute bedroht, die sich auf mir stapelten. Irgendwer stieß mich um, sodass ich auf die Knie fiel. Ein Fuß traf mich so fest im Gesicht, dass er einen Bluterguss hinterließ. Ich versuchte immer noch den Lärm einzuordnen, wo er herkam und *was* genau das war. Tief im Innersten muss ich es gewusst haben, aber du denkst nicht: *Waffen.* Du denkst: Feuerwerk. Du fragst dich, ob irgendwer Böller in die Menge geschossen hat.

Irgendwas blockierte meine Fähigkeit, die Wahrheit zu akzeptieren. So als hätte mein Verstand versucht, mich zu schützen, indem er so tat, als wüsste er nicht, was los war.

Dann packte jemand meine Schultern. Es war einer der Ordner, seine Warnweste flatterte. Ich dachte, er wollte mir helfen. Aber stattdessen durchbrach er meinen Verleugnungs-Schutzschild.

»Warum schießen sie auf uns?«, fragte er. Seine Stimme war ein feuchtes Rasseln. Er spuckte mir Blut ins Gesicht. Ich vermute, wenn du eine Kugel in die Lunge kriegst, versucht dein Körper, sie einfach auszuatmen, wie Luft.

PEACHES

Mir gings vor allem darum, dass ich nicht mehr zusehen musste bei alldem, wenn ich erst mal unten war.

Zu dem Zeitpunkt hatten sie aufgehört, wahllos rumzuballern. Die Menge dünnte an manchen Stellen aus und wurde an anderen kompakter, und als ich Sprosse für Sprosse die Leiter am Gerüst runterstieg, konnte ich sehen, dass sie ihre Taktik änderten. Sie wählten jetzt bestimmte Ziele aus. Einzelne Menschen. Machten Jagd auf sie.

JOE

Ich verlor erst Doug irgendwo und dann Sam. Ich wollte nur noch *raus, raus, raus.* Das war mein einziger Gedanke.

PEACHES

Ich werde nie erfahren, ob ich mir das eingebildet habe oder nicht, aber ich hätte schwören können, dass einer von ihnen in meine Richtung sah. Ich spürte ein Kribbeln im Nacken.

VIOLET

Ade weinte. Er lebte. Alles würde gut werden. Wir mussten nur weglaufen.

PEACHES

Dann bekam ich Panik. Meine Hände an den Metallstreben waren schweißnass und glitschig, und ich wusste, dass ich nicht schnell genug nach unten kommen würde, um einer Kugel ausweichen zu können. Ich war noch anderthalb Meter vom Boden weg, als ich die Leiter einfach losließ.

JOE

Ich würde mich gern besser erinnern können. Zum Beispiel wünschte ich, ich könnte Ihnen was über die sagen, über die ich drübergestiegen bin, über diejenigen, zwischen deren Arme und Beine ich treten musste, als wäre das Ganze ein durchgeknalltes Schulhof-Spiel. Ich wünschte ... Ich wünschte, ich könnte sagen, dass sie alle schon tot waren, dass ich ihnen nicht noch irgendwie hätte helfen können. Aber ich kann es nicht. Ich weiß es nicht. Ich weiß nicht, ob es für sie schnell ging oder langsam oder wie viel Schmerzen sie hatten.

Es kommt mir so vor, als sollte man das wissen. Aber ich kann nur meine Geschichte erzählen. Ihre nicht.

Vielleicht gehört das zu den Dingen, wegen denen ich mich schuldig fühle. Sie waren nur eine verschwommene Masse für mich, ein Hindernis. Es waren *Menschen*, aber ich hab sie ... ich musste zum Fluss. Ich blieb nicht stehen.

PEACHES

Mein Knöchel hat die Hauptlast des Aufpralls abbekommen, zumindest für die paar Sekunden, bevor er nachgab. Ich dachte, er wäre gebrochen und dass ich, wenn er gebrochen war, trotzdem weglaufen musste. Aber ich richtete mich auf, und er hielt.

Ein Blick nach hinten sagte mir, dass ich mich entweder geirrt oder der Schütze mich übersehen hatte. Er bewegte sich von mir weg.

ELLIE

Der Drang, loszurennen, kam ganz instinktiv, aber anders als auf der Tartanbahn. Alles in mir befahl meinem Körper, sich von da wegzubewegen, aber ich hing fest. Der Ordner war auf mich draufgefallen, und die Leute, die auf die Bühne kletterten, begannen nach hinten wegzukippen; sie waren zur Zielscheibe geworden wie Flaschen auf einer Mauer. Ich wühlte mich durch fremde Glieder und hatte nasse Hände von all dem Blut. Mir drehte sich der Magen um, und das Herz sprang mir fast aus der Brust, aber ich musste da raus.

VIOLET

Die Leute rempelten und schubsten uns, die Hälfte wollte zum Fluss, aber genauso viele wollten auch vom Fluss weg. Es fühlte sich an, als würden wir von allen Seiten angegriffen, aber ich hielt die Hand meiner Mutter fest umklammert. Wir mussten einfach da weg.

JOE

Raus hier, raus, raus, raus ging es mir in Endlosschleife durch den Kopf, als würde ich keine anderen Wörter mehr kennen.

PEACHES

Ich konnte nirgends hin, ohne mich auf offenes Gelände zu begeben. Ich wusste, dass es zwei Schützen waren, mindestens, konnte aber nur einen von ihnen sehen.

ELLIE

Ich strampelte mein Bein frei – endlich, endlich konnte ich mich bewegen. Ich blickte hoch. Und da kam er auf mich zu.

VIOLET

Leute rannten an uns vorbei, versuchten zwischen uns durchzulaufen, warfen sich gegen unsere verschränkten Hände. Und zogen meine Mutter von mir weg.

PEACHES

Auf die Bühne zu klettern, kam nicht infrage. Ich hatte gesehen, was mit denen passierte, die es versuchten. Also kroch ich unter die Bühne. Und ich war nicht die Erste, die diese Idee hatte.

Es war dunkel da unten und still, wofür ich auf eine seltsame Art dankbar war. Mit geschlossenen Augen hätte ich niemals geahnt, was für ein unfassbares Gedränge in dem niedrigen Freiraum unter der Plattform herrschte. Ich konnte die Leute an ihrer blassen Haut erkennen und an ihren hellen Augen, aber es war so, als wären wir da unten zu einer Masse verschmolzen. Ich machte mich so klein, wie ich konnte. Ich lag auf den Beinen von jemandem. Und kurz drauf schob sich jemand halb auf meinen Rücken. Wir lagen kreuz und quer übereinander wie gestapelte Spielkarten.

ELLIE

Ich kann seine Augen nicht vergessen. Alles andere an ihm war so unmenschlich: eine bullige schwarze Silhouette mit einer glatten Metallverlängerung eines Arms. Aber zwischen seiner Kapuze und dem Schal über seinem Mund war ein Streifen blasser Haut zu sehen. Er hatte blaue Augen. Unsere Blicke trafen sich. Ich überlegte, zu wem ich beten sollte, wenn überhaupt. Es schien mir nicht allzu sinnvoll. Ich stellte mir die Gesichter meiner Eltern vor und dachte, so laut ich konnte: *Es tut mir leid.*

PEACHES

Ich schaute in ein dunkles und ängstliches Augenpaar, das zu einem Körper gehörte, der direkt neben meinem lag. Beinahe nah genug für einen Kuss. Als ich mich langsam an die Dunkelheit gewöhnte, konnte ich die Umrisse seines Gesichts erkennen.

ELLIE

Er drehte sich weg.

JOE

Ich stieß mit ihr zusammen.

ELLIE

Ich werde nie verstehen, warum. Er sah mir in die Augen, lud seine Waffe nach und ging weg.

JOE

Bin voll in sie reingerannt. Mit solcher Wucht, dass sie zu Boden ging. Aber sie war kein lebloser Körper wie die anderen, in denen vielleicht gerade noch ein Fünkchen Leben war, vielleicht aber auch nicht. Ich konnte sie nicht einfach da liegen lassen und versuchen sie zu vergessen. Sie hatte mir im letzten Trimester Mathe-Nachhilfe gegeben. Sie war still und wirkte immer irgendwie unsicher. Ich kannte ihren Namen. Ich reichte ihr meine Hand, und sie klammerte sich an meinen Arm, um wieder auf die Beine zu kommen. »Violet?«

VIOLET

Es war egal, ob ich Joe wehgetan hatte. Darüber dachte ich nicht nach. Ich sah ihn gar nicht, obwohl ich ihm ins Gesicht schrie.

JOE

Ich hab ihre Hand gepackt und ihr klarzumachen versucht, dass wir zur Brücke müssen. Aber sie hat einfach nur geschrien, ihre Worte wurden zu einem einzigen schrillen Geheul.

VIOLET

»Ich hab meine Familie verloren! O Gott, hilf mir, ich weiß nicht, wo meine Familie ist!«

DREI

PEACHES

Er war in meinem Jahrgang. Der Junge, dem das Gesicht gehörte. Wir hatten ein paar Kurse zusammen. Ich war bei den Besten in Englisch, wie er. Aber ich hatte das Gefühl, dass er überall zu den Besten gehörte, der kleine Scheißstreber.

Oh, sorry – darf man bei so einer Untersuchung überhaupt fluchen? Wenn nicht, muss ich Sie nämlich warnen, das passiert mir bestimmt noch öfter. Diese ganze Geschichte … was wir erlebt haben, kann man nicht auf nette, höfliche Art beschreiben.

Ich weiß, dass wir alle hier sind, weil Sie verstehen wollen, was in der Nacht passiert ist, und wir Ihnen dabei helfen sollen. Aber eins sollte klar sein: Wenn Sie mit uns reden, erfahren Sie *nichts* über die Leute, die das getan haben. Das Wer und Warum oder Wozu oder was auch immer spielt hier keine Rolle. Und darüber bin ich froh. Mich juckt nämlich nicht, was das für Typen waren und was sie wollten. Ich hab in den Zeitungen mehr als genug darüber gelesen, aber es ist mir egal. Und ich will, dass es Ihnen auch egal ist. Nicht die Männer mit den Waffen sollten Sie interessieren, sondern wir und die Leute, die mit uns da waren. Die, die weniger Glück hatten.

Das sind die, die wichtig sind. Über den Rest kann ich nur sagen, dass es keinen Grund gibt, der rechtfertigen könnte, was passiert ist. Es gibt nichts, was das entschuldbar macht. Diese ganze Aktion war sinnlos, und wenn Sie vernünftige Leute sind, dann werden Sie es nie verstehen. *Ich* werde es nie verstehen. Und ich war da.

Ich lag also eingequetscht unter dem Metallgerüst der Bühne, die ich am Tag davor selbst mit aufgebaut hatte, und starrte in braune Augen, von denen ich wusste, dass ich sie kannte. Sie gehörten dem kleinen Genie. Und ich war megaerleichtert, einfach nur weil ich in dem ganzen Chaos *irgendwas* Vertrautes sah.

Trotzdem dauerte es ein bisschen, bis mir sein Name wieder einfiel. Das lag aber nicht an dem Schock, jedenfalls nicht nur, obwohl es in der Situation auch kein Wunder gewesen wäre, wenn ich meinen eigenen Namen vergessen hätte. Er gehörte einfach zu denen, die niemand je richtig wahrnimmt. Womit er das Gegenteil von mir ist. Ich würde dafür töten, so komplett im Hintergrund zu verschwinden. Als er an unsere Schule kam, sprach er kaum Englisch. Irgendwann konnte er's dann natürlich, aber da hatten schon alle vergessen, warum sie nicht mit ihm sprachen – es war einfach seine Rolle, der zu sein, der übersehen wurde. Er war eh ziemlich still und seltsam, und zu brav, um jemals aufzufallen. Darum hatte ich seinen Namen nicht mehr im Kopf. Aber er fiel mir wieder ein.

Er hieß Mai.

JOE

»Du kannst sie jetzt nicht suchen!«, schrie ich Violet an und hielt ihre Hände fest, damit sie mir nicht die Augen auskratzte. Alle meine Instinkte drängten mich dazu, sie einfach stehen zu lassen und zuzusehen, dass ich weiter zum Fluss kam. Alle, bis auf einen.

VIOLET

Er versuchte mich zu beschützen. Aber das war das Letzte, was ich wollte.

JOE

»Hör zu, hier geht alles drunter und drüber. Wahrscheinlich sind sie eh längst über die Brücke. Sieh zu, dass du hier rauskommst. Du findest sie dann später wieder.« Aber es war eh klar, dass man ihr nicht mit Logik kommen konnte in einer Welt, die keine mehr besaß. Ich wusste nicht mal, wer ihre Familie war. Aber jeder mit einem Funken Verstand versuchte gerade, auf demselben Weg zu fliehen, über den wir aufs Gelände gekommen waren. Und in der ganzen Zeit, die wir dort standen – mir kam es wie eine Stunde vor –, überholten uns Leute, die die gleiche Idee hatten: zum Fluss zu kommen, rauszukommen. Eltern schoben ihre Kinder vor sich her, rannten, stießen mit uns zusammen. Ich stolperte ein paar Schritte nach vorn und zog sie mit mir mit.

VIOLET

Ich hab das nur noch verschwommen in Erinnerung, aber ich weiß, dass ich mich gewehrt habe, bis wir dann auseinandergerissen wurden. Auf dieselbe Art, wie ich vorher umgerissen worden war, als ich meine Mutter aus den Augen verloren hatte. Leute stiegen über mich drüber und drückten mich zurück nach unten, als ich aufzustehen versuchte. Meine Hände fühlten sich so leer an.

JOE

Von einer Sekunde auf die andere war sie weg. Ich bin nicht stolz darauf, aber ich hab nicht nach ihr gesucht. Mein Körper wollte einfach nur weiter. *Ich* wollte weiter. Da raus. Wegen der Bäume konnte ich nichts sehen, aber ich war weit genug gekommen, um Wasserplatschen zu hören, und vermutete, dass die Leute sich in den Fluss warfen. Über die Brücke konnten ja immer nur wenige gleichzeitig.

VIOLET

Eine Sache, an die ich mich noch allzu deutlich erinnere, ist, dass Schreie sich verändern zwischen der Zeit, in der Leute fürchten, gleich sterben zu müssen, und dem Moment, wenn der Tod kommt.

JOE

Die Schüsse kamen nicht von hinten, sondern von rechts. Wie Peitschenschnalzen, das durch die Luft knallt.

Sofort vergaßen alle ihre Fluchtroute und schwenkten nach links wie Läufer, die in die Kurve gehen.

PEACHES

»Alles in Ordnung?« Mai rückte ein Stückchen weiter zu mir her, während irgendwer, der doppelt so groß war wie er, sich von der anderen Seite gegen mich quetschte. Das ist wahrscheinlich die lächerlichste Frage, die mir je gestellt wurde, oder zumindest wars der lächerlichste Moment, sie zu stellen. Aber gerade weil sie so normal und alltäglich klang, war sie unendlich beruhigend. Wir waren in Sicherheit. Wir waren in Sicherheit. Was zum Teufel auch immer da draußen vor sich ging, hier mussten wir in Sicherheit sein.

»Mir schläft gerade ziemlich sicher mein linkes Bein ein, und der, dem ich schon die ganze Zeit meinen Fuß in den Schritt presse, wird wahrscheinlich nie Kinder zeugen können, aber ansonsten …«

Ich ließ mein Flüstern verklingen. Nicht mal ich konnte in dem Moment so britisch sein, zu sagen, es gehe mir gut.

Ich glaube, er hat fast ein bisschen gelächelt, aber dann stöhnte er überrascht auf, weil er gegen mich geschoben wurde. Ein weiterer Körper quetschte sich über uns und blockte noch mehr Licht ab.

Mai drehte, so weit es ging, den Kopf und spähte durch das Gewirr von Gliedmaßen um uns herum. »Man könnte meinen, keiner hier hätte je Tetris gespielt. Das ist definitiv nicht die beste Art, den Platz auszunutzen.«

»Tetris?« Er war also still und seltsam und er stand auf Retro-Computerspiele, denen er in kritischen Momenten wie diesen einen praktischen Nutzen abzugewinnen versuchte.

Er drehte den Kopf wieder zu mir her und zog eine Augenbraue hoch. »Früher oder später geht uns der Platz auf dem Spielfeld aus.«

Ein Chor halb unterdrückten Stöhnens und Zischens erklang, als sich der Nächste auf den Menschenstapel schob. Ich wusste, was Mai meinte. Jeder Neuankömmling konnte Aufmerksamkeit erregen, und sobald hier unten alles voll war … war das Spiel aus.

VIOLET

Es war, als würde ich blind werden. Ich hab die Gesichter abgescannt, aber ich konnte die einzelnen Gesichtszüge nicht wirklich erfassen, immer nur: falsche Hautfarbe, falsche Größe, falsches Geschlecht. Falsch, falsch, falsch. Nichts davon sagte mir was, lauter leere Gesichter.

Irgendwer kam schreiend auf mich zugelaufen und fiel dann hin wie ein Blatt, das von einem Baum geweht wird. Ich schaute auf ihn hinab, auf die seltsam abgewinkelten Glieder. Falsch.

JOE

Es war keine geordnete Massenflucht, wenn es so was überhaupt gibt. Niemand wusste, wo er oder sie hinsollte. Einige versuchten immer noch, zum Wasser zu gelangen in der Hoffnung, den versprengten Schüssen irgendwie ausweichen zu können. Aber ich hatte gesehen, wie jemand mitten im Sprint abgeknallt wurde, und ließ es lieber bleiben.

Direkt vor mir war die Mauer, die den nicht öffentlichen Teil des Parks abgrenzte. Hier kam man nur mit Führung rein und der Zutritt erfolgte durch ein bogenförmiges Metalltor. Die Leute hatten es bereits niedergerissen.

Und ich dachte, dass es da vielleicht noch Ausgänge geben könnte, die nicht öffentlich zugänglich waren.

VIOLET

Wenn ich nicht von einem plötzlichen Gedränge mitgerissen worden wäre, wäre ich, glaube ich, einfach da stehen geblieben. Ich wollte stehen bleiben. Ich wollte, dass *mir* jemand ins Gesicht schlägt.

JOE

Dann stieß ich mit jemandem zusammen, und es war wieder sie. Keine Ahnung, warum schon wieder sie, mitten in diesem Getümmel. Vielleicht Schicksal.

VIOLET

Sein Gesicht war leer, wie die anderen. Falsch.

JOE

Diesmal legte ich einfach einen Arm um ihre Taille und rannte weiter.

VIOLET

Im Hearne House wohnt niemand mehr, aber es gibt zwei Sicherheitsleute, die abwechselnd ihre Runden drehen, und der Kurator hat ein kleines Zimmer in dem Trakt, in dem früher die Bediensteten untergebracht waren. Die Lichter im Haus sind so eingestellt, dass sie jede Nacht ein paar Stunden brennen, ohne dass jemand einen Schalter betätigen muss. Aber die ummauerte Gartenanlage wird immer noch der

Familiengarten genannt, und die Blumenbeete sind makellos gepflegt. Die Rosen haben Preise gewonnen. Im Gemüsegarten gedeihen alte Arten, die anderswo ausgestorben sind. Ich hab mal einen Aufsatz darüber geschrieben.

Meine Aufmerksamkeit für Details kehrte erst in dem Moment wieder zurück, als mir klar wurde, dass ich ein schlechtes Gewissen bekam, weil wir über all die besonderen Beete trampelten.

Ist das nicht bescheuert?

JOE

Ich weiß nicht, worauf ich gehofft hatte. Zumindest auf eine Möglichkeit, sich zu verstecken. Sollten so alte Herrenhäuser nicht Irrgärten haben oder so was? Diese ganzen Blumenbeete waren komplett nutzlos, einfach nur offene Flächen mit schwarzer Erde. Ich zerrte sie mit mir zum Teich.

VIOLET

Der Fischteich ist voll mit Koi-Karpfen. Er liegt versteckt hinter Hecken, die in einem dekorativen Wellenmuster geschnitten sind.

JOE

Andere liefen weiter in Richtung Haus, aber ich wusste, dass wir keine Zeit mehr hatten.

VIOLET

Die Schützen kamen näher. Fünf Schüsse hallten durch den Garten. Drüben beim Teich, zu weit weg, als dass man ihm hätte helfen können, fing ein Mann an zu schreien und hielt sich den Fuß. Aus seinem Schuh strömte Blut.

JOE

Direkt hinter der Hecke stieß ich sie zu Boden. Und warf mich über sie.

VIOLET

Irgendwie hab ich's geschafft, nicht zu schreien. Ich hatte keine Luft mehr in der Lunge, vielleicht war das der Grund.

JOE

»Wieso *schießen* die auf uns?«, zischte ich. Ich glaube, in dem Moment hab ich geheult. Es macht mir nichts aus, das zuzugeben. Sobald ich aufgehört hatte zu rennen, begann ich zu begreifen, dass das alles real war. Ich nahm jeden Zentimeter meines Körpers bewusst wahr, jeden Millimeter Haut, der darauf wartete, zerfetzt zu werden. Ich war mir ziemlich sicher, dass meine Füße hinter der Hecke hervorschauten.

VIOLET

Es war so laut. Nicht das Knallen der Schüsse, sondern das Echo, das auf jeden Schuss folgte und wie Donner um die

Mauern herumlief. Der Boden bebte. Ich hörte Schreie und schlimmere Geräusche. Jetzt sehr nah.

»Weil sie wollen, dass wir sterben«, flüsterte ich zurück, zu leise, als dass man es über den Kugelhagel gehört hätte.

JOE

Dann Stille.

VIOLET

Aber trotzdem keine Sicherheit.

JOE

Entweder sie waren weitergezogen oder sie luden nach. Ich drückte mein Gesicht an Violets Schulter, um ruhig zu bleiben. Meine Angst wollte unbedingt rausgeschrien werden.

VIOLET

Ich spürte seinen Atem an meinem Hals. Sein Gesicht war feucht.

Ich war einem Jungen bis dahin noch nie so nah gewesen, aber ich merkte sofort, dass da nichts Gefährliches bei war. Dass es nur um Trost ging. Ich spreizte meine Finger auf seinem Rücken, riskierte nur diese kleine, fast unmerkliche Bewegung. Worte so leise wie Atem. »Alles okay.«

Für diese eine Sekunde war es so.

JOE

Die Schüsse fingen wieder an, aber man hörte, dass sie jetzt in eine andere Richtung zielten. Sie waren weitergezogen. Ich schaute auf Violet runter, wagte aber noch immer keine größere Bewegung, als den Kopf gerade so weit zu heben, dass meine Stirn an ihrer lag, und mit den Lippen »Alles okay, alles okay, alles okay« zu formen.

PEACHES

Das Mädchen, das auf mir lag, hatte angefangen zu weinen.

»Ist sie verletzt?«, fragte Mai.

Ich zuckte, so gut es ging, mit den Schultern, tastete nach ihrem Handgelenk und drückte es leicht. »Hey. Bist du verletzt?«

Von der anderen Seite unseres Verstecks war heftiges Gedränge zu spüren. Aber in meinem Blickfeld lagen zu viele Leute; ich konnte nicht sehen, was los war, vermutete aber, dass es keinen Platz mehr gab und die, die reinzukommen versuchten, es noch nicht geschnallt hatten.

»Bist du verletzt?«, fragte ich wieder. Die Leute verhielten sich nicht mehr so ruhig wie vorher. Überall um uns rum erhob sich Gemurmel.

»Mein Bein. Und mein Freund, mein Freund –« Als sie wieder anfing zu schluchzen, hab ich nicht weitergefragt. Plötzlich war ich dankbar dafür, dass ich während meiner gesamten Schulzeit Single gewesen bin.

»Was soll ich tun?«, zischte ich Mai zu, aber ich glaube, er hatte genauso wenig Ahnung wie ich. Und dann konnte ich ihn nicht mehr sehen, weil mir ein Knie ins Gesicht gerammt wurde; es gehörte einem Mann, der über uns drüberkletterte. Ich fluchte und versuchte, trotz der Last weiterzuatmen.

Der Typ war nur der Erste von vielen. Alle, die auf der linken Seite der Bühne waren, wollten plötzlich auf die rechte rüber. Und aus dem Gemurmel wurde Geschrei.

Als ich schwarze Stiefel sah, die außen um die Bühne herumstampften, wusste ich auch, wieso.

Sie bückten sich und fingen an, unter das Podest zu ballern.

ELLIE

Mit der verbogenen und kaputten Absperrung im Rücken beobachtete ich, wie der Mann, in dessen blaue Augen ich geschaut hatte, wegging. Und wie er wieder anfing zu schießen. Die Kugeln waren zu schnell, als dass ich sie gesehen hätte, aber ich bekam mit, dass sie ihr Ziel nicht verfehlten. Dass vor ihm Leute umfielen.

Ich wartete darauf, dass er sich umdrehte und mich erschoss.

Ich wartete. Ich lief nicht weg. Stand einfach nur da. Meine Füße haben mich noch nie im Stich gelassen, aber in dem Moment war es, als ob mein Gehirn vergessen hätte, wie es sie erreichen kann.

Aber er tat es nicht. Den Grund werde ich nie erfahren. Er drehte sich nicht um, und andere Leute starben an meiner Stelle, während er wegging.

Als ich ihn irgendwann nicht mehr sehen konnte, hockte ich mich hinter die kaputte Absperrung und rief meinen Vater an.

VIER

ELLIE

Das Telefon klingelte und klingelte, bis ich es irgendwo gegenknallen wollte, nur damit ich aufhören konnte, auf dieses Display zu starren.

PEACHES

Jetzt war sie verletzt. Das Mädchen mit dem Bein und dem Freund. Ich merkte, dass Blut in meine Kleider sickerte, während ein wahrer Ansturm von Leuten über mich hinwegkrabbelte und ich Mühe hatte, meinen Brustkorb zu schützen. Das Blut war heiß, es war endlos viel und nicht *meins*, aber ich konnte die Nächste sein. Mir wurde schlecht. Mir wurde schlecht und ich fühlte mich hilflos. Ich war der Pechvogel, der seine Sitzstange verlassen und sich selbst in eine Dose Geflügelpastete gequetscht hatte.

ELLIE

Dad rief nicht zurück. Mum ging nicht ans Telefon. Meine Freunde waren weg – und ich hatte keine Ahnung, wo. Niemand war stehen geblieben, um nach mir zu sehen. Beim Notruf klingelte und klingelte es, ohne dass jemand abhob.

PEACHES

Natürlich machte ich dasselbe wie alle anderen, also um mich schlagen, treten und schubsen, um aus dieser Todesfalle zu entkommen.

ELLIE

Irgendwann hob dann doch jemand ab beim Notruf. Ich war bei der Polizei gelandet, und eine Frau, die nicht so ruhig klang, wie sie wollte, sagte mir, sie wären dabei, auf die Situation zu reagieren. *Sind Sie an einem sicheren Ort?*, fragte die Frau. *Können Sie sich in Sicherheit bringen?*

Ich glaube, da habe ich angefangen zu schreien.

PEACHES

Mai war der einzige ruhige Punkt in der wild um sich schlagenden Masse, in der ich gefangen war. Als ich mich umdrehte, um sicherzugehen, dass er nicht tot war, stellte ich fest, dass er mich anschaute. Und dann an mir vorbeisah, zum Rand des Podests. Die Stiefel waren um die Ecke gebogen, und eine neue Welle von blutenden, panischen Leuten drängte zurück in unsere Richtung.

Er packte mich am Ellenbogen. »Schnell. Hier rüber.«

ELLIE

Geht es euch gut?

Ich schrieb eine Nachricht an Dad. Und eine an Mum.

Sagt mir, dass es euch gut geht.

PEACHES

Vielleicht haben uns seine Tetris-Kenntnisse da rausgeholfen. Keine Ahnung. Er war einfach gut darin, den richtigen Weg durch die Lücken zu finden, obwohl sie sich ständig veränderten. Dann schob er mich unter dem Podest hervor und befahl mir, loszulaufen.

Ich hielt seine Hände fest, aber als ich daran zerrte, zog er sie zurück. »Was hast du vor?«, fragte ich stirnrunzelnd.

ELLIE

Ich schrieb: *Ich bin in Sicherheit. Kommt mich nicht suchen. KOMMT MICH NICHT SUCHEN.*

PEACHES

»Ich versuch noch ein paar mehr Leuten da rauszuhelfen«, sagte er.

Und dann verschwand er einfach wieder unter dem Podest, als wäre es in Ordnung.

ELLIE

Ich liebe euch.

PEACHES

Als wäre es in Ordnung, dass er wahrscheinlich loskrabbelte, um zu sterben, wo mir doch gerade erst sein Name eingefallen war, den ich jetzt bestimmt nie wieder aus dem Kopf bekam.

Als wäre es in Ordnung, dass vielleicht alle, die ich kannte, tot waren. Alle, die mir wichtig waren. Ich hatte keine Ahnung, wo der Rest der Licht-Crew steckte. Sally, Robin, Kirsty, Moz. Und ich wusste auch nicht, wie ich sie finden sollte. Wo sie stecken konnten.

Nichts davon war in Ordnung.

Aber ich rannte los, auch wenn ich gar kein Ziel hatte. Bevor die schwarzen Stiefel wieder um die Ecke bogen und ich etwas, das einem Albtraum entsprungen war, ins Auge sehen musste, rannte ich los.

Ich wusste nicht, wie viele es waren: mindestens zwei.

Und auch nicht, wo sie waren.

Als ich über die Wiese hinwegschaute, sah ich nur Leute, von denen ich hoffte, dass sie sich lediglich tot stellten. Und weiter hinten Leute, die in alle Richtungen davonliefen. Das Freudenfeuer war der hellste Punkt.

Darauf hielt ich zu.

ELLIE

Meine Eltern schauten sich das Feuerwerk immer von einem Platz hinten auf der Wiese an, in der Nähe des Hauses, weg von den Menschenmassen und dem Lärm, den ich liebte. Dort mussten sie hingegangen sein, nachdem wir uns an der Brücke getrennt hatten. Im Haus war es bestimmt sicherer.

PEACHES

Hinter dem Feuer säumten dichte Baumgruppen den Fluss, der innerhalb der Begrenzungsmauer floss. Wenn ich es bis dorthin schaffte, konnte ich im Schutz der Bäume zur Brücke gelangen. Das war der einzige Ausgang, den ich kannte.

ELLIE

Ich presste mich dicht an die Mauer und lief so zum Haus.

PEACHES

Ich rannte zum Fluss.

VIOLET

Ich musste meine Mutter und Ade finden. Joe drückte mich nach unten, bis die hallenden Schüsse zu weit weg waren, um eine Bedrohung darzustellen. Dann wollte er mich überreden, mit ihm zur Brücke zu laufen.

JOE

Ich verstehe bis heute nicht, warum sie nicht einfach nur da rauswollte. Ich hab ja vielleicht keine Brüder, aber Sam und Dougie kamen dem schon sehr nahe. Ihre Gesichter blitzten ständig in meinem Kopf auf, aber ich wusste, dass sie es nach draußen schaffen würden. Ich wusste es einfach. Und ich musste es auch schaffen. Dann würde ich sie dort treffen.

VIOLET

Sie konnten nicht in der Nähe der Brücke sein, weil ich gesehen hatte, dass alle durch die Schüsse von da weggetrieben worden waren. Wenn sie *nicht* weggelaufen waren, wollte ich gar nicht wissen, was ich finden würde.

Ich musste sie *lebend* finden.

JOE

Ich konnte sie nicht davon abbringen – auch wenn ich's natürlich versucht habe. Und wir hatten nur diesen kurzen Moment der Ruhe, um uns zu entscheiden. Ich entschied mich für die Brücke.

VIOLET

Ich entschied mich für das Haus. Ich kannte das Haus. Die Lichter brannten, und über die dunkle Wiese hinweg sah es aus wie ein Zufluchtsort. Vielleicht waren sie da drinnen in Sicherheit.

JOE

Ich habe überlegt, sie von ihrem Vorhaben abzuhalten. Ich dachte darüber nach, sie einfach mitzunehmen, ob sie nun mitkommen wollte oder nicht. Wer weiß, wie das ausgegangen wäre.

»Pass auf dich auf«, sagte ich und ließ sie ziehen.

Ich ging denselben Weg zurück, den wir gekommen waren. Durch die Blumenbeete zum Gartentor. Langsam, weil ich Angst hatte, dass auf der anderen Seite der Mauer etwas auf mich wartete. Und auch, weil ich mich diesmal zwang, mir die Leute anzusehen, die nicht so viel Glück gehabt hatten wie ich. Manche lagen mit den Gesichtern nach oben, andere mit den Gesichtern im Dreck. Sie waren nicht alle tot, aber ich blieb nicht stehen. Was konnte ich schon tun?

Es waren weniger, als ich erwartet hatte nach all den Schüssen, die wir gehört hatten, während wir hinter der Hecke lagen. Die meisten Kugeln hatten ihr Ziel entweder nicht getroffen oder nicht zu Fall gebracht. Trotzdem.

Hätte ich helfen können? Das frage ich andauernd alle. Niemand weiß es.

PEACHES

Du weißt erst, wie schrecklich man sich fühlen kann, wenn du um dein Leben rennst, während dein Retter zurückbleibt, um noch jemanden zu retten. Im Großen und Ganzen halte ich mich für einen guten Menschen. Das fängt mich innerlich auf, wenn Leute mich wegen meiner Figur, meiner Klamotten oder sonst irgendwas komisch angucken. Ich bin ein guter Mensch. Ich mache mir was aus anderen Menschen. Ich bin nicht immer nett zu jedem, aber das heißt nicht, dass ich nicht möchte, dass alle glücklich sind und am Leben, anstatt unter einer Bühne zu verbluten.

Moz – das war einer von der Backstage-Crew in unserer Theatergruppe, mit dem ich von Anfang an zusammengearbeitet hab und der mich besser kannte als jeder andere – hat immer gesagt, er würde mir einen Anstecker besorgen, auf dem »Frag mich was zu meinem tollen Charakter« steht.

Aber in dem Moment fühlte ich mich nicht wie ein guter Mensch.

JOE

Es kostete mich eine Menge Angstschweiß, bis ich mich traute, einen Blick aus dem Tor zu riskieren. Ich stellte mir das Gesicht vor, das mir entgegensah. Die auf meine Brust gerichtete Waffe.

PEACHES

Aber sich gut zu fühlen, stand eh nicht auf dem Programm, ganz gleich, was als Nächstes kam. Ich schaffte es bis zum Freudenfeuer. Es knisterte noch.

JOE

Keiner da.

PEACHES

Vor den Flammen fühlte ich mich exponierter denn je; meine Silhouette stach bestimmt hervor wie die Figur in einem Schattenspiel. Die Schießerei hatte vorübergehend aufgehört, was gut war und zugleich auch schlecht. Denn dadurch wusste ich nicht mehr, wo sie waren. Also ging ich um das Feuer rum, und ich bin mir nicht sicher, ob ich ihn zuerst sah oder zuerst roch.

JOE

Aber ich konnte sehen, wie sich Leute neu formierten und auf den Fluss zugingen.

PEACHES

Manchmal denke ich, dass ich mir den Geruch eingebildet haben muss. Wer auch immer er war, er hatte zu dicht am Feuer gestanden. Der Schuss, den er abbekam, muss ihn rückwärts da reingestoßen haben.

Ich glaube, ich hab die ganzen Schuldgefühle und Fragen aus mir rausgekotzt. Und als ich wieder aufstehen konnte, bin ich einfach nur gerannt.

JOE

Ich rannte los.

PEACHES

Auf der Brücke herrschte unglaubliches Gedränge. Man erwartete fast, dass sie unter so einer Last zusammenbrechen würde. Ich blieb kurz stehen und schaute mir das einfach nur an. Da hinten *brachte jemand Leute um*, und hier mussten wir Schlange stehen?

Und überhaupt, wer hatte es eine gute Idee gefunden, Hunderte Menschen auf einem Gelände zu versammeln, auf dem es nur einen einzigen Ausgang gab – der noch dazu eine wackelige alte Brücke war?

Ach, ich weiß schon. Keiner würde je für möglich halten, dass so was passiert.

JOE

Als ich die Menschenmenge sah, die sich an der Brücke drängte, fluchte ich leise und überlegte, welche Alternativen es gab. Der Fluss, der innerhalb der Mauern den Hearne Hill runterfließt, ist breit und tief, aber sofern ich den steilen, glitschigen Hang bewältigen konnte, ohne mir was zu brechen, oder wenn ich mich weit genug hineinwarf, konnte ich ihn wahrscheinlich durchschwimmen. Und dann auf der anderen Seite wieder hochklettern und auf der Innenseite der Mauer entlangrobben, um nach draußen zu gelangen.

PEACHES

Ich hatte es schon fast auf die Brücke geschafft, ich konnte meinen Weg nach draußen schon *sehen*, als die Straße auf der anderen Seite der Mauer von den Scheinwerfern eines Wagens erhellt wurde. Durch meine Arbeit beim Konzertaufbau wusste ich eins ganz genau, nämlich dass normalerweise nie Autos den Hügel hochfahren, es sei denn, sie gehören zum Haus. Es gibt da gar keine richtige Straße und man braucht Genehmigungen und all so was. Aber da kam ein Wagen, und ich sah, wie die Leute, die es schon bis draußen geschafft hatten, darauf zu rannten. Wahrscheinlich hatten sie denselben Gedanken wie ich in dem Moment. Das musste Hilfe sein, oder?

Ich hab gelesen, dass fünf Leute da draußen auf dem Weg erschossen wurden. Und das war noch, bevor er ausgestiegen war.

JOE

Ich hab keine Ahnung, was mir durch den Kopf ging, als ich die Schüsse auf der anderen Seite des Wassers hörte. Auf der anderen Seite der *Mauer.* Ich hörte Leute schreien, die dachten, sie hätten sich nach draußen gerettet.

Wie viele waren die denn? Mich verließ die Hoffnung. Wenn wir nicht rauskamen, dann …

PEACHES

Man gewöhnt sich nicht an so ein Chaos, aber ab einem bestimmten Punkt fühlt es sich an, als hättest du nie was anderes gekannt. Ich glaube, ich bin gerannt, aber ich fühlte mich ruhig. Und ich weiß, dass ich die Kugel nicht kommen sah, aber in meiner Erinnerung kann ich alles zurückspulen und beobachten, wie sie mich trifft.

JOE

Welchen Sinn hatte das alles dann?

PEACHES

Ich sehe, wie sie meinen Pullover zerreißt. Spüre das Brennen da, wo sie seitlich an mir vorbeigeschrappt ist. Die Kugel hat mich nur gestreift, und ich fiel eher vor Schreck hin als von der Wucht des Schusses. Und das Flussufer ist irre steil. Ich stürzte bis ganz nach unten.

JOE

Aber das Seltsame ist, dass mein Körper nicht mitmachte, als ich dachte, dass es das Einfachste wäre, aufzugeben. Mein Hirn wechselte einfach den Track, und der Takt änderte sich von *raus hier, raus hier, raus hier* zu *bloß irgendwie überleben.*

Ich quetschte mich in die engste Lücke, die ich zwischen den Bäumen finden konnte, um abzuwarten, bis es vorbei war.

PEACHES

Ich kann nicht schwimmen. Da ich mein Leben lang den Schwimmunterricht geschwänzt hab, krieg ich gerade mal ein halbherziges Hundepaddeln zustande. Aber ich hatte die nebulöse Idee, dass Menschen auch einfach so auf dem Wasser treiben können, ganz ohne das demütigende Strampeln und Mit-den-Armen-Schlagen. Also versuchte ich es. Und wenn ich mich möglichst wenig bewegte, würden sie mich ja vielleicht ignorieren. Und vielleicht würde es ja so aussehen, als wäre ich schon tot.

Dann erfasste mich die Strömung, und ich fand heraus, dass Menschen sich nicht einfach so über Wasser halten können.

JOE

Als es an der Brücke lange genug still geblieben war, beschloss ich, dass ich mich weiter durch die Bäume fortbewegen konnte. Ich kroch auf allen vieren, so dicht am Boden, wie ich konnte. Ich wusste, dass sie einfach nur warteten. Es würden ja weiterhin Leute versuchen zu entkommen, oder nicht? Die, die nicht wussten, dass es draußen auch nicht sicher war. Ich hörte das leise Knallen von Schüssen auf der anderen Seite der Wiese, fünf schnelle Schüsse hintereinander, während die leere Brücke still dalag, wie ein Köder.

Ich hatte das Gefühl, wenn ich einfach da abwartete, wo ich war, wäre es nur eine Frage der Zeit, bis einer der Schützen anfing, sich zu langweilen, und nach Schatten zwischen den Bäumen Ausschau hielt.

Ich hielt den Kopf gesenkt und folgte dem Flusslauf.

PEACHES

Ich würde ja gern behaupten, dass ich mir der Ironie bewusst war, mitten in einem Schlachthof zu sein und *auf diese Art* zu sterben. Aber mir ging nichts durch den Kopf, außer der Gedanke, wie schmerzhaft es ist, wenn man Wasser in die Lunge kriegt.

JOE

Ich bewegte mich ganz still und leise am Fluss entlang und versuchte, nicht auf die Körper zu achten, die an mir vorbeitrieben. Ich konnte eh nichts für sie tun.

Bis einer anfing zu husten und zu spucken.

FÜNF

AUSSAGE VON SIMEON BURNETT, POLICE SERGEANT: DIENSTSTELLE AMBERSIDE

Die Leitstelle gab um kurz nach 22 Uhr erste Meldungen an uns durch. Um 22:18 Uhr landete das erste Anrufprotokoll bei mir. Ich musste noch Papierkram erledigen, darum war ich in der Dienststelle und hab die ersten Details mitbekommen. Ein paar verwirrte Anrufe, von denen die meisten zu früh abbrachen, um uns verlässliche Informationen zu liefern. Nach und nach reimten wir uns zusammen, dass oben auf dem Hügel Schüsse gehört worden waren.

Ich machte mir keine allzu großen Sorgen. Schließlich gab es da ein Feuerwerk. Solche Meldungen erreichen uns jedes Jahr. Das Ambereve-Festival hat ja eine lange Tradition, aber es gibt immer ein paar Neuzugänge, die eine Weile brauchen, bis sie sich daran gewöhnt haben. Und es gibt immer jemanden, der findet, dass es dort turbulenter zugeht, als es für eine Kleinstadt normal ist. Vor allem heutzutage.

Trotzdem habe ich meine Leute beauftragt, mit den Officern Kontakt aufzunehmen, die wir da oben hatten. Nur eine Handvoll. Es gab eigentlich nie viel mehr als ein paar betrunkene Jugendliche und die ein oder andere Ordnungswidrigkeit, um die man sich kümmern musste. Und das Haus und die Organisatoren hatten ihr eigenes Personal, um für den Ordnungsdienst zu sorgen. Aber wir bekamen keine Antworten, und das war das erste echte Alarmzeichen.

Ich sagte meinen Leuten, dass sie es weiter versuchen sollten.

Was zu dem Zeitpunkt natürlich schon sinnlos war. Unsere Officer auszuschalten, war fester Bestandteil der Strategie der Attentäter. Wir glauben, dass PC Danny Locke als Erster erschossen wurde, zusammen mit einem freiwilligen Helfer in der Nähe des Feuers. Er wurde später dort aufgefunden. Der Todeszeitpunkt konnte aufgrund seines Zustands nicht mehr ermittelt werden.

PC Sally Ashford wurde aus nächster Nähe erschossen. Wir vermuten, dass das zu dem Zeitpunkt passierte, als der zweite Schütze anfing, sich durch die Menge zu bewegen.

Auch viele der Mitarbeiter vor Ort wurden in einem frühen Stadium gezielt aufgespürt und getötet. Diese Leute wussten genau, wen sie ausschalten mussten. Es gab von Anfang an keine Chance.

Als keine Funksprüche reinkamen, aber immer mehr Anrufe eingingen, wurde mir klar, dass ich die Sache unterschätzt hatte. Wir hatten zwei Wagen im Nachtdienst. Ich schickte sie auf den Hügel hoch, während ich die Sache nach oben weitergab.

Niemand erwartet so etwas in einer Kleinstadt.

Und man kriegt die Leute nie so schnell aus ihren Betten, wie es sein sollte.

....

SECHS

VIOLET

»Ich suche meine Mutter. Ich suche eine Schwarze Frau und einen kleinen Schwarzen Jungen. Habt ihr sie gesehen?«

ELLIE

Von den Hunderten Besuchern auf der Wiese waren nur noch ein paar Verstreute übrig. Alle versuchten sich zu verstecken: pressten sich in Hohlräume und Kanten in den Mauern, lagen unter- und übereinander auf der Wiese.

VIOLET

Wenigstens einmal musste es doch ein Vorteil sein, dass es in diesem Ort nicht so viele Leute gab, die aussahen wie ich. Irgendwer musste sie doch gesehen haben. »Bitte, ich suche meine Familie!«

ELLIE

Sie war anders. Stand ungeschützt da und ging auf die wenigen Fremden zu, die ihre Deckung aufgaben, um zum Haus zu gelangen. Und sie war so beharrlich wie jemand, der an einem Samstag in der überfüllten Stadt Geld für wohltätige Zwecke sammelt. Sie griff nach meinen Händen, als ich näher kam, und ich hätte sie fast weggezogen, weil ihre Verzweiflung mir Angst machte.

Wir haben uns alle gefürchtet, aber meine Angst war eigennützig und gut verborgen. Sie dagegen ließ ihre aus jeder Pore dringen.

Ihre Hände zitterten.

VIOLET

Jetzt, wo ich eine Aufgabe hatte, nahm ich die Welt um mich herum nicht mehr so verschwommen wahr, aber seit Joe war sie der erste Mensch, den ich tatsächlich wiedererkannte. Wie lange war es her, das ich ihr neidisch beim Tanzen zugesehen hatte? Ich schaute über die Wiese hinweg zu der jetzt im Dunkeln liegenden Bühne, so als stünde Ellie vielleicht immer noch da. So als wäre jener Moment vielleicht weiter real und dieser hier nur ein Albtraum.

ELLIE

Sie hatte allen Fragen gestellt, aber als ich bei ihr ankam, starrte sie einfach nur an mir vorbei. Ich drehte den Kopf, um ihrem Blick zu folgen, und war mir sicher, dass ich sehen würde, wie er auf mich zukam. Und dass er sich diesmal nicht abwenden würde.

VIOLET

Die Bühne war leer, aber die Wiese glitzerte.

ELLIE

Überall sah man kleine Lichter, die aufblinkten, ausgingen und wieder aufblinkten. Das waren Handys, die die Leute in ihrer Panik verloren hatten oder die in reglosen, kalten Händen lagen. Am anderen Ende waren wohl Hunderte Menschen, die immer und immer wieder durchzukommen versuchten, weil sie sich wünschten, dass die Angerufenen abnahmen und sagten, dass es ihnen gut gehe.

Die Nachricht von den Ereignissen war offensichtlich nach draußen gelangt.

Mein Telefon lag in meiner Tasche, schwer und still. Ich versuchte, nicht darüber nachzudenken, warum.

VIOLET

»Ich muss meine Familie finden.« Ich ließ von der Ellie Kimber ab, die nur eine Erinnerung war, und betrachtete das Mädchen, das in echt vor mir stand. Wir hatten ihr beim Tanzen zugesehen. Die Hand meiner Mutter hatte auf meiner Schulter gelegen. An meinem Shirt klebte das Blut meines Bruders. »Ade, mein kleiner Bruder, er –«

ELLIE

Ihr Mund bewegte sich einige Sekunden lang, ohne dass ein Laut herauskam.

VIOLET

»Ich glaube, er stirbt.«

ELLIE

Sie sog mit einer Art verzweifeltem Heulton die Luft ein und ließ mich los, um sich die Hände vor den Mund zu schlagen.

VIOLET

Als könnte ich meine Worte wieder zurückschieben. Was, wenn sie auszusprechen der Fluch war, der sie wahr werden ließ? Aber ich hatte diese Worte verwendet und jetzt war der Damm gebrochen. »Da war so viel Blut.«

ELLIE

Es klebte überall an ihr. Aber ich sah nicht viel anders aus; auch auf meinen Armen waren dicke Schichten von kaltem, verkrustetem Blut. Aber es war nicht das Blut von meinem Bruder. Ich wusste nicht, wie sich diese Angst anfühlte: Ich war zu klein gewesen, als ich meinen verlor.

Ich griff nach ihrem Ellenbogen. Wir standen zwar im Schatten des Hauses, aber trotzdem viel zu exponiert. Ganz in der Nähe versuchten Leute ihr Glück mit den schweren Türen des Haupteingangs – ich hatte mehrere Jungs gesehen, die sich in Zweier- und Dreiergruppen mit den Schultern dagegen geworfen hatten, aber die Türen gaben nicht nach. Wahrscheinlich waren sie von innen verriegelt. Die Fenster waren hoch und in schmale Rechtecke unterteilt, die von Bleifäden durchkreuzt wurden. Alles hier schien darauf ausgelegt zu sein, uns entweder einzuschließen oder abzuwehren, und die Welt war beunruhigend still geworden.

»Ich suche auch meine Eltern. Ich dachte, sie wären vielleicht ins Haus gelangt, aber da kommt man nicht rein.«

VIOLET

Sie hat mich nicht getröstet. Das war mir auch lieber so. Aber sie legte ihre Hand fest um meinen Arm. Das hat mich zurückgeholt.

Ich wischte mir mit den Händen die Feuchtigkeit aus dem Gesicht. Danach war meine Haut wahrscheinlich noch schmutziger als vorher, aber ich wollte gar nicht darüber nachdenken, was an meinen Fingern klebte.

»Doch, ich glaube, es gibt eine Möglichkeit.«

JOE

Der Körper des Mädchens stieg aus dem Wasser auf wie ein Wal, der zum Luftholen hochkommt. Ja, ja, ist mir klar, dass das nicht die schmeichelhafteste Beschreibung ist, aber ich – es ist halt das, was ich in dem Moment dachte. Sie hustete einen Teil der Flüssigkeit aus ihrer Lunge, und ich sah, wie sie vergeblich gegen den Felsen drückte, an dem sie klebte, bevor die Kraft sie verließ und sie unterging. Einen Augenblick später kam sie laut prustend wieder hoch, und es war klar, dass sie weiter kämpfen würde. Aber ohne Erfolg.

Mein erster Impuls war gar nicht, ihr zu helfen. Ich wollte einfach, dass sie aufhörte so viel Lärm zu machen, bevor sie noch Aufmerksamkeit erregte. Ich blickte zurück und versuchte die Entfernung abzuschätzen, die ich in der Dunkelheit zurückgelegt hatte. Waren wir weit genug weg, um von der Brücke aus nicht mehr gesehen zu werden?

PEACHES

Ertrinken tut weh. Ich hab mal irgendeinen Blödsinn gehört, von wegen man würde ganz friedlich, ja, sogar euphorisch werden, sobald einem die Luft ausgeht. Na, vielleicht stimmt es ja auch, aber der Weg dahin ist einfach nur schmerzhaft, und er zieht sich. Ich hatte einen heißen, schnellen Tod in der Menge gegen einen eiskalten, qualvollen eingetauscht, und ich war vollkommen allein.

JOE

Sie hatte vielleicht irgendwo, wo ich es nicht sah, eine Schussverletzung. Es wäre sinnlos gewesen, zu ihr ins Wasser zu steigen, nur um dann festzustellen, dass sie ihr den halben Oberkörper weggeschossen hatten, wenn ich sie umdrehte. Wenn sie aber nicht verletzt war, warum schaffte sie es dann nicht, da rauszukommen? Ich konnte zusehen, wie sie immer wieder unterging, bis sie nicht mehr hochkam, oder riskieren, ihr Schicksal zu teilen, wenn mich vom anderen Ufer aus jemand sah und abknallte.

PEACHES

Irgendwann hörte ich auf zu kämpfen. Wenn mein Kopf über Wasser kam, war es genauso dunkel, wie wenn er unter Wasser sank.

JOE

Ich traf erst eine Entscheidung, als sie sich nicht mehr rührte.

Dann war ich plötzlich unten am Wasser, ohne zu wissen, wie ich da hingekommen war. Irgendwie war es mir gelungen, mir einen Weg durch den Matsch und das Schilfgewirr zu bahnen, ohne mir den Hals zu brechen. Was mir selbst an einem sonnigen Tag nur mit Mühe gelingen würde, schaffte ich in der Kälte und halb blind.

Mit einem Bein im Wasser beugte ich mich vor, bis ich ihr Fußgelenk erwischte. Ein paar Zentimeter weiter weg und ich hätte es nicht geschafft. Ich zog sie zu mir her. Sie trieb auf der Oberfläche. Reglos, bis auf die roten Haare, die sich wie ein Fächer im Wasser ausbreiteten.

Ich hab sie nicht umgedreht. Nur gebetet, dass sie in einem Stück ist, als ich mit den Armen unter sie griff, sie aus dem Wasser hob und durch den Flussschlamm an Land schaffte.

PEACHES

Meine Erinnerung setzte eine Zeit lang aus und dann wieder ein, als ich spürte, dass mir jemand auf den Rücken schlug.

JOE

Ich hatte keine Ahnung, was man tun muss, um das Wasser aus der Lunge von jemandem rauszukriegen.

PEACHES

Nicht mal Mund-zu-Mund-Beatmung bekam ich, ist das zu fassen? Aber wenn ich daran denke, was ich – zum zweiten Mal an dem Abend – ausgekotzt habe, auf den Boden und über mich selbst, bin ich nicht ganz so beleidigt deswegen. Außerdem hatte ich zu der Zeit eh schon überall Blutergüsse. Was machten ein paar mehr da schon aus?

Vor allem, wenn ich dafür etwas einatmen konnte, das nicht nach Algen schmeckte.

Aber er hörte gar nicht mehr auf, auch nicht, als ich mir die Lunge aus dem Leib ausgehustet hab.

JOE

Ich hab erst aufgehört, als ich ihre Stimme hörte. Bis dahin wusste ich gar nicht, ob das, was ich tat, überhaupt irgendwas brachte, oder ob ich einfach sinnlos auf einen leblosen Körper einschlug.

PEACHES

»Hör auf, mich zu *verdreschen*, verdammt!« Ich hab in dem Moment nicht darauf geachtet, wie laut meine Stimme war, aber ich war ja auch eine Sekunde vorher noch tot gewesen; still zu sein, war da nicht mein erster Gedanke.

JOE

Da draußen klang es so, als hätte sie geschrien. Ich bekam Panik und hielt ihr den Mund zu. Uns beide diese Böschung wieder hochzubringen, war hundertmal schwerer, als allein hinunterzurutschen. Jede einzelne Sekunde war eine Qual.

PEACHES

Es fühlte sich an, als würde ich entführt. Oder überfallen. Aber unter den Umständen war beides nicht das Schlimmste, was mir passieren konnte.

JOE

Das ist vielleicht nicht das, was man tun sollte, wenn jemand bis vor einer Minute nicht geatmet hat. Aber ich hatte nun mal kein passendes Handbuch parat. Als wir endlich oben bei den Bäumen waren, kniete ich mich hin, nahm meine Hand weg und flüsterte ihr ins Ohr: »Sei, um Himmels willen, still, hier laufen Typen mit Waffen rum.«

PEACHES

»*ICH WEISS*«, flüsterte ich so laut, wie ich mich traute, und hob den Blick, um zu sehen, wer mich da gerade vor dem zweiten sicheren Tod des Abends gerettet hatte.

JOE

Sie kam auf die Knie hoch, drehte sich um und sank mit dem Rücken gegen einen Baum. Ich spürte, dass sie mich anstarrte. Aber ich war ganz auf ihren Oberkörper fixiert.

Ich meine, es war alles da. Keine klaffenden Löcher.

PEACHES

Was Retter in der Not angeht, spielte Joe Mead weit außerhalb meiner Liga. Er ist einer von diesen makellosen Jungs, bei denen ich nicht kapiere, wie man ohne irgendwelche Filter so aussehen kann.

Ich meine, er hat die Wimpernverlängerungen gleich mit in die Wiege gelegt bekommen, von Highlights und Contouring mal ganz abgesehen. Er ist richtiggehend schön.

JOE

Und der Rest von ihr? Sie sah aus wie ein Sumpfungeheuer.

PEACHES

Und er kann ein richtiges Arschloch sein.

JOE

Ihre Haare klebten ihr im Gesicht, das mit grünem Schmodder aus dem Fluss und weiß der Himmel was sonst noch bedeckt war. Ihr ganzer Körper war voll davon. Und sie war tropfnass.

PEACHES

Über Joe wusste ich eigentlich nur, dass er immer mit diesen zwei Freunden rumhing, auch so Mainstream-Typen. Und obwohl es schon ein paar Jahre her war, dass sie mich offen beschimpft hatten, rechnete ich irgendwie immer noch mit so was, wenn ich an ihnen vorbeiging. Oder hörte ihr fieses Lachen, wenn ich vorbei war.

JOE

Und ja, klar, es gab eine Menge an ihr, das tropfnass werden konnte. Wie auch immer. Ich wusste grob, wer sie war. Eine aus der Theatergruppe an der Schule.

PEACHES

Aber jeder wusste, wer er war. Wenn Ellie Kimber das Supermodel der Schule ist, dann ist Joe Mead der Junge, der am ehesten mit ihr zusammenkommt. Ich konnte schon verstehen, warum ich keine Mund-zu-Mund-Beatmung bekommen hatte.

Wenigstens sah er in dem Moment genauso scheiße aus wie ich. Na ja, fast.

JOE

Als ich sie aus dem Wasser zog, hatte sie noch nicht gezittert, aber jetzt ging es los. Mein eines Bein fühlte sich an, als hätte ich es auf Eis gelegt, und ich hatte ja nur bis zum Knie im Wasser gestanden. Ich konnte ihre Zähne klappern hören. Bis zu dem Moment war mir gar nicht bewusst gewesen, wie schneidend kalt es geworden war.

VIOLET

Davor hatte ich noch nie ein Wort mit Ellie Kimber geredet.

PEACHES

Joe Mead hatte noch nie in seinem Leben ein vernünftiges Wort zu mir gesagt.

VIOLET

Jetzt legte ich meine Hand über ihre, die meinen Arm hielt, und schaute zum Haus. Damit kannte ich mich wenigstens aus. Und ich sagte: »Komm mit. Es gibt noch eine andere Tür.«

PEACHES

Jetzt schob er sich auf allen vieren nah an mich ran, damit er leise sprechen konnte, und sagte: »Es wär besser, wenn du deine Kleider ausziehst.«

SIEBEN

PEACHES

Ich spuckte ihm das restliche Flusswasser, das noch in meiner Lunge festhing, direkt ins Gesicht. »*WAS?*«

JOE

Sie hat es zuerst echt nicht kapiert.

PEACHES

Ich presste meine klappernden Zähne aufeinander, damit meine Stimme nicht lauter wurde als sein kaum hörbares Gemurmel, und zeigte an mir runter. »Das Letzte, woran ich mich erinnere, ist, dass da hinten Leute mit Knarren rumlaufen. Was bedeutet, dass wir hier festsitzen und abwarten müssen, ob sie uns finden oder nicht. Und du glaubst, dass es eine gute Idee ist, das nackt zu tun?«

JOE

»Wenn die Alternative erfrieren ist, vielleicht schon, oder? Sieh dich doch mal an.«

PEACHES

Ich hab mich nicht angesehen. Das steht nämlich ziemlich weit oben in der Liste der Dinge, die ich nicht gern mache. Stattdessen hörte ich mir zu. Die Zähne, die ich aufeinanderzupressen versuchte, klapperten wie Stepptanzschuhe auf einem alten Fußboden. Das Ertrinken war schmerzhaft gewesen, aber als Joe mich aus dem Wasser zog, waren meine Glieder schon zum größten Teil taub vor Kälte. Jetzt kehrte das Gefühl langsam in sie zurück – winzige, schnell aufeinanderfolgende Stromschläge zuckten über meine Haut, sie kribbelten und zwickten meine Nerven. Im Wasser hatte ich zwar auch gefroren, aber da hatte ich noch andere Prioritäten gehabt.

Jetzt war mir eiskalt.

JOE

Nach einer Weile schaute sie etwas weniger wütend, so als würde sie langsam begreifen. Aber sie rührte sich nicht, sie sah nur mit großen, schwarz verschmierten Augen zu mir hoch und schlang die Arme um ihren Oberkörper. Sie kauerte sich zusammen, so als wollte sie sich kleiner machen, aber das kümmerte mich nicht. Ihre Lippen wurden blau.

»Das wird nicht funktionieren.« Ich zog an einem der tropfnassen Ärmel ihres Pullis. »Du kannst keinen Eiswürfel wärmen, der im Gefrierfach liegt.«

PEACHES

Er zog an meinem Handgelenk und ich hob es ein wenig an. Mein Sweatshirt hatte sich mit Wasser vollgesogen.

JOE

Es war seltsam, mit ihr da zu sitzen. So als wäre alles andere kurz ausgeknipst. Ja, irgendwo da draußen im Gelände starben immer noch Leute. Die Welt war noch immer durchgedreht und unmöglich. Aber der Zirkus, zu dem ich gehört hatte, war erst mal weitergezogen, und da, wo wir saßen, war es ruhig. Es fühlte sich fast gut an, sich über was anderes Sorgen zu machen als darüber, ob die nächste Kugel die war, die mich traf. Für fünf Minuten konnte ich das Krachen der Schüsse und den Anblick von fallenden Menschen wegschieben.

»Hör zu. Ich versteh ja, dass das merkwürdig ist. Und es ist auch bestimmt nicht mein typischer Anmachspruch.«

PEACHES

Ich wünsche, ich könnte sagen, ich hätte mir in dem Moment keine Gedanken über seine Masche gemacht, aber die große Lüge, die sie einem über das Warten auf den Tod erzählen, ist, dass man an nichts anderes mehr denken kann. In Wahrheit nutzt dein Hirn jede nur mögliche Ausflucht, um sich nicht auf das Unvermeidliche konzentrieren zu müssen. Ich machte mir also durchaus Gedanken darüber, und ich fragte mich auch, ob seine Stimme in meiner Gegenwart schon jemals so sanft geklungen hatte.

JOE

Die Stiefel mit den dicken Sohlen musste sie anbehalten für den Fall, dass sie wegrennen musste. Und der schwarze Hosenrock war vielleicht auch noch okay. Aber der Pulli setzte sie einfach komplett unter Wasser. »Aber ohne das Teil da trocknest du schneller.«

PEACHES

Ich hab ihn einen langen Moment stumm angesehen und dann angefangen, mir die nassen Ärmel über die Hände zu ziehen.

ELLIE

Violet zog an meinen Händen, als ich langsamer wurde. Die Fenster von Hearne House waren erleuchtet, durch die Vorhänge fiel schwaches Licht auf den Weg, wodurch die Schatten dazwischen nur noch dunkler wirkten. Mein Verstand sagte mir immer wieder, dass es vielleicht besser wäre, zu bleiben, wo wir waren, nämlich dicht an der Wand, anstatt zu riskieren, über die nächste hellgelbe, erleuchtete Fläche zu laufen.

VIOLET

Ich sah noch genau vor mir, wie ich an einem früheren, helleren Tag des Jahres mit meiner Mutter vor dem Haus gestanden und jedes einzelne Detail, das uns bei der Führung erzählt wurde, in mein Notizbuch eingetragen hatte. Ich konnte mich an jedes Wort erinnern, als wäre ich gerade dabei, es für einen Aufsatz abzutippen.

Die Fenster haben alle Sprossen oder steinerne Mittelpfosten. Die Scheiben sind von schwarzen Linien durchzogen, was man Bleiverglasung nennt. Das Haus selbst ist hufeisenförmig angelegt, darum boten die Schatten, die es warf, nur eine trügerische Sicherheit. Das Gebäude hatte viele Ecken, und wir konnten nie wissen, was uns hinter der nächsten erwartete.

Ich umfasste Ellies Arm und zog sie mit mir. Wir mussten auf die Rückseite gelangen, solange noch Ruhe herrschte.

ELLIE

Das Gebäude erschien mir riesig und endlos. Überall waren hohe Bögen und vorspringende Fenster mit durchkreuzten Scheiben und halb zugezogenen schweren Vorhängen, die einen glauben ließen, alles dahinter läge unter einer dicken Staubschicht begraben.

Die Leute, die es aufgegeben hatten, ins Innere zu gelangen, weil die Tür nicht aufging, sammelten sich in kleinen Gruppen zwischen den Fenstern oder drückten sich an Steinpfeiler. Und warteten einfach ab.

VIOLET

Es heißt, George III. hätte sich hier aufgehalten, als er verrückt wurde. Damals war es ein Jagdsitz.

ELLIE

Es war so still geworden. Man hätte leicht auf die Idee kommen können, es wäre vorbei.

VIOLET

Ich weiß nicht, was sie gejagt haben.

ELLIE

Wir liefen um eine Hausecke und vor uns öffnete sich der Park; mir war bis dahin nicht bewusst gewesen, wie weitläufig er war. Gleich einer Reihe von Rippenknochen überspannten bogenförmige Rankgitter einen Weg, der zu einem grasbewachsenen Amphitheater führte. Die grüne Rasenfläche wirkte grau im Licht der wenigen Leuchten, die zwischen den Blumenbeeten eingelassen waren, damit Besucher sich im Dunkeln nicht den Hals brachen. Merkwürdig zurechtgestutzte Ziersträucher sahen aus wie Menschen, die auf offenem Gelände am Boden hockten.

VIOLET

Hin und wieder verließ jemand das bisschen Deckung, das sie oder er hatte, und rannte woandershin. Unter einer Bank sah ich ein Display aufleuchten; da lag offenbar jemand und checkte das Handy.

ELLIE

Und mir wurde klar, dass meine Eltern überall sein konnten.

VIOLET

Sie konnten überall sein.

ELLIE

Mit etwas Glück hatten sie ein sicheres Versteck gefunden. Auf weitläufigen Grundstücken wie diesem musste es Hunderte Orte geben, wo die Schützen sie nicht finden konnten. Aber das bedeutete, dass auch ich sie niemals finden würde, wenn ich durch diesen riesigen dunklen Park lief. Ich wüsste ja nicht mal, wo ich anfangen sollte.

VIOLET

Wenn ich mir vorstellte, dass mein Bruder sich irgendwo da draußen versteckt, unter einer Bank, blutend, dann wär das, als würde ich mir seinen Tod vorstellen. Er war so klein, wie viel Blut konnte da in ihm sein?

Ich konnte das nicht. Ich weigerte mich, daran zu denken.

ELLIE

Also mussten wir mit dem Haus anfangen.

VIOLET

Im Haus gab es bestimmt mehr Dinge, mit denen man ihm helfen konnte. Ellie schaute mich an, und ich wusste, dass sie über die Möglichkeiten nachgedacht haben musste, die dieser Park bot. Und darüber, ob wir in eine Falle tappten, wenn wir das Haus betraten. Ich hatte auch darüber nachgedacht, aber ich kannte das Haus. Ich kannte mich gut darin aus. Falls der Tod dort auf uns wartete, konnten wir ihm vielleicht leichter entkommen.

Ellie ließ ihre Hand nach unten gleiten und verschränkte ihre Finger mit meinen.

ELLIE

Violet führte uns zu einem Notausgang an der Seite des Gebäudes. Ich weiß nicht, warum sie das Haus so gut kannte, aber sie hatte recht: Wir hätten auf diesem Weg hineingelangen können, selbst wenn andere Leute nicht schon vor uns den Metallriegel geöffnet hätten.

Die Tür stand offen, als wir dort ankamen, und drinnen brannte ein orangefarbenes, warmes Licht. An der linken Flurwand flackerte das rote Warnsignal einer Alarmtafel in hektischem Rhythmus, doch der zugehörige Heulton fehlte. Mir ist klar, dass sie wahrscheinlich über eine stille Leitung mit der Sicherheitsfirma oder der örtlichen Polizei verbunden war – aber von der Reaktion der Polizei, die mir versprochen worden war, fehlte ja auch noch jede Spur. Ich verstand das nicht. Man hätte inzwischen doch Alarmtöne und Sirenen hören müssen, und es hätte längst Rettung unterwegs sein müssen.

Es fühlte sich an, als wären wir allein gelassen worden, um

zu sterben, während die Leute, die uns beschützen sollten, erst mal ihre Optionen durchgingen. Ich wollte keine Optionen, ich wollte Leute in vertrauten Uniformen, die uns in Sicherheit brachten, in geordneten Reihen und mit der Ansage, uns nicht umzuschauen. Ich wollte, dass jemand anders die Verantwortung übernahm.

VIOLET

Ich war einerseits erleichtert, dass der Notausgang schon offen war, und andererseits nicht. Es gab noch eine dritte Tür, ein Stück weiter um das Gebäude herum; sie führte in die Küche und war fast so massiv wie die Eingangstür vorn. Mir war klar, dass der Notausgang unsere beste Chance war, ins Innere zu gelangen.

Aber auf einmal befiel mich eine neue Angst. Die weit offen stehende Tür, die wie eine Einladung aussah, konnte ein Trick sein. Wir konnten unmöglich wissen, was uns drinnen erwartete. Aber ich war nicht allein. Ich hielt Ellies Hand weiter fest und ging zuerst hinein.

ELLIE

Sofort tauchte ein Gesicht vor uns auf, als hätte die Person in dem Flur auf uns gewartet.

VIOLET

Eine zierliche blonde Frau mit einer kaputten roten Brille und einer Strickjacke, die sie eng um ihre Taille wickelte. Miss Ewell.

ELLIE

Sie war unsere Religionslehrerin an der Clifton.

VIOLET

Sie sah genau so aus, wie wenn sie nervös vor einer Klasse stand, obwohl die Situation eine völlig andere war. Sie winkte uns durch, indem sie ihre bleichen Hände schnell hin- und herschwenkte. »Elliot.« Es entstand eine kurze Pause, als sie mich anschaute, dann fiel ihr auch mein Name ein. »Violet.«

Man hörte ihr an, dass sie für uns beide gleichermaßen erleichtert war.

»Sie sind noch nicht ... Es hat noch keiner versucht, hier reinzukommen.« Ihre Worte überschlugen sich, aber wir wussten beide, dass sie »keiner mit einer Waffe« meinte. »Im Augenblick ist es hier sicher. Wir überlegen, die Tür zu verbarrikadieren.«

Ich folgte ihrem Blick über die Schulter und sah, dass in dem kleinen Büroraum hinter ihr einiges los war. Ich erkannte ein paar Lehrer. Andere, Eltern.

ELLIE

Violet schaute mich an. Ich ließ ihre Hand los und folgte ihr, als sie in die kleine Kammer stürmte. Sie war schon jetzt viel zu voll, aber ich habe den Vorteil, eins achtzig groß zu sein. So konnte ich sofort sehen, dass keiner dieser Menschen dort zu mir gehörte. Violet konnte dasselbe aus anderen Gründen gut erkennen.

»Eine Schwarze Frau«, nannte sie den einfachsten und offensichtlichen Beschreibungsfaktor. Amberside ist nicht gerade ein Aushängeschild für Diversität. »Meine Mutter. Sie trägt einen grünen Mantel und einen dunklen Pulli. Die Jacke von meinem kleinen Bruder ist blau. Er blutet sehr stark, bitte –«

Eine der Frauen legte eine Hand auf Violets Schulter, aber ich sah, dass sie sich sofort wegduckte, so als wäre sie noch nicht bereit für so etwas wie Trost. »Irgendwer muss sie doch gesehen haben.«

VIOLET

»Mädchen«, sagte Miss Ewell hinter uns. Sie versuchte, den gleichen Ton anzuschlagen, mit dem sie eine Klasse beruhigte, aber ihre Stimme zitterte. »Violet, ich hab deine Familie nicht gesehen, aber sie könnten reingekommen sein, bevor ich hier war.«

Ich wandte mich von dem Raum voller Leute ab, die mich nur bemitleiden, mir aber nicht helfen konnten. »Ja, vielleicht. Ich habe sie verloren, kurz nachdem die Schießerei losging.«

ELLIE

»Warum schießen sie überhaupt auf uns?«, platzte ich in das Gespräch hinein; ich konnte mich nicht bremsen. Diese Frage kreiste schon durch meinen Kopf, seit ich an der Absperrung festgeklebt hatte wie eine Handpuppe am Bühnenrand. »Was ist eigentlich los? Warum tun sie uns das an?«

VIOLET

Miss Ewell verzog das Gesicht, als wären Tränen die einzige Erklärung, die sie hatte.

ELLIE

»Wir wissen es nicht«, rief irgendein Vater uns zu und schwenkte ein Handy über seinem Kopf. »Die Polizei weiß es auch nicht. Keiner weiß es.«

»Braucht ihr ein Telefon?«, fragte eine Mutter.

»Ich hab schon angerufen«, sagte ich.

VIOLET

»Aber ich nicht.« Der Gedanke setzte mich völlig unter Strom. Ich hatte mein Handy gar nicht mit. Meistens telefonierte ich ohnehin nur mit meiner Mutter – da wäre es nur eine Verschwendung von Guthaben gewesen. Aber sie hatte ihres bestimmt dabei, für den Fall, dass mein Vater eine seiner schlechten Nächte hatte und sie zu Hause brauchte. »Ich habs noch gar nicht versucht.«

ELLIE

Es war, als würde etwas in ihr aufleuchten. Ich drückte Violet mein Telefon in die Hand, während Miss Ewell uns weiter den Flur entlangführte. »Wir sagen allen, dass sie weiter ins Innere des Hauses gehen sollen. Falls möglich, sucht euch einen Raum, den ihr abschließen könnt.«

Hinter uns schleiften zwei Männer Stühle in den Eingangsbereich. Wir hatten es gerade noch ins Haus geschafft, bevor die Barrikade errichtet wurde.

VIOLET

Ich ging nur deshalb voraus, weil ich näher am Flur stand. Das Telefon fühlte sich ganz rutschig an in meiner Hand. Während ich die Nummer meiner Mutter eintippte, bemerkte ich, wie viel Blut auf meiner Haut klebte. Meine Finger waren ganz rau davon, aber trotzdem reagierte das Display auf meine Berührung.

Das Handy meiner Mutter klingelte und klingelte.

Und dann hob jemand ab.

ACHT

PEACHES

Ich warf meinen Pulli neben mich, wo er einen feuchten Haufen bildete. Mein Shirt kam beim Ausziehen automatisch mit, die beiden Stofflagen klebten aneinander wie feuchter Blätterteig. Da waren wir nun also: Joe Mead und ich saßen unter einem Baum – aber anders als in dem Kinderreim dachten wir nicht im Entferntesten ans Küssen.

Ich dachte stattdessen über meine Arme nach. Natürlich hätte mir in der Situation nichts Absurderes durch den Kopf gehen können, aber da ich nur noch meinen Hosenrock und ein ärmelloses weißes Top anhatte, waren meine Arme der exponierteste Teil von mir. Weil ich sie zu bleich und zu dick fand, versteckte ich sie normalerweise vom Ellenbogen aufwärts unter Stoff.

So viel Angst hatte ich vor meinem eigenen Körper. Er war wirklich lange Zeit meine größte Sorge gewesen – so lange schon, dass ich es selbst jetzt, wo es um Leben oder Tod ging, noch schaffte, mich unwohl zu fühlen, weil ich meine Arme zeigte. Man kann sie auch nicht verstecken, oder? Sogar, wenn man sie verschränkt, ziehen sie Aufmerksamkeit auf sich. Und ich war so sehr daran *gewöhnt*, mir darüber Sorgen zu machen.

Ich schaute Joe an, der sich Mühe gab, nicht zu mir herzusehen. »Bis jetzt ist mir kein bisschen weniger kalt.«

JOE

»Du wirst aber schneller trocken. Glaub mir, ich hab schon hundertmal im Fernsehen gesehen, wie Männer mit verrückten Bärten Schiffbrüche überlebt haben, weil sie sich von ihren Kleidern getrennt und Pisse getrunken haben.« Ich kniete mich hin und knöpfte mein Hemd auf.

PEACHES

Ich hatte noch nie eine Sendung gesehen, in der Leute Pisse tranken, und wusste nicht so recht, wie ich das verstehen sollte. »Falls das dein nächster Vorschlag ist, sag ich schon mal vorsorglich Nein.«

Ich weiß nicht, wie gut mein Geflüster durch mein Zähneklappern hindurch zu verstehen war. Allerdings wurde die Sache klarer, als er anfing, sich auszuziehen. »Moment mal, was hast du vor?«

JOE

Es war zwar kalt, aber mir war nicht so kalt wie ihr. Ich schob das Hemd über meine Schultern. »Ich hab noch ein T-Shirt drunter.«

Sie schüttelte den Kopf, als hätte ich ihr in einer Hungersnot die letzte Essenskonserve angeboten. »D-das kann ich nicht annehmen.«

PEACHES

Mir ging es nicht nur darum, dass er ohne das Hemd frieren würde. Ich glaubte einfach nicht, dass es mir passen würde.

JOE

Ich hielt es ihr trotzdem hin. Und wenn sie es nicht anzog, würde ich es so lange hochhalten, bis sie einsah, dass es keinen Sinn machte, wenn es keiner von uns trug. Aber als sie ihre Arme ausstreckte, fiel mir etwas auf.

»Bist du verletzt?«

PEACHES

Die Kugel, die mich nicht getötet hatte, hatte stattdessen meine Seite gestreift. Ich spürte es nicht; mein Körper war von der Kälte noch immer viel zu betäubt, um irgendeinen anderen Schmerz registrieren zu können.

Ich schaute an mir runter. Über mein Top zog sich ein dünner rostfarbener Streifen, den auch das Flusswasser nicht rausgewaschen hatte, und in Höhe meiner Taille klaffte ein Riss von einigen Zentimetern. Ich legte meine Fingerspitzen hinein und stellte fest, dass die Haut sich an der Stelle ein bisschen wärmer anfühlte.

JOE

Als sie das Loch in ihrem Top auseinanderzog, sah ich, dass die Wunde nicht tief war. Es blutete nicht mal mehr.

»Ja, aber nicht schlimm«, sagte sie und schaute zu mir

hoch. »Was glaubst du, wie viele Zentimeter bis zum sicheren Tod gefehlt haben?«

PEACHES

Ich tippelte mit den Fingern über meinen Bauch und zählte die Schritte bis zu der Stelle, wo ein wichtiges inneres Organ hätte getroffen werden können. Viele waren es nicht.

JOE

Dann nahm sie mein Hemd.

PEACHES

Es passte. Gerade so. Mir war zwar schleierhaft, wie es ihn bisher auch nur ansatzweise warm gehalten hatte, aber für mich machte es schon einen Unterschied, dass sich wenigstens ein kleiner Teil meiner Haut nicht mehr eisig und feucht anfühlte. Ich wollte mich gerade bedanken, als das Klingeln anfing und wir beide zusammenzuckten, als wären es Schüsse.

JOE

»Ist das ein Telefon?« Blöde Frage, aber keiner hat heutzutage noch einen Klingelton, der wirklich *klingelt.* Meines hat so was nicht mal mehr als Grundeinstellung.

»Ich glaub schon.« Peaches tastete neben sich im Gras rum. Es war noch zu früh im Jahr für Herbstlaub, aber es schien der einzige Teil des Parks zu sein, in dem nicht ständig alles gestutzt wurde. »Hier.«

PEACHES

Es war ein Handy. Irgendwer musste es unterwegs verloren haben. Ich hielt es verblödeterweise kurz hoch, dann drückte ich es schnell wieder mit dem Display nach unten in den Rasen und hielt den Lautsprecher zu. Das Licht und der Lärm waren kaum auszuhalten.

JOE

Es war wie ein Warnsignal, plärrende Sirenen und blinkendes Licht: *Hier sind wir! Hier sind wir!* Ich bekam Panik und grabschte danach. »Stell es aus, verdammt!«

PEACHES

Ich wehrte ihn nicht ab. Ich hatte noch nie ein Telefon gehört, das so laut klingelte. »Was, wenn da jemand versucht, seine Familie zu erreichen?«

Er warf mir einen schnellen, scharfen Blick zu. »Selbst wenn. Was sollen wir denn dann sagen?«

JOE

Als ich es ihr aus der Hand riss, hab ich aus Versehen das Gespräch angenommen. Eine halbe Sekunde lang hörte ich eine Stimme am anderen Ende der Leitung – dann legte ich auf. Und zeigte Peaches die Anzeige im Display, bevor sie verschwand: *unbekannter Teilnehmer.* Wenn es jemand aus der Familie gewesen wäre, hätte der Name da gestanden.

Bevor sie noch mal anrufen konnten, presste ich meinen

Daumen auf eine Taste an der Seite, schaltete das Ding aus und ließ es wieder auf die Erde fallen. Aber ich war jetzt wieder in Alarmbereitschaft. Die Blase, in der wir so getan hatten, als fühlten wir uns darin halbwegs sicher, war zerplatzt.

PEACHES

Die Stille, die jetzt wieder eintrat, war anders als vorher. Sie hatte sich in etwas verwandelt, das uns jeden Moment verraten konnte. Bevor ich ein Flüstern zustande brachte, musste ich erst gegen den Kloß ankämpfen, der sich in meiner Kehle gebildet hatte. »Sie könnten es gehört haben.«

JOE

Das Telefon war so laut gewesen, dass ich mir nicht vorstellen konnte, dass sie es nicht gehört hatten. Hinter den Bäumen konnte sich jeder verstecken. Ich nickte. »Wir müssen hier weg.«

VIOLET

»Mummy?« Aber die Verbindung wurde unterbrochen. Ich rief gleich noch mal an und ließ das Handy beinahe fallen vor lauter Aufregung. Sie hatte doch abgehoben, wenn auch nur kurz. »Nein. Nein. Mummy?«

ELLIE

Ich konnte hören, dass sie auf der Voicemail landete. Die kurze Bitte einer Frau, eine Nachricht zu hinterlassen. Piepton. Und Stille.

VIOLET

»Aber sie ist doch drangegangen«, sagte ich verzweifelt und versuchte es noch mal, nur um wieder ihre aufgezeichnete Nachricht zu hören. *Ich bin im Augenblick nicht erreichbar.* »Sie ist doch drangegangen, warum spricht sie nicht mit mir?«

ELLIE

Ich wusste nicht, wie ich sie trösten sollte. Vielleicht war es für ihre Mutter in dem Moment einfach zu gefährlich gewesen, zu reden … aber dieser Gedanke war ja nicht gerade beruhigend. »Möchtest du ihr eine Nachricht schicken? Meine Eltern gehen überhaupt nicht ans Telefon. Darum hab ich's auf die Art versucht.«

VIOLET

Wieder eine Sache, auf die ich nicht gekommen wäre. Ich suchte die App auf Ellies Handy und tippte darauf herum, um eine neue Nachricht zu verfassen. Aber zuerst erschien die, die sie ihren Eltern geschickt hatte, unbeantwortet.

ELLIE

Sie schaute zu mir her. Es war eine Art stumme Verständigung. Ich nickte. »Sie werden antworten, sobald sie können.«

VIOLET

Ich versuchte, mich so kurz wie möglich zu fassen, drückte auf Senden und hoffte, dass die Nachricht meine Mutter auch erreichen würde. *Mummy, hier ist Violet. Wir sind im Haus. Bitte komm her, wenn du kannst. Bitte ruf an.*

Ich hätte am liebsten hundert Nachrichten wie diese geschickt, wollte immer wieder *bitte* tippen, wie ein Gebet. Lieber Gott, bitte erbarme dich, *bitte*!

ELLIE

Sie reichte mir das Telefon zwischen ihren gefalteten Händen zurück. Ich schaute aufs Display, um zu sehen, ob es hier WLAN gab, obwohl ich wusste, dass das so weit oberhalb der Stadt nicht der Fall war, und steckte das Telefon wieder ein. Ich würde meine Eltern noch mal anrufen, wenn wir ein sicheres Versteck gefunden hatten.

Violet starrte durch den Flur, als könnte sie eine Welt jenseits der Mauer sehen. Die halbe Sekunde voller Hoffnung hatte ihr vielleicht mehr geschadet als genützt, aber ich konnte ja nicht ahnen, dass es so kommen würde. Ich schaute sie einen Augenblick an.

Sie gehörte nicht zu den Leuten, die ich häufig anschaute, wenn auch nur deswegen, weil ich – in den wenigen Unterrichtsstunden, die wir zusammen hatten – lediglich ihren

Hinterkopf mit den zwei geflochtenen Zöpfen sehen konnte, da sie sich immer in die erste Reihe setzte. Aber ich kannte sie. Sie war schlauer und hübscher, als sie je kundgetan hätte: das Mädchen, das die Hand erst hob, um die richtige Antwort zu geben, wenn alle anderen bereits aufgegeben hatten. Außerdem machte sie bei den Peer-Tutoren mit. Ich hatte ihr schüchternes Lächeln auf deren Anmeldungsseite entdeckt, nachdem ich zu dem Schluss gekommen war, dass meine schulischen Leistungen leiden würden, wenn ich mein Sporttraining in der Form weiter durchziehen wollte, und bevor ich herausgefunden hatte, dass das niemanden kümmerte.

Ich hatte darüber nachgedacht, sie wegen meiner schlechtesten Fächer um Hilfe zu bitten, dann aber gezögert, mir von jemandem Nachhilfe geben zu lassen, der eigentlich eine Jahrgangsstufe unter mir ist, auch wenn wir dieselben Kurse besuchen. Vielleicht würde ich mir endlich einen Ruck geben, wenn wir wieder in der Schule waren.

»Du warst hier also schon mal?« Die Frage sorgte dafür, dass sie ihre Aufmerksamkeit wieder mir zuwandte und vorübergehend weniger gequält aussah. Ich war auch schon mal im Hearne House gewesen, aber – von den alljährlichen Konzerten im Oktober abgesehen – zuletzt bei einem Schulausflug im siebten Schuljahr. Sie schien sich hier aber besser auszukennen. »Ich hab nämlich keine Ahnung, wo wir jetzt am besten hingehen, um Verstecken zu spielen.«

VIOLET

Sie kann das nicht gewusst haben, aber indem sie mich daran erinnerte, dass ich mich dort auskannte, nahm sie mir ein bisschen das Gefühl, total verloren zu sein. Ich hatte

Pläne von diesem Haus kopiert und beschriftet und mein Geschichts-Projekt praktisch auf seinen Grundmauern aufgebaut. Ich war durch alle Flure gegangen. Ich hatte über bemerkenswerte Objekte recherchiert, die man bei einem Rundgang durch das Haus entdecken konnte. Aber welche Türen man abschließen konnte, wusste ich nicht.

In einen der Ausstellungsräume zu gehen, wo tagsüber Aufpasser patrouillierten und die Besucher ermahnten, keine Fingerabdrücke auf den Tischen zu hinterlassen und sich nicht in die zweihundert Jahre alten Sessel zu setzen, erschien mir undenkbar. Auf der anderen Seite des Speisesaals gab es Küchenräume, aber die waren bestimmt zu groß, um verschließbar zu sein.

»Ich auch nicht.« Es wäre leichter gewesen, wenn ich das Ganze einfach als Spiel hätte betrachten können. »Lass es uns oben versuchen.«

JOE

»Ob wir's im Haus versuchen sollten?« Den Schutz der Bäume zu verlassen, erschien mir immer verrückter, je näher der Zeitpunkt rückte, an dem wir es wagen wollten. Aber nach dem Lärm, den das Handy gemacht hatte, fühlte es sich da auch nicht mehr sicher an. Ich glaubte immer noch, eine Zielscheibe auf meinem Rücken zu spüren.

PEACHES

Wir starrten durch das struppige, frustrierende Gewirr eines Ziergartens Richtung Haus. Ich hatte mich geweigert, noch mal an dem Feuer vorbeizugehen. Schon beim bloßen Gedanken daran kam es mir fast hoch. Ich wusste ja, was uns auf diesem Weg erwartete: der Geruch von verbranntem Fleisch und jede Menge Leichen unter dem Bühnenpodest. Und ich wusste auch, dass ich nicht da vorbeigehen könnte, ohne nachzusehen, ob Mai dazu gehörte.

Aber ich war aus diesem Käfig entkommen und hatte nicht vor, mich in den nächsten zu begeben. »Nur wenn du auf riesige Fallen mit muffigen alten Möbeln stehst.«

Er sah nicht überzeugt aus. »Glaubst du denn, der Park ist besser?«

Ich glaubte nicht, dass der Park irgendwas war, außer eben nicht das Haus. »Er ist immerhin größer für den Fall, dass wir weglaufen müssen.«

JOE

Ich konnte mich eine Spur zu genau daran erinnern, was mit den Leuten passiert war, die weggelaufen waren, während ich hinter der Hecke gelegen hatte. »Du bist nicht schneller als eine Kugel.«

PEACHES

Das stimmte. Meine große Erfahrung darin, bei Spielen nicht in die Mannschaft gewählt zu werden, war Beweis genug. »Aber –«

JOE

»Außerdem kannst du dich da drinnen aufwärmen. Es sind bestimmt auch schon andere da drinnen, meinst du nicht?

Also bietet das Haus Schutz, zahlenmäßige Überlegenheit …«, begann ich, die Vorteile an den Fingern aufzuzählen.

PEACHES

»Das mit der zahlenmäßigen Überlegenheit hat ja vorhin auf der Wiese toll funktioniert, als sie sich einen Weg durch die Menge geschossen haben.«

Ihn so zum Schweigen zu bringen, war nicht fair, und es war ja auch nicht wirklich dasselbe. Auf der Wiese hatte niemand gewusst, was kam. Jetzt wussten wir es nur zu gut, und das war auf eine ganz eigene Art und Weise lähmend. Wie man an uns sah, die wir zwischen diesen Bäumen festhingen. Aber es war leichter, die Zicke zu geben, als ihm zu erklären, vor was ich alles Angst hatte.

Außerdem wusste ich, dass wir ohnehin beide dasselbe dachten.

JOE

Es war nicht allzu weit bis zurück zur Brücke.

PEACHES

Vielleicht waren die Männer und ihre Waffen ja inzwischen weg. Vielleicht waren sie verhaftet worden oder weitergezogen, oder vielleicht war längst alles vorbei und es hatte uns nur noch niemand Bescheid sagen können. Andere Leute waren auch in Richtung Brücke gelaufen. Wir hatten Schatten gesehen, die sich langsam bewegten, immer nur einer oder zwei, nicht so viele auf einmal wie vorher. Sie riskierten es. Also konnten wir es auch.

JOE

Die Stimme in meinem Kopf, die *raus hier* skandierte, hatte kaum wieder eingesetzt, als sie vom Geräusch neuer Schüsse zum Verstummen gebracht wurde.

Ich konnte nicht sagen, woher sie kamen. Das ist das Problem bei Schüssen – wenn man nicht sieht, wo sich der Schütze befindet, hört man nur den Hall. Hearne House war von Mauern umgeben, die ihn verstärkten. Es klang, als wären sie überall.

PEACHES

Sie klangen so nah.

JOE

Wir ließen uns auf alle viere runter und krochen los.

NEUN

ELLIE

Das obere Stockwerk fühlte sich sicherer an, da es noch etwas mehr Abstand zwischen uns und das brachte, was draußen im Dunkeln lauerte. Aber dieses gefühlte Mehr an Sicherheit verpuffte sofort wieder, als wir die Schüsse hörten.

Sobald du weißt, dass du gejagt wirst, lernst du, wie Beute zu reagieren. Vorher, als ich das Krachen und Knallen irgendwelchen Böllern zugeordnet hatte, die auf dem hinteren Teil der Wiese abgeschossen wurden, hatte ich mich erst in Bewegung gesetzt, als die Menge mich dazu brachte. Jetzt reagierte ich aus einem lange verschütteten Instinkt heraus, der meinen Gliedern befahl, sich in Bewegung zu setzen, bevor mein Verstand den Grund erfassen konnte.

Mein Instinkt nahm auch Violet mit.

VIOLET

Ellie drückte gegen die erste Tür, an der wir vorbeikamen, aber sie war abgeschlossen. Also kauerten wir uns stattdessen in die Türöffnung und lauschten dem Klappern der Fenster, die nach jedem Schuss vibrierten. Sie hatte die Arme um mich gelegt.

ELLIE

Alles an mir ist lang. Und wenn meine langen Beine mich eine Viertelsekunde schneller als die nächste Konkurrentin über die Laufbahn tragen oder meine Arme mich ein, zwei Zentimeter weiter als sie durchs offene Wasser ziehen, bin ich dankbar für meinen Körper. Aber manchmal wäre ich auch lieber die Kleine; die, die man leicht umfangen kann. Seit meinem vierzehnten Lebensjahr bin ich größer als mein eigener Vater.

Meine Arme lagen um Violets Schultern; ich drückte sie ganz eng an mich und senkte den Kopf, um mich so klein wie möglich zu machen.

VIOLET

Außer Ade habe ich noch nie jemanden so fest umarmt. Bis zu diesem Moment wäre es mir nie in den Sinn gekommen. Ich hörte meinen Atem, der schnell ging, weil meine Lunge kaum mithalten konnte mit meiner Panik, und ich hörte das schnelle Echo von Ellies hastigen Atemzügen. Ich glaube, das war der Grund, warum ich so aufmerksam gelauscht habe. Und dann kapierte ich es.

»Das ist draußen. Sie sind nicht hier drinnen, die Schüsse kommen von draußen.«

ELLIE

Ich flüsterte in den Raum zwischen uns: »Bist du sicher?«

Violet hielt die Luft an, während sie angestrengt lauschte, und stieß sie dann in Form eines Seufzers wieder aus. »Ja. Die Schüsse hallen.«

VIOLET

Vielleicht waren sie nicht so dicht bei uns, wie es klang, aber sie waren irgendwo in der Nähe. Das bedeutete, dass der Albtraum weiterging. Jeder Schuss war eine Kugel weniger Hoffnung, vielleicht für jemanden, den wir liebten.

Aber sie waren noch nicht bei uns im Haus.

ELLIE

Noch nie hab ich so sehr den Wunsch verspürt, klein zu sein und in den Armen meiner Eltern zu liegen. Ich schloss die Augen und hörte, wie die nächste Salve verhallte. Draußen. Violet hatte recht. Sobald ich richtig hinhörte, merkte ich, dass die Schüsse von woanders kamen – wenn auch nicht, von woher genau. Das Geräusch, das entstand, wenn der Hall von den Hausmauern zurückgeworfen wurde, ließ sie so nah erscheinen.

Ich war froh, im Haus zu sein. Und es machte mir Angst, darüber nachzudenken, wer wohl alles noch da draußen war.

Hinter der verschlossenen Tür, an der ich klebte, konnte ich die Panik anderer Menschen hören, und wieder andere, die versuchten, für Stille zu sorgen. Ich hätte schwören können, dass ich mindestens eine Stimme erkannte. Ich zog erneut an der Klinke. »Sutton? Cori?«

VIOLET

Das Rütteln an der Tür sorgte nur für weitere Aufschreie dahinter. Von denen würde uns niemand reinlassen.

Ich berührte Ellie am Handgelenk.

ELLIE

Sie tippte mich kurz an und zog ihre Hand sofort wieder weg, als bräuchte sie meine Erlaubnis dafür.

VIOLET

»Sie haben gerade die Schüsse gehört. Jetzt machen sie die Tür bestimmt nicht auf.«

Hätten wir es für sie getan? Ich habe seither darüber nachgedacht und weiß, dass ich die Tür nicht aufmachen würde, wenn ich mit meiner Mutter in diesem Zimmer wäre. Mit meinem Bruder? Ich würde die Tür nicht aufmachen, ganz egal, ob draußen ein Mädchen weint oder nicht. Ich glaube auch nicht, dass ich die Tür öffnen würde, wenn ich mit Ellie in dem Zimmer wäre und wir nicht wüssten, was auf der anderen Seite passiert. Aber ich glaube, sie würde es tun.

Das war der erste Raum auf dem ersten Flur, gleich oben an der ersten Treppe, die wir hochgestiegen waren. Die Leute hinter dieser Tür waren die, die zu ängstlich gewesen waren, um sich ein besseres Versteck zu suchen »Es wird auch noch Räume geben, die nicht abgeschlossen sind. Irgendwer wird uns reinlassen.«

ELLIE

Das war ihre Art zu sagen, *reiß dich zusammen und komm mit*, ohne es wie einen Befehl klingen zu lassen. Das habe ich über Violet gelernt: Sie sagt niemandem, was er tun soll, aber sie lässt einen auf stille Art wissen, welche Entscheidung die klügste wäre.

Ich ließ meinen Blick durch die Flure schweifen. Es gab zu beiden Seiten von uns einen, und sie schienen endlos zu sein, mit vielen Türen und kleinen Nischen, in denen alte Sockel und Kelche standen.

»Wie's aussieht, gibts eine Menge Räume, bei denen wir unser Glück versuchen können.«

Und sie lächelte mich tatsächlich an.

VIOLET

Das Haus hat siebenundfünfzig Räume. Zwanzig davon sind noch original erhalten, der Rest Anbauten aus den letzten beiden Jahrhunderten. Vierzehn sind entweder modernisiert oder geteilt worden, um aus einem zwei zu machen.

Also ja, es gab noch einige Räume, bei denen wir unser Glück versuchen konnten.

Ich lächelte. »Das ist ein ziemlich großes Haus.«

PEACHES

Das Haus überragte alles. Ohne dass wir es eigentlich vorhatten, waren wir von der Schießerei weg und direkt auf den Haupteingang zu gelaufen. In einigen der vorderen Räume brannte Licht; in manchen ging es erst aus und dann wieder an, als die Schüsse aufhörten. Es waren also offensichtlich Leute drinnen. Was aber nicht hieß, dass wir uns unbedingt zu ihnen gesellen mussten.

JOE

Wir waren quasi schon auf dem Weg, der zum Haupteingang führte, als die Schüsse wieder aufhörten. Wir hatten uns die ganze Zeit dicht am Boden gehalten. Ich ließ mich neben einem wahrscheinlich preisgekrönten Rosenstrauch auf die Knie fallen und stützte den Kopf in die Hände. »Hör zu, wir müssen da rein.«

PEACHES

Buchstäblich alle meine Instinkte sagten mir genau das Gegenteil. Auch wenn ein kleiner Teil meines Verstandes nichts lieber wollte, als Mauern zwischen mich und jeden zu bringen, der vielleicht auf mich schießen wollte, wusste der Rest, dass es noch schlimmer sein würde, *mit denen zusammen* da drinnen eingeschlossen zu sein.

Joe bewegte sich nicht weiter und ich kroch zurück zu ihm in die Deckung, die uns ein paar nutzlose, dornenbesetzte Sträucher boten.

Ich fing an zu weinen. Rückblickend verstehe ich gar nicht, warum es so lange gedauert hat, bis ich an dem Punkt angelangt war. »Das Grundstück ist irre groß. Die *können* nicht überall sein, so viele sind es gar nicht. Die, die das hier überleben, werden die sein, die sich irgendwo in diesem Riesenpark verstecken, okay?«

JOE

Ich wusste nicht, wie ich mit ihren Tränen umgehen sollte. Und dieses ganze Nichtwissen machte mich langsam echt wütend. Dass ich keine Ahnung hatte, wie ich ihr, mir, uns oder irgendwem helfen sollte. Es gab so vieles, was ich nicht wusste, und ich war so *verdammt* wütend. »Und die, die sterben, werden die sein, deren Verstecke sie finden. Du willst hier draußen bleiben und ein bewegliches Ziel abgeben, indem du zwischen den Sträuchern hin und her rennst? Gut, dann verpiss dich eben. Ich will eine Stellung haben, die ich verteidigen kann.«

PEACHES

Ich hatte schon Schlimmeres gesagt bekommen, trotzdem tat das genauso weh, als hätte er mir ins Gesicht geschlagen. Also hab ich noch mehr geheult. Es war so, als könnte ich jetzt, wo ich einmal angefangen hatte, erst wieder aufhören, wenn alles raus war. Ich presste die Hände auf den Mund, um meine Geräusche zu ersticken, bis ich mich wieder im Griff hatte. »Mit *was* willst du sie denn verteidigen? Mit einem antiken Sessel? Du bist hier nicht zu Hause bei deinen Kriegsspielen.«

JOE

»Was weißt du schon über mein Zuhause? *Gar nichts!*«

Nichts über mein Leben, nichts über meinen Dad. Und nichts über den Gedanken, der sich die ganze Zeit in mir Gehör zu verschaffen versuchte: dass ich hier sterben konnte, ohne zu wissen, ob er eigentlich stolz auf mich war. Aber wenn sie dann wenigstens sehen würden, dass ich mich gewehrt hatte …

Sie hatte nicht den leisesten Dunst.

Die Wut trieb mich hoch und ich stellte mich aufrecht hin. Dabei hätten die Schützen überall sein können, hatten mich vielleicht schon im Visier. Aber das war mir egal. Ich marschierte diesen Weg entlang, als wäre das Haus an seinem Ende meines.

Und dann hörte ich meinen Namen.

PEACHES

Unter einer der Bänke, an denen Joe vorbeikam, leuchtete ein kleines Licht auf. Ein Handy. Und als er sich umdrehte und auf die Bank zurannte, verwandelten sich die Schatten dahinter in zwei Menschen, die dort Zuflucht gesucht hatten. Ich beobachtete das Ganze, während ich weiter mit den Tränen kämpfte.

JOE

Als ich bei ihnen ankam, hatte Sams Gesicht einen kränklichen grünen Farbton von dem Handylicht, aber Dougie sah noch schlimmer aus. »Was ist passiert?« Ich war auf den Knien und drückte Doug eine Hand auf die Schulter, damit er sich nicht aufrichtete, um mich anzuschauen. *Was ist passiert?* Was für eine dämliche Frage.

Was ich meinte, war, wie ist *ihm* das passiert? Warum passierte es jemandem, den ich kannte?

Ich hatte es für selbstverständlich gehalten, dass es allen außer mir gut ging. Doug machte wieder Anstalten, sich zu bewegen. Ich beugte mich über ihn, damit seine hin- und herrollenden Augen mich im Dunkeln finden konnten. »Mein Gott. Alles gut, Doug, ich bin's, Joe.«

Er wiederholte röchelnd meinen Namen.

Sam sprach im Hintergrund in einem gleichbleibenden, leisen Ton. »Das ist Joe, er hat uns gefunden. Wir kümmern uns jetzt um ihn. Ja, versprochen. Wir bringen ihn irgendwohin. Ich glaube ... Ich glaube, er sieht schon besser aus.«

Dabei hätte er gar nicht schlechter aussehen können. Er, ähm ...

Also, nachher, im Krankenhaus, haben sie gesagt, dass eine der Kugeln in seine Hüfte eingedrungen und im Rückgrat wieder ausgetreten ist. Die andere hat seinen Arm getroffen, ein glatter Durchschuss. Und vielleicht stimmt das ja, aber da war überall Blut, und das Blut, das sich von seiner Seite aus ausgebreitet hatte, war dickflüssig und kalt. Es sah aus wie Klebstoff, den jemand über das Gras geschmiert hatte. Und über sein Hemd, in seine Haare – überall, wo ich hinfasste, war Blut.

Als ich wieder zu Sam hochschaute, bemerkte ich, dass seine Hand am Telefon komisch aussah. Ungefähr ein Drittel von dem, was da eigentlich hingehörte, fehlte. Ich wusste also nicht, von wem welches Blut stammte, nur, dass es so viel war, und darauf ist man einfach nicht vorbereitet. Ich hatte so was noch nie gesehen.

PEACHES

Joe setzte sich einfach hin, mitten auf den Weg, wo ihn jeder sehen konnte.

JOE

Ich fühlte mich, als hätte jemand eine Lkw-Ladung Zement über mir ausgekippt. Eine Lkw-Ladung von Nicht-Wissen, was zur Hölle wir jetzt tun sollten.

»Ich muss auflegen. Der Akku ist gleich leer und mein Handy hab ich nicht mehr – nein, rufen Sie nicht zurück.« Sam telefonierte mit Dougies Stiefmutter. Sie hat immer noch die Hälfte des Anrufs auf ihrem AB gespeichert. »Aber wenn Sie mir einen Gefallen tun und meinen Dad anrufen könnten?«

Als er aufgelegt hatte, wurde er still. Nach einer Weile murmelte er: »Der Akku hat noch fünf Prozent«, als müsste mich das interessieren, und steckte das Handy weg.

Er schaute mich nicht an, sondern hielt den Blick auf Dougie gerichtet, dessen Lippen Worte formten, die auszusprechen er nicht mehr die Kraft hatte. »Wir müssen Hilfe holen.« Sams Stimme klang nicht unbedingt ruhig, sie klang nur … hohl. »Er kann seine Beine nicht bewegen.«

PEACHES

Gut, er hatte mich einfach sitzen lassen. Aber was zum Teufel machte er da?

JOE

Sam zählte die Stellen auf, an denen Doug verletzt war: an der Seite und am Arm. Von der Sache mit der Wirbelsäule wusste er nichts, vermutete es aber. Ich wusste nur, wie das in Filmen funktioniert, wo die Leute von einem Schuss in die Brust weggefegt werden, wenn sie sterben sollen, und ansonsten passenderweise an irgendeinem entfernteren Körperteil getroffen werden. An einer Stelle, die man abbinden kann, um die verletzte Person am Leben zu halten.

Mit Sams Hand konnten wir umgehen. Aber was soll man mit einem machen, der einen Schuss in die Hüfte abbekommen hat?

»Ob wir ihn bewegen dürfen?« Ich wusste, dass man das nicht tun soll, aber das betraf Situationen wie Autounfälle oder einen Sturz vom Baum. »Wenn wir einfach hier draußen bleiben, dann …« Hier gab es nirgends Hilfe für uns. Und es fühlte sich auch nicht so an, als würde von anderswo welche kommen. Wenn wir blieben, würden wir ihm einfach beim Verbluten zusehen, bis sie auftauchten und uns mit ihren Waffen auf denselben Weg schickten wie ihn. »Drücken wir da einfach was drauf?«

Ich würde keine Hilfe sein. Ich war hilflos. Das alles, rettungslos.

Ich hab Peaches nicht mal kommen sehen, erst, als sie sich neben mich hockte.

PEACHES

Was hätte ich sonst tun sollen? Es gab nur einen Ort, an dem wir vielleicht Erwachsene fanden, die uns helfen konnten, oder auch einen Erste-Hilfe-Raum, wenn wir Glück hatten.

»Ihr hebt ihn hoch und versucht ihn gerade zu halten. Und ich drücke seine Wunden zu, während wir ihn zum Haus schaffen.«

ZEHN

PEACHES

Ich hab es so gesehen: Warum hätte ich aus dem eisigen Wasser gezogen worden sein sollen, bloß um dann irgendwo anders zu sterben? Warum hätte ich es schaffen sollen, aus dem Gedränge unter der Bühne zu entkommen? Warum hätte ich zweimal genau in dem Moment, in dem ich es brauchte, Hilfe bekommen sollen, bloß um dann beim dritten Mal Pech zu haben?

JOE

Sam hängte Dougs Knie über seinen einen Unterarm und schob den anderen unten um seinen Rücken. Ich hielt Dougs Schultern und legte seinen Kopf an meine Brust.

PEACHES

Ich hab zu Gott ein ziemlich ähnliches Verhältnis wie zu Freunden, mit denen ich mich nur online unterhalte. Sie scheinen ganz nett zu sein, aber ich kann mir nicht sicher sein, dass sie wirklich existieren. Oder zumindest kann ich nicht wissen, ob das Mädchen, mit dem ich über Tumblr Raubkopien von Broadway-Musicals tausche, nicht eigentlich ein vierzigjähriger Brummifahrer mit einem knielangen, ölverschmierten Bart ist. Ich weiß also nicht, ob ich wirklich an Schicksal glaube. Aber damals musste ich es tun. Was anderes blieb mir gar nicht übrig.

Ich konnte nicht ohne Grund zweimal gerettet worden sein. Also war es auch okay, die Deckung aufzugeben und zusammen mit Joe Mead und Sam Hollander, die mich bis dahin nie eines Blickes gewürdigt hätten, außer um sich über mich lustig zu machen, loszumarschieren.

JOE

Peaches ging seitwärts zwischen uns. Sie hatte das Hemd ausgezogen, das ich ihr gegeben hatte, und drückte es zusammengeknüllt unten gegen Dougs Wirbelsäule. Ihre andere Hand presste sie auf seine Hüfte. Ich konnte das Blut sehen, das zwischen ihren Fingern hervorquoll.

PEACHES

Obwohl es sich anfühlte, als würden wir in eine Falle laufen, war es okay, dabei zu helfen, Douglas Clark ins Hearne House zu tragen. Schließlich konnte ich jetzt nicht mehr sterben. Das Schicksal hatte mich unbesiegbar gemacht, und ich würde alle anderen beschützen, einfach nur, indem ich da war.

Oder so ähnlich. Ich hab mir eine Menge Unsinn eingeredet auf dem langsamen Weg um das Haus rum. Aber es hielt mich davon ab, alles fallen zu lassen und wegzurennen.

JOE

Ich hätte ihr irgendwie gern gesagt, dass es mir leidtat.

PEACHES

Als ich es dann doch beinahe getan hätte, hatte das aber nichts damit zu tun, dass ich Angst hatte.

JOE

Aber keiner von uns sagte ein Wort.

PEACHES

Sondern damit, dass ich jemanden sah, den ich kannte.

JOE

Der Haupteingang war keine Option, zumindest nicht ohne einen Rammbock. Alte Häuser sind die reinsten Festungen, was ja gut gepasst hätte, wenn wir nicht auf der falschen Seite der Mauer gewesen wären. So aber folgten wir vereinzelten Schatten, die seitlich ums Haus verschwanden, in der Hoffnung, dass es auf der Rückseite noch einen weniger imposanten Eingang gab. Ich versuchte, ein Auge auf Dougie zu halten, ohne ihn allzu genau anzusehen. Jeder Schritt, den wir machten, muss ihm Schmerzen bereitet haben, aber stehen zu bleiben, kam nicht infrage.

PEACHES

»Moz?«

Ich hatte ihn zuletzt eine halbe Stunde vor Konzertbeginn gesehen. Er war auf das Gerüst über der Bühne gestiegen, um mit mir zusammen die Farbfilter zu kontrollieren. Und wir hatten von da oben beobachtet, wie sich der hintere Teil des Fackelumzugs beim Überqueren der Brücke staute. Es hatte ausgesehen, als hätte jemand den Fluss in Brand gesteckt.

Die Scheinwerfer waren alle in Ordnung, und eigentlich hätte er gleich wieder runtersteigen, seinen Kopfhörer aufsetzen und mit dem technischen Leiter reden sollen. Aber sobald Moz fünf Minuten Zeit übrig hatte, um Quatsch zu machen, nahm er sich immer zehn. Ich weiß noch ... wie er seine Beine um eine der Metallstreben hakte und sich dann mit ausgebreiteten Armen nach hinten kippen ließ, bis ich selbst fast den Halt verlor, weil ich versuchte, ihn hochzuholen.

Aber er wäre nicht abgestürzt. Er war komplett schwindelfrei. Er bewegte sich da oben wie eine Bergziege; er wusste immer, dass ihm nichts passieren würde. Aber mir machte es trotzdem jedes Mal Angst. Und ich sagte noch zu ihm, dass an dem Abend höchstens einer auf der Bühne sterben sollte: Eric Stone. In dem Wortlaut. Echt.

»Der?« Moz schlang lässig einen Arm um das Gerüst und sah zum Glück nicht länger so aus, als wollte er einen Kopfsprung in die Bassdrum unten auf der Bühne machen. »Nee, der kann doch gar nicht sterben«, sagte er. »Der ist doch schon seit Jahren ein Fossil.«

Dann schaute ich zu, während er so flink wie immer nach unten kletterte, und wusste, dass er zu mir hochgrinsen und alles in Ordnung sein würde. Da waren es noch zehn Minuten bis zum Beginn der Show. Und ich glaube, jetzt würde ich diesen Moment als den Anfang vom Ende bezeichnen.

JOE

Vor einer der Säulen, die an dem Weg standen, saß jemand. Peaches rief seinen Namen. Nicht laut, aber er war nah genug, um es hören zu können.

PEACHES

»Moz!«

Er war eine totale Nervensäge und außerdem mein wahrscheinlich bester Freund. Aber jetzt saß er in sich zusammengesackt im schlechtesten Versteck der Welt, weil man ihn nur dann nicht sehen konnte, wenn man sich seiner Säule zufällig aus genau der entgegengesetzten Richtung näherte.

Er hat mich gehört. Ich weiß, dass er mich gehört hat, denn ich hab gesehen, wie er zusammenzuckte.

JOE

Sie erstarrte, und kurz dachte ich, sie würde alles fallen lassen und zu ihm hingehen.

PEACHES

Ich konnte nicht zu ihm gehen. Ich drückte meine eine Hand in Dougs Rücken, teilweise, um den Blutfluss zu stoppen, aber auch, um ihn in Joes und Sams Armen gerade zu halten.

Wenn ich ihn losgelassen hätte, hätte ihn das wahrscheinlich an Ort und Stelle umgebracht. Und das konnte ich nicht machen. Ich konnte nicht.

JOE

Der Typ sagte erst was, als wir schon so weit weg waren, dass man es nicht mehr richtig verstehen konnte.

PEACHES

Ich glaube, er hat gesagt: »Die lassen euch nicht rein.«

VIOLET

Die Tür, an der wir schließlich stehen blieben, sah, bis auf das Schild, nicht anders aus als der Rest.

»Hier?«

»Kann man die abschließen?«

Ich schwenkte die Tür nach innen, um nachzusehen. »Da steckt kein Schlüssel. Aber wir können ja die Kabinentüren drinnen abschließen.«

Ellie wirkte unsicher, und einen Augenblick lang fragte ich mich, ob ich die falsche Wahl getroffen hatte. Aber ich konnte mir selbst bei einem Killer nicht vorstellen, dass er in die Damentoilette kommen würde.

ELLIE

In der Schule haben die Toiletten alle einen ungefähr dreißig Zentimeter hohen Spalt unter der Tür, und wenn man vor dem Spiegel steht, sieht man eine Reihe schwarzer Schuhe, wie sie für die Schuluniform vorgeschrieben sind. Aber ich mache es manchmal so, dass ich die Füße von innen gegen die Kabinentür stemme, damit man sie nicht sieht.

Meistens an Tagen, an denen ich weiß, dass die anderen über mich reden.

Daran musste ich denken, als ich Violet in diesen Raum folgte. Die Türen waren zwar dünn, aber unsichtbaren Mädchen konnte das egal sein.

VIOLET

Als Ellie mir erklärte, wie man sich unsichtbar macht, musste ich fast lächeln.

»Was ist?«, fragte sie.

»Ich hätte nie gedacht, dass so viel Aufwand nötig ist, um nicht bemerkt zu werden.«

ELLIE

»Du hast ja keine Ahnung.«

Ich empfinde mich nicht als außergewöhnlich, das hab ich nie, obwohl mich dieses Wort schon mein Leben lang verfolgt. Elliot Kimber und ihr außergewöhnlicher Erfolg. Der außergewöhnliche Start ihrer Karriere als Sportlerin. Die außergewöhnlichen Model-Fotos. Ich habe außergewöhnliche Siege errungen. Und mein Überleben war außergewöhnlich.

Das macht jetzt schon zwei außergewöhnliche Siege über den Tod. Allerdings hat die Meningitis, die mich die Hälfte meines Gehörs gekostet hat statt mein Leben, nur einen anderen Menschen getötet. Aber ich soll mich deswegen nicht schuldig fühlen.

»Dass ich schwer zu übersehen bin, könnte aber auch damit zu tun haben, dass ich über eins achtzig und blond bin.«

VIOLET

Damit und mit dem Umstand, dass ihr Gesicht an manchen Tagen auf den Titelseiten der Zeitungen war, natürlich. Ich fügte noch einen weiteren Grund hinzu, den offensichtlichsten: »Und damit, dass du so schön bist.«

ELLIE

Dieses Wort verfolgt mich weniger. Wenn ich meine Füße von innen gegen eine Klotür stemme, höre ich eher Sätze wie: *Dabei sieht sie nicht mal gut aus.*

»Ich bin nicht das einzige hübsche Mädchen an der Schule.« Ich hätte ihr gern gesagt, dass ich gerade mit einem Mädchen sprach, das ich sehr viel schöner fand als mich selbst, aber so was kann man schlecht sagen. Jedenfalls nicht, wenn man es wirklich so meint.

VIOLET

»Es gibt nur drei andere Schwarze Mädchen an der Schule, und trotzdem spricht mich die Hälfte der Lehrer mit einem von deren Namen an. Wenn ich dir Unsichtbarkeit beibringen könnte …«

Sei klein, aber nicht nur, was die Körpergröße angeht. Verhalt dich still, es sei denn, du wirst angesprochen. Richte die

Hälfte deiner Gedanken auf Dinge außerhalb der Schule und die andere Hälfte auf deine Arbeit. Lass die meisten deiner Klassenkameraden im Ungewissen darüber, wie sie dich ansprechen sollen, sofern du dich von ihnen unterscheidest. Sieh anders aus. Sei anders. Es gibt viele unsichtbare Menschen in Schulfluren.

Aber weitaus weniger, die wie Ellie Kimber sind.

»Aber den Trick mit den Füßen an der Tür kannte ich noch nicht.«

ELLIE

Mit Violet zu reden, ließ die Bedrohung wieder etwas weiter weg erscheinen. Wir waren im Haus und in Sicherheit, auch wenn eine kleine Stimme mir *vorläufig* zuflüsterte, wann immer ich es wagte, so weit zu denken. Und der Toilettentrakt schien keine schlechte Wahl zu sein. Offensichtlich waren hier alte Räume umfunktioniert worden – die Tudors hatten vermutlich keine Seifenspender und Tamponautomaten gehabt –, und die Wände und Fußböden waren weiß gefliest. Das Licht war grell, und wenn ich mich auf den Rand des Waschtischs setzte, konnte ich Violet mein gutes Ohr zudrehen, ohne Angst haben zu müssen, dass ich mein blutverschmiertes Spiegelbild in der Scheibe sah.

Das Handy vibrierte in meiner Tasche, weil es leise gestellt war, und als ich aufs Display schaute, bekam ich fast einen Herzinfarkt.

Jennifer Kimber ruft an.

Ich wusste, dass auch Violets Herzschlag ausgesetzt haben musste, darum schaute ich sie an und schüttelte den Kopf.

»Meine Tante.«

VIOLET

Ich sah, wie sie Luft holte, sie anhielt und wieder ausatmete, bevor sie den Anruf wegdrückte.

ELLIE

Das wirkte wahrscheinlich herzlos. Wenn diese Geschichte inzwischen in den Nachrichten lief, war klar, dass die Leute versuchen würden, ihre Lieben zu erreichen. Meine Tante war wahrscheinlich verzweifelt. Ich ging die Liste der letzten Anrufe durch und blockierte stillschweigend ihre Nummer.

»Ich kann jetzt niemandem sagen, dass es mir gut geht. Vielleicht hat sie was von meinen Eltern gehört, vielleicht aber auch nicht. Dann müsste ich ihr sagen, dass ich auch nichts gehört habe und ich … ich kann das einfach nicht.« Meine Stimme klang erstickt, meine Kehle schien jedes Wort nach unten pressen zu wollen.

Ich wählte noch einmal Mums Nummer. Dann Dads. Es klingelte und klingelte und klingelte.

VIOLET

Sie sah in dem Moment so unglaublich allein aus. Ich sagte mir, dass ich sie berühren – ihre Hand nehmen – sollte, aber so etwas fällt mir nicht leicht.

Nachdem bei ihr niemand abgenommen hatte, bot sie ihr Telefon erneut mir an. »Gibt es sonst noch jemanden, den du anrufen musst?«

ELLIE

Sie zögerte.

VIOLET

Es gab einen Menschen, den ich nur allzu gern angerufen hätte. Aber ich dachte daran, was meine Mutter sagen würde, und wie stolz sie immer darauf war, dass sie nie jemanden um Hilfe bat. Ich schüttelte den Kopf.

»Mein Vater ist sehr krank. Er würde sich nur Sorgen machen, aber es gibt nichts, was er tun kann. Also ist es das Beste, wenn er nichts von dem hier erfährt.«

ELLIE

»Bis es vorbei ist«, sagte ich.

Ihre Antwort kam schnell. »Ja.«

Das konnte ich verstehen. Und ich dachte: Wenn diese Geschichte nicht gut ausgeht, sind wir wenigstens nicht diejenigen, die die schlechte Nachricht überbringen müssen.

Aber nun sind wir es doch.

ELF

ELLIE

Natürlich vibrierte mein Telefon, als ich es gerade einstecken wollte, erneut.

PEACHES

Sie hatten die Tür verbarrikadiert. Da gab es *einen* einfachen Zugang ins Historische Hearne House, einen unpassend weiß gestrichenen Notausgang, und die Mistkerle, die schon drinnen waren, hatten ihn mit einem schweren Schreibtisch blockiert und Gott weiß was sonst noch dahinter aufgestapelt. Auch wenn ich eigentlich gar nicht ins Haus *wollte* – dass sie mich nicht reinließen, machte mich echt sauer.

JOE

»Herrgott noch mal!«, schrie Sam in Richtung Tür. Wir waren nicht die Einzigen, die versuchten, auf dem Weg reinzukommen, und eine kleine Gruppe von Leuten wandte sich mit erschrockenen Mienen zu ihm um und starrte ihn an. Aber es war ja nicht so, als hätte er ein geheimes Versteck verraten, oder? Wo immer die Schützen sich gerade aufhielten, das riesige, protzige Haus in der Mitte des Geländes hatten sie bestimmt nicht übersehen.

Einige von den anderen sprachen davon, durch die Fenster einzubrechen, aber die waren nur schmale Rechtecke und noch dazu ein ganzes Stück vom Boden entfernt. Ja, ich konnte mich da vielleicht durchzwängen und dabei riskieren, mich an den Glasscherben zu schneiden, aber Doug hatte keine Chance.

PEACHES

»Wir sterben hier draußen! Ihr lasst Menschen sterben!« Sam versuchte weiter, durch die Türöffnung zu rufen. Und wenn er nicht Dougs Beine im Arm gehalten hätte, hätte er ganz bestimmt auch auf den Schreibtisch eingeschlagen. Andere taten es bereits. Und ein paar von ihnen kamen zu uns her, um Sam zum Schweigen zu bringen. Joe und ich konnten nichts tun. Wir konnten ihn nicht erreichen.

JOE

Die Leute, die sich um Sam scharten, flüsterten wütend, gerade so laut, dass ich sie verstehen konnte. Ed und James aus der Fußballschulmannschaft waren dabei. Und noch ein paar andere, die ich nicht kannte.

Die Barrikade kann nicht allzu weit nach hinten reichen.

Wenn wir es schaffen, jemanden da rüber zu kriegen.

Einfach fest genug dagegen drücken und …

Das kann noch nicht lange verbarrikadiert sein, Ellie haben sie noch reingelassen.

Ellie?

Kimber. Wir haben gesehen, wie sie hier hingelaufen ist.

Sam schaute zu mir her, um zu sehen, ob ich es gehört hatte. Und natürlich hatte ich das.

»Kriegst du einen Arm frei?«

»Wenn jemand hilft.«

Es dauerte nur eine Minute, bis wir unser Vorgehen abgesprochen hatten, obwohl wir uns alle fragten, wie viele Minuten uns überhaupt noch blieben. James übernahm so langsam und vorsichtig wie möglich Dougs Beine.

Und Sam rief seine Ex an.

ELLIE

Sam Hollanders Name gehörte nicht zu denen, die ich auf meinem Display zu sehen erwartete. Wir waren befreundet. Na ja, so was in der Art.

JOE

Im ersten Jahr an der Secondary School hat er andauernd davon geredet, dass er mal mit ihr zusammen war. Und wir brauchten ein ganzes Trimester, um rauszufinden, dass sie zu dem Zeitpunkt noch in den Kindergarten gegangen waren.

ELLIE

Ich meine, wir waren vor einer Ewigkeit mal befreundet. Er wohnte früher neben uns und war ein total netter Kerl. Aber dann wohnte er nicht mehr neben uns und war auch nicht mehr so nett, darum redeten wir kaum noch miteinander.

JOE

Seither war Ellie für uns immer nur die Ex.

ELLIE

Aber ich wusste, dass er an dem Abend mit Sicherheit auch auf der Wiese gewesen war. Er und seine Freunde standen in dem Ruf, dafür zu sorgen, dass beim Ambereve richtig was los war; was vor allem daher kommt, dass einer von ihnen sich vor ein, zwei Jahren mal die Augenbrauen abgefackelt hat.

Aber wie auch immer. Ich kenne Sam seit meinem dritten Lebensjahr. Sein Dad nennt mich EllsBells. Seine Familie schickt mir immer noch Geburtstagskarten, und ich schreibe ihnen jedes Jahr zu Weihnachten.

VIOLET

»Ist bloß ein Freund«, sagte sie mir, und das wilde Pochen in meiner Brust beruhigte sich langsam wieder. Dann nahm sie das Gespräch an.

ELLIE

»Sam? Bist du …? Warte, langsam. Ja, ich bin im Haus.«

JOE

Sam schaute uns an. »Sie hat gesagt, sie kommt.«

PEACHES

Und weil Ellie Kimber alles bekommt, was sie will, dauerte es nicht lange, bis wir erste Anzeichen dafür sahen, dass die Barriere abgebaut wurde.

VIOLET

Es kam mir so vor, als hätte das Gespräch kaum zwanzig Sekunden gedauert. Als es zu Ende war, drückte Ellie das Telefon an ihre Brust und ergänzte die Teile, die ich nicht hatte hören können. Das Einzige, was ich verstanden hatte, war, dass es eilig war.

»Sie haben den Notausgang verbarrikadiert, und Freunde von mir kommen nicht rein. Ich glaube, einer von ihnen ist verletzt. Sie wollen – Ich geh runter und schau mal, ob es eine Möglichkeit gibt, sie reinzulassen.«

Sie zögerte nicht eine Sekunde, eine verschlossene Tür zu öffnen, die auch nur anzufassen ich viel zu viel Angst gehabt hätte.

Ich bot ihr an, sie zu begleiten, obwohl mir der Gedanke, denselben Weg zurückzugehen, eigentlich absolut widerstrebte. Wenn wir uns schon aus diesem Raum wegbewegten, dann wollte ich lieber all die anderen Räume durchsuchen. Ich hatte meine Mutter noch nicht gefunden, und wenn es Zeitverschwendung war, sich an Stille und Sicherheit zu klammern, dann war zurückzugehen noch schlimmer. Aber ich bot es trotzdem an.

ELLIE

Ich wollte nicht, dass sie mitkam. Was auch immer sich unten auf der anderen Seite der Tür abspielte, konnte schlimmer geworden sein, bis ich dort ankam, und Sam hatte schon verzweifelt geklungen. Ich ging fieberhaft noch mal durch, was genau er gesagt hatte. Er war ein miserabler Lügner, aber konnte sich daran etwas ändern, wenn ihm jemand eine Waffe an den Kopf hielt? Ich konnte nicht wissen, was ich da vielleicht ins Haus ließ.

»Ich glaube, es ist besser, wenn eine von uns hier oben wartet. Dann können sich keine anderen Leute breitmachen, die uns vertreiben. Ich bringe die anderen mit hier hoch.«

VIOLET

Das war ihre Art, klarzustellen, dass ich diejenige war, die bleiben würde. Es ergab schon irgendwie Sinn, die Toilette zum Treffpunkt zu machen. Hier hatten wir saubere Oberflächen, falls jemand verwundet war. Und … »Vielleicht ist in dem Schrank da ja Verbandszeug.«

Es würden zumindest Tücher und Alkohol darin sein, die sanften Produkte, die man brauchte, um alte und empfindliche Dinge zu reinigen. Das wäre doch schon mal ein Anfang. Ich versuchte, die Schranktür zu öffnen. »Der ist abgeschlossen.«

Aber es konnten noch andere Schlüssel darin liegen. Ellie hatte recht: Es war besser, wenn eine von uns hier blieb und unseren Anspruch auf diesen Platz verteidigte.

ELLIE

»Wir können ja versuchen, ihn aufzubrechen, wenn ich zurück bin.« Ich rutschte vom Waschtisch und legte mein Handy darauf ab, ließ es für sie dort zurück.

»Für den Fall, dass deine oder meine Eltern anrufen.«

Es fiel mir nicht leicht, aber ich würde ja zum Handy zurückkommen, und zu Violet. Keine von uns musste das hier alleine durchstehen.

VIOLET

Das betrachtete ich als ein Versprechen, und es sollte auch eins sein.

PEACHES

Natürlich brauchte es nur ein Zauberwort von Ellie. Nur ein *Sesam, öffne dich* von ihr, und die Türen gingen wie von Zauberhand auf. Natürlich kannte Joe sie. Sie waren an der Clifton Academy wie die Sonne und der Mond. Joe Mead, der nie irgendwas wichtig zu nehmen oder zu wollen schien, und Ellie Kimber, der alle alles zu Füßen legten. Manche Leute scheinen einfach mit einer sanften Brise durchs Leben zu segeln, und die beiden waren schon in Booten zur Welt gekommen.

Um das klarzustellen: Ich berichte nur, wie es damals war. Wie es sich an dem Abend für mich angefühlt hat. Und genau das ging nun mal in mir vor, als ich sah, wie sie den riesigen Schreibtisch wegzogen. Ich schäme mich nicht dafür, dass ich so verbittert war. Ich hatte meine Gründe dafür. Und es gab ja auch eine Menge, was ich da noch nicht wusste.

Außerdem wollte ich noch immer nicht ins Haus. Also hatte ich ziemlich gemischte Gefühle, als der Tisch verschwand und ich sah, dass auf der anderen Seite ein großes blondes Mädchen wartete.

JOE

Wir waren unfassbar erleichtert, als der Tisch verschwand und wir Ellie sahen.

PEACHES

Die Leute stürmten auf die Tür zu. James, dieser Rugbyspieler, der beim Tragen von Doug eingesprungen war, hätte ihn beinahe einfach fallen gelassen, um aus der Nummer wieder rauszukommen. Oder eben ins Haus reinzukommen. »Wir müssen langsam machen«, warnte ich, als ich sah, wie die Muskeln in Joes Armen zuckten.

JOE

Das muss eine Art Herdentrieb sein. Alle rennen los, also willst du es auch. Du läufst einfach los und hoffst, dass du nicht die Gazelle bist, die es trifft. Aber Peaches hatte recht. Wir gingen als Letzte rein, und wir bewegten uns langsam.

Auf der anderen Seite waren nicht so viele Leute, wie ich erwartet hatte.

ELLIE

Miss Ewell und die meisten anderen, die sich im Büro des Sicherheitsdienstes aufgehalten hatten, waren inzwischen weg, wahrscheinlich befolgten sie ihren eigenen Rat und suchten sich ein Versteck weiter hinten im Haus. Ich hatte an Türen gerappelt, bis wir genügend Leute waren, um die Barrikade abzubauen, und ein paar von ihnen hauten sofort wieder ab, noch bevor sie sehen konnten, was dahinter war.

Die anderen schoben den Schreibtisch zurück, kaum dass alle drinnen waren.

PEACHES

Die Tür würde in Nullkommanichts wieder verrammelt sein, und alle, die nicht das Glück hatten, mit der beliebtesten Prinzessin der Clifton befreundet zu sein, mussten eben draußen bleiben.

ELLIE

Aus Sams Tonfall und seinen verworrenen Sätzen am Telefon hatte ich geschlossen, er wäre derjenige, der verletzt war. Das war er auch, aber im Vergleich zu dem blutenden Jungen, den er mit Joe und einem Mädchen hereintrug, fiel die Verletzung an seiner Hand kaum ins Gewicht.

JOE

»Wir müssen Doug irgendwo flach ablegen«, presste ich hervor und schaute mich nach den Horden von bereitstehenden

Erwachsenen um, die ich hier drinnen erwartet hatte. Irgendwie hatte ich mir im Geiste eine Art Seifenoper-Szenario zusammengebastelt. Ärztinnen, die zufällig zur rechten Zeit am rechten Ort waren, mit weißen Kitteln und medizinischer Ausrüstung in den Handtaschen. Oder zumindest ein paar Lehrer, die uns anleiten würden. Aber nichts. Nichts außer ein paar Jugendlichen, die Stühle durch einen Flur schoben. »Gibt es denn hier keinen, der uns helfen kann?«

ELLIE

Das ganze Blut hatte mich erstarren lassen. Ich hatte draußen auf der Wiese auch schon blutende Menschen gesehen, und rostfarbene Flecken hatten wir mehr oder weniger alle auf unserer Kleidung und Haut, aber nichts davon war mit dem tiefen, teerartigen Loch vergleichbar, das eine Kugel aus Dougs Hüfte herausgemeißelt hatte. Das Mädchen, das bei ihnen war – Peaches –, ihre Hände konnten die Wunde kaum bedecken.

PEACHES

Ellie war schon das ganze Begrüßungskomitee. Ich schaute zurück zur Tür. »Können wir ihn irgendwo ablegen?«

ELLIE

»Da hinten … Ich glaube, bei der Treppe steht ein Tisch.« Alle Möbel waren verschoben oder nach vorn zur Tür gezerrt worden, um Teil der Barrikade zu werden, und ich kannte mich ohnehin kaum aus, aber ich erinnerte mich, dass ich mit der Hüfte gegen diesen Tisch gestoßen war, als ich nach unten gerannt kam.

JOE

Das war nicht viel mehr als ein Anfang, aber wir trugen Doug zu dem Tisch und legten ihn ab. Als er vor Schmerzen aufschrie, wünschte ich mir, wir hätten ihm was zum Draufbeißen gegeben. Ich wünschte mir, ich hätte mir selbst was zum Draufbeißen besorgt.

PEACHES

Hinter uns schoben sie den Schreibtisch wieder in Position, um den Notausgang erneut zu versperren und damit auch meine einzige Chance, diese Rattenfalle wieder zu verlassen. Ich hörte das Geräusch von splitterndem alten Holz, als er über den Boden gezerrt wurde. Dann rannte ich los.

ZWÖLF

JOE

Einen Moment lang erstarrte alles. Ich sah ihr dabei zu, wie sie zurück durch den Flur rannte.

PEACHES

Wir waren in *Indiana Jones*, und ich wurde von einem Felsbrocken verfolgt. Doug lebte noch. Ich hatte durch meine Mithilfe dazu beigetragen. Ich hatte getan, was nicht zu tun ich mir nie verziehen hätte.

JOE

»Peaches!«

PEACHES

Ich wollte nur noch raus.

Jemand rief meinen Namen, als ich mich um den rutschenden Schreibtisch herumwand.

Ich schaffte es noch durch die Lücke, dann verschloss sich die Öffnung hinter mir.

JOE

Sam rief meinen Namen. Ich war ihr durch den halben Flur nachgelaufen, ohne es selbst zu bemerken, aber es war zu spät. Selbst wenn ich die anderen dazu gebracht hätte, den Tisch noch mal wegzuziehen, hätten sie ihn nicht so stehen lassen. Die Leute hier drinnen waren zu verängstigt, um abzuwarten, während ich draußen nach einem idiotischen Mädchen suchte, das praktisch überall hingelaufen sein konnte. Sie war echt schnell.

Und ich konnte auch nicht weiter einfach mit geballten Fäusten da stehen und die Tür anstarren. Ich drehte mich wieder um; mein Atem ging so schnell, als wäre ich einen Marathon gelaufen und nicht nur ein paar nutzlose Schritte.

ELLIE

Ich hatte keine Ahnung, warum die beiden einfach so losgesprintet waren. Sam übernahm die Aufgabe, die das Mädchen bis dahin gehabt hatte, und drückte ein durchnässtes, zusammengeknülltes Hemd auf die schlimmste von Dougs Wunden. Er sah genauso ratlos aus, wie ich mich fühlte.

»Ist sie eine Freundin von euch?«

Sam schnaubte. »Peachy? Ja, wir hängen jetzt dauernd mit den fetten Mädchen aus dem Jahr unter uns ab.«

JOE

»Peaches.« Mein Ton war schärfer als beabsichtigt, aber meine Wut von vorhin war ja auch noch nicht verpufft, sie richtete sich jetzt nur auf jemand anders. »Außerdem hätten wir Doug ohne sie nie hier reingekriegt.«

Allerdings konnte es sein, dass es ohnehin zu spät war. Doug zuckte nicht mal, als ich meine Hand auf seine Schulter legte. Seine Augenlider flatterten, aber ich wusste nicht, ob das hieß, dass er bei Bewusstsein war. Was soll man tun, wenn hundert Katastrophenszenarios gleichzeitig eintreten?

»Ich hab ihr vorhin draußen gesagt, dass sie sich verpissen soll. Sie hatte Angst, hier reinzukommen. Wahrscheinlich ist sie deshalb wieder rausgerannt.«

Und wahrscheinlich fühlte ich mich deshalb auch so mies. Aber ich musste das jetzt von mir wegschieben.

Ich atmete tief durch. »Wir müssen ihn irgendwie besser versorgen. Gibts hier denn keinen Erste-Hilfe-Raum oder so was?«

ELLIE

»Das hier ist keine Schule –«, begann Sam, aber ich hielt eine Hand hoch.

»Wir haben oben einen Schrank gefunden. Vielleicht ist da irgendwas drin, was wir gebrauchen können, aber die Tür ist verschlossen. Ich kann ihn euch zeigen, wenn ihr meint, dass ihr ihn aufbrechen könnt.«

JOE

Wie schwer konnte das schon sein? Aber wenn ich mir mal richtig angeschaut hätte, wie robust die meisten Türen in dem Haus aussahen, wäre ich vielleicht zu einer anderen Einschätzung gekommen.

»Ich komme mit. Wenns sein muss, suchen wir uns irgendwas, womit wir die Tür einschlagen können.«

ELLIE

Ich ging die Treppe hoch, drehte mich eine Sekunde später aber noch mal um, weil ich merkte, dass Joe mir nicht folgte. Sam hatte ihn am Handgelenk festgehalten.

JOE

Er neigte mir den Kopf zu und sprach sehr leise; er wollte nicht, dass Ellie mitbekam, wie groß seine Angst war. Trotz allem, was gerade passierte, war ihm das noch wichtig. Und das Schlimmste ist, ich konnte es verstehen.

Er schluckte schwer und schaute auf Doug runter. »Was, wenn er stirbt? Was, wenn er stirbt, während ich mit ihm allein bin?«

Das würde er nicht. Das durfte er nicht. Das sind die Lügen, die wir uns erzählen, wenn die Wahrheit dazu führen würde, dass unser Hirn sich abschaltet.

Zur Hölle mit der Befangenheit. Ich legte Sam einen Arm um die Schultern und meine Schläfe an seine. »Ihm wird nichts passieren. Wir dürfen ihn nur nicht allein lassen.«

»Ihm wird nichts passieren«, flüsterte Sam, als ich ihn dort zurückließ. »Ihm wird nichts passieren.«

ELLIE

Joe schloss auf der Hälfte der ersten Treppe zu mir auf und lächelte entschuldigend.

»Er hat mir nur gesagt, dass ich nichts versuchen soll bei seinem Mädchen.«

Ich zog eine Augenbraue hoch. »Ehrlich gesagt seid ihr beide nicht so wirklich mein Typ.« Aber ich blieb nicht stehen. Ich musste zurück zu Violet.

VIOLET

Es ist nicht gut, ängstlich und allein zu sein. Es erstaunte mich, wie viel weniger ich beides durch die Gesellschaft nur eines anderen Menschen gewesen war.

Eine Zeit lang setzte ich mich auf den Rand des Waschtischs, genau auf die Stelle, wo Ellie gesessen hatte. Ich hielt ihr Handy im Schoß und tat so, als sei sie noch da und als würden wir gleichzeitig denselben Raum einnehmen. Die Damentoilette war kalt und weiß, und die Kabinentüren standen teilweise offen, sodass hinter jeder ein dunkler Raum klaffte. Vorher hatte mir das nichts ausgemacht, aber jetzt, wo ich allein war, stellte ich mir vor, was dort auf mich lauern könnte. Ich stand auf und schloss eine Tür nach der anderen, ohne genauer hinzusehen.

Dann lief ich auf dem schmalen Streifen Boden, der mir geblieben war, auf und ab. Von irgendwo im Haus drangen Geräusche zu mir her, oder vielleicht auch von draußen. Das war schwer zu sagen. Manchmal schlugen Türen zu. Stimmen wurden erhoben. Ich hörte in der Ferne zwei Knalle, die Schüsse gewesen sein konnten.

Man hört mehr, wenn man allein ist.

Ich wollte mich wieder hinsetzen. Nicht auf den Waschtisch, sondern darunter, auf den Fußboden; ich wollte mich in die hinterste Ecke drücken und ganz klein machen. Aber dann sah ich die missbilligende Miene meiner Mutter vor mir und stellte mir vor, was sie sagen würde, wenn ich auf dem Fußboden einer öffentlichen Toilette säße. Zwischen Dreck und Keimen.

Ich setzte mich trotzdem hin.

Dann zog ich die Knie an die Brust, schloss die Augen und versuchte, das Bild meiner Mutter in meinem Kopf festzuhalten. Die Erinnerung daran, wie weich sie war. Ihren Geruch nach Seife und Orangen. Wie ich mich immer freute, wenn ich sah, dass ihre missbilligend zuckenden Lippen sich zu einem Lächeln verzogen.

Ich dachte daran, wie sie mich, als ich klein war, auf ihren Schoß gezogen und gehalten hatte. An dem Tag, an dem ich aus der Grundschule nach Hause gekommen war und geweint hatte, weil sie mir nicht erlaubte, meine Haare abzuschneiden. Ein Mädchen hatte zu mir gesagt, dass da Vögel ihre Nester hineinbauen würden, und alle hatten gelacht.

Wenn ich ganz still saß, konnte ich ihre Stimme von damals hören, wie sie geklungen hatte, während ich mein Gesicht an ihr Schlüsselbein gedrückt hielt. *Jetzt hör mir gut zu, Violet. Alles, was ich mir für dich wünsche, ist, dass du glücklich bist. Das ist das Einzige, was ich will, in dieser Welt und in der nächsten. Wenn ich heute Nein sage, denkst du vielleicht: »Mummy ist unfair.« Wenn ich dir sage, dass du mehr für die Schule tun und deine guten Schuhe anziehen oder deine schönen Haare nicht abschneiden sollst, denkst du vielleicht: »Mummy ist nicht nett zu mir.« Wenn ich Nein sage, macht dich das heute vielleicht nicht glücklich. Aber du sollst wissen, dass ich an dein Glück von morgen denke, wenn ich das sage.*

Am nächsten Tag erlaubte sie mir, meine Haare zu Braids zu flechten.

Vielleicht hatte nicht jedes Nein meiner Mutter einen guten Effekt. Aber ich wusste, dass sie immer davon überzeugt war.

Zwei weitere Knalle draußen vor dem Haus brachten das Bild vor meinem inneren Auge zum Verschwinden. Ich konnte nicht sagen, ob es Schüsse gewesen waren, es klang anders als die schnellen knallenden Salven von vorhin. Und es waren nur zwei Knalle gewesen. Einzeln und getrennt voneinander.

Ich wollte zu meiner Mutter und zu meinem kleinen Bruder. Einfach nur, um sie wieder in die Arme zu schließen.

Ich drückte meine Hände auf die Bodenfliesen und kam auf die Knie hoch. »Barmherziger Jesus, beschütze uns jetzt und erlöse uns …«

JOE

Niemand hatte mich vorgewarnt, dass es sich bei dem Raum, den wir betreten würden, um das Damenklo handelte. Als Ellie die Tür aufdrückte, lag da ein Mädchen auf den Knien und drückte Arme und Gesicht auf den Boden. Auch davor hatte mich niemand gewarnt.

VIOLET

»In deinem Namen, amen. Amen, amen.« Ich hörte zwar, dass die Tür aufging, aber ich schaffte es nicht, mein Gebet einfach zu unterbrechen.

ELLIE

Eine Sekunde lang dachte ich …

Ich sank auf den Boden und legte meine Arme um sie. Und sie ließ mich gewähren. »Geht es dir gut? Hat jemand angerufen?«

Mit einem letzten, geflüsterten *Amen* umarmte sie mich, schnell, aber fest. »Nein. Tut mir leid. Ich hatte einfach zu viel Angst, dass es niemand tun würde.«

VIOLET

Wenn ich bete, bin ich nicht allein. Und auch mit Ellie war ich nicht allein. Beides in meinem Leben zu haben, ist ein Segen, wenn auch auf unterschiedliche Art.

Sie hatte einen Jungen mitgebracht.

»Joe?«

JOE

»Verdammte Scheiße …« Ich hatte vergessen, dass sie in diese Richtung gelaufen war, als wir uns getrennt hatten. Und wie sich rausstellte, hatte ich einen langen Umweg gemacht, nur um doch am selben Fleck zu landen wie sie.

Aber wenns anders gewesen wäre, hätte ich Doug nicht gefunden. Oder Peaches.

ELLIE

Joe musste Mathe wiederholen, wie ich auch, und deshalb saßen wir beide in dem Kurs von Violets Klasse. Trotzdem überraschte mich diese Begrüßung. Aber Violet stutzte nur ganz kurz, dann nickte sie, löste vorsichtig ihre Arme von meinem Hals und stand vom Boden auf.

»So was in der Richtung. Ich bin froh, dass du in Sicherheit bist, Joe.«

JOE

Trotzdem, all das war passiert, und ich lief ihr einfach wieder in die Arme. Mich befiel ein schlechtes Gewissen. Ich hätte sie nicht allein lassen sollen.

»Ob wir wirklich in Sicherheit sind, weiß ich nicht. Wir haben draußen im Flur was gehört, das nach Schüssen klang. Und meinem Freund unten gehts wirklich besch– *sehr schlecht.* Ellie meinte, da drinnen könnte was sein, das uns hilft?« Ich zeigte auf den Schrank. Der sah eher so aus, als würde er Wischmopps und Spinnen enthalten, nicht Dinge, die nützlich für uns sein konnten. Aber es war ja nicht so, als hätten wir groß eine Alternative gehabt.

VIOLET

Ich streckte Ellie die Hand hin, um ihr vom Boden aufzuhelfen, dann drehte ich mich zu dem Schrank. Jetzt, wo noch jemand hier war, kam mir meine Idee dumm vor.

»Ich weiß es auch nicht genau, aber irgendwo muss es hier medizinische Ausrüstung geben. Das Haus ist schließlich für die Öffentlichkeit zugänglich. Wenn hier nichts ist, können wir den modernen Flügel durchsuchen.«

JOE

Ich war zu dem Schrank gegangen, um an der Tür zu rütteln, froh, dass ich ihr nicht in die Augen sehen musste. »Ich weiß nicht, ob wir so viel Zeit haben.«

Ich zog mit aller Kraft am Türgriff. Er bewegte sich keinen Millimeter. »Herrgott noch mal, die Türen sind total dick.«

Ich glaube, Violet hat es mir nicht verübelt. Dass ich auf diese Art geflucht habe, meine ich. Wenn sie Hilfe aus ihrem Glauben ziehen konnte, umso besser. Aber ich konnte mir kein allmächtiges Wesen vorstellen, das so zimperlich war, wenn es um seinen Namen ging.

ELLIE

»Und wenn wir nachsehen gehen, ob wir in einem der anderen Räume irgendwas Hartes finden – einen Briefbeschwerer oder so was ...?« Ich dachte eher an eine dieser Tischuhren, an die ich mich von unserem Schulausflug erinnerte, wollte Violet aber nicht unnötig in Aufruhr versetzen, weil wir eventuell eine Antiquität zerstören mussten.

VIOLET

»Oder eine Marmoruhr.« Nicht weit von hier stand ein schönes Exemplar im Flur; das war einer der schwersten Gegenstände, die ich je in der Hand gehalten hatte. Bei einem Kampf mit dieser Schranktür würde die Uhr bestimmt siegreich hervorgehen.

Ellie sah mich erstaunt an.

Ich blinzelte. »Was ist?«

JOE

Ich trat einen Schritt zurück, taxierte die Tür und schüttelte den Kopf. »Nein. Ich meine, wenn nichts anderes geht, können wir versuchen, die Tür mit einer Uhr zu zertrümmern, aber ich glaube, sie gibt nach, wenn wir uns alle zusammen kräftig dagegenwerfen.«

Ich wollte das Ding unbedingt eintreten. Dann könnte ich meine Wut wenigstens irgendwo abreagieren.

DREIZEHN

PEACHES

Das Schicksal hatte sich neu ausgerichtet. Wenn sowohl Joe als auch Ellie im Haus waren, wurde meine potenzielle Unbesiegbarkeit dort nicht gebraucht, um es zu einem sicheren Ort zu machen. Das pure Glück, das aus jeder Pore ihrer makellosen Haut und jedem Zentimeter ihrer glänzenden Haare strömte, musste genügend Energie liefern, um einen Schutzschild zu errichten.

Also konnte ich meine potenziellen schützenden Fähigkeiten woanders zum Einsatz bringen, wo sie mehr gebraucht wurden. »Moz!«

Er hatte sich nicht von der Stelle bewegt, saß immer noch an eine Säule gelehnt, die ihn nicht vor Entdeckung schützte – ein zusammengesunkener Haufen aus schwarzen Backstage-Klamotten und wilder roter Mähne. Sein Blick folgte mir zwar, als ich zu ihm hinrannte, aber er hob nicht mal den Kopf.

Diese Passivität und Hoffnungslosigkeit passte so gar nicht zu einem Jungen, der kopfüber vom Himmel baumeln konnte, weil er einfach wusste, dass er niemals abstürzen würde. Moz war der letzte Mensch, von dem ich erwartet hätte, dass er irgendwie aufgeben würde, und schon gar nicht sich selbst und sein Leben.

»Bist du verletzt?« Ich kauerte mich neben ihn und war

mir dabei nur allzu bewusst, dass die Säule, die schon ihn kaum verbarg, mir selbst absolut keinen Schutz bot. »Was ist passiert?«

Er sah schlecht aus, aber auch nicht schlechter als ich in meinem halb ertrunkenen und geschockten Zustand. Wir sahen alle aus wie schiffbrüchig, aber noch nicht ganz untergegangen.

Sein Gesicht war voller Blut, aber daran gewöhnte ich mich langsam – kaum jemand hatte den ersten Angriff unbefleckt überstanden. Aber wir waren beide noch am Leben. Und er sah nicht so aus wie Doug, der mit jedem Atemzug lebloser zu werden schien. Er wirkte nur so, als wäre ihm all seine Energie abhandengekommen. Ich versuchte, ihn abzutasten, um rauszufinden, was er mir nicht erzählte. »Was ist *passiert?*«

Ich fand nichts, bis er zusammenzuckte, als ich sein Bein berührte. Er hob es leicht an; nur so weit, dass ich zwar sehen konnte, dass er eine Kugel abbekommen hatte, aber nicht, wie schlimm es war. Immerhin hatte sich auf dem Boden unter ihm keine ölig-klebrige Blutlache gebildet.

»Wo bist du hin?«, fragte er schließlich. Seine Stimme klang kratzig, wie eine alte Aufnahme ihrer selbst. »Wir sind über die Bühne gekrochen, und wo bist du hin?«

»Unter die Bühne.« Ich biss mir auf die Lippe und wünschte mir einen Moment lang, ich hätte mich nach ihm umgeschaut, wäre ihm irgendwie gefolgt. Obwohl ich ja wusste, wie viele von den Leuten auf der Bühne einzeln abgeschossen worden waren und, wild mit den Armen schlagend wie Vögel, zu Boden gingen. »Das war nicht die allerschlauste Idee, aber ich bin wieder rausgekommen. Danach hab ich's am Fluss versucht, und dann bin ich hierhergekommen.«

Ich machte eine Pause und erwartete, dass er die Lücke nutzen würde, um selbst was zu erzählen. Als er es nicht tat, fragte ich: »Und du?«

»B-bin Eric Stone gefolgt.« Er holte rasselnd Luft und kniff die Augen zu, um irgendwas auszublenden. »Er hat irgendwas von seinem Helikopter geschrien, der kommen sollte. Also sind ihm alle nach. Es wirkte, als wüsste er, was zu tun ist.«

Wann hatte es je den Anschein gehabt, dass der Rock-Dinosaurier wusste, wo's langgeht? Und wann hatte Moz es je selbst *nicht* gewusst? Noch bevor mein Kopf diese Frage zu Ende formulieren konnte, wusste ich die Antwort: als er Angst hatte. Niemand von uns hatte in diesen ersten Minuten verstanden, was los war. Das Richtige zu tun, war in so einer Situation nicht das Ergebnis einer klugen Entscheidung, sondern reines Glück.

»Also hab ich … Kirstys Hand genommen und wir sind ihm nach.«

Kirsty, die sympathischste Blondine, die ich kannte. Sie war in jeder Hinsicht zierlich und bildhübsch und noch dazu viel zu nett, als dass man sich neben ihr schlecht fühlen musste. Sie war wie der Sommer in Mädchengestalt, und Moz war schon, seit ich ihn kannte, in sie verliebt. Letzten April hatte sich dann rausgestellt, dass das Gefühl auf Gegenseitigkeit beruhte, und seitdem waren die beiden wie siamesische Zwillinge, absolut unzertrennlich.

»Er ist zu seinem Wohnwagen gerannt und hat die Tür hinter sich abgeschlossen«, erzählte Moz.

»Er hat was?«

»Wir standen zu Dutzenden draußen. Sein Drummer, die Stage-Crew, alle haben gegen die Tür gehämmert, um reingelassen zu werden. Aber er hat nicht aufgemacht. Und dann kamen sie.«

Es gibt keine Worte, um zu beschreiben, was ich von Eric Stone halte, obwohl ich lange nach welchen gesucht hab. Wenn mir eins eingekommen wäre, das auch nur annähernd gepasst hätte, hätte ich es laut herausgeschrien, wieder und wieder, damals und heute. Das Einzige, was mir einfällt, ist »Mistkerl«. Dieser *Mistkerl.*

Moz' Stimme wurde zu einem Flüstern. Er wandte den Kopf ab, so als würde er hinter seinen geschlossenen Lidern Dinge sehen.

»Ich hab ... hab Kirsty runter auf den Boden gezogen. Unsere Hände waren fest verschränkt, und ich lag über ihr, damit sie mich zuerst erwischen.«

Plötzlich wusste ich, warum er nichts erzählt hatte. Ich zwang ihn, das alles noch mal zu durchleben. Aber jetzt, wo ich mir das Ende denken konnte, wollte ich, dass er aufhörte. Um uns beide zu schützen, wollte ich, dass er nicht weiterredete. »Ist schon okay, Moz.«

»Nein, ist es nicht. Ich hab gespürt, wie die Kugel an meinem Ohr vorbeizischte. Sie flog an mir vorbei, bevor sie sie traf, bevor ...« Seine Augen waren nass, die Tränen strömten durch seine geschlossenen Lider. »Ihre Hände wurden kraftlos. Ich versuchte, sie weiter festzuhalten, aber sie hat losgelassen, Peaches, und als ich sie anschaute –«

Hier verließen ihn die Worte. Zu hören, wie er schluchzte, war noch schwerer auszuhalten.

Kirsty Lansdown starb an einem Kopfschuss, der sich durch Haare, Haut und Knochen bohrte und ihren Schädel sprengte. Sie war so unfassbar hübsch, ihr ganzes Wesen. Ich wünschte, Sie hätten sie gekannt. Ich bin froh, dass ich sie gekannt habe. Ich kann mir einfach nicht vorstellen, wie Moz das überlebt hat – dass sie ihm entrissen wurde, während er sie so festhielt.

Aber er hat es überlebt. Er hat sie festgehalten und er hat überlebt, und als die Attentäter weiterzogen, standen nur drei oder vier von den Leuten wieder auf, die sich vor dem Wohnwagen zusammengedrängt hatten.

Eric Stones Wohnwagen selbst war natürlich auch komplett von Kugeln durchlöchert worden. Ein Mistkerl zu sein, hat ihm am Ende auch nicht viel genützt. Aber darüber hat die Presse ja berichtet. Über Moz und Kirsty hat niemand groß geredet.

Moz hatte das Mädchen, das er liebte, zurückgelassen und mit ihr auch die Hälfte von sich selbst. Er war, mit den Fingerspitzen über die Steine kratzend, an der Parkmauer entlanggegangen, bis sie ihn zum Haus geführt hatte.

Und musste dann erleben, dass auch diese Tür für ihn verschlossen war.

Aber jetzt hatte ich ihn gefunden, und ich war entschlossen, ihn nicht wieder allein zu lassen. Er hatte sich endlich an mich gelehnt und weinte in die dünnen Träger meines Tops, das gerade erst halbwegs getrocknet war. Ich wusste, dass es nichts bringen würde, wenn wir uns in den Büschen versteckten. Er hatte eine Schussverletzung am Bein. Ich konnte ihn nicht durch den Garten schleifen und darauf hoffen, von den Leuten übersehen zu werden, die Jagd auf uns machten.

Und zu dem Zeitpunkt war ich mir schon sicher, dass sie genau das machten: Sie jagten uns.

Ich überlegte, wie wir zurück ins Haus gelangen konnten – mit einem Handy, das im Fluss herumschwamm, und ohne makellose Freunde, die ich mal kurz anrufen konnte, damit sie kamen und in Sachen verbarrikadierte Tür Wunder wirkten.

Aber dann ertönten zwei Schüsse, beunruhigend nah und mit genügend Zeit dazwischen, um gezielt und durchdacht zu klingen.

Und irgendwer anders, der sich auch in seinem schlimmsten Albtraum vor der verrammelten Tür in der Kälte wiedergefunden hatte, traf dieselbe Entscheidung wie ich, setzte sie nur schneller um. Ich weiß nicht, wer es war, aber ich schaute noch rechtzeitig hoch, um die Umrisse eines Schattens zu sehen.

Die Person warf einen Stein. Einen schweren flachen Stein aus der Umrandung des Zierteichs.

Und eines der alten bleiverglasten Fenster von Hearne House zersprang in tausend Stücke.

VIERZEHN

JOE

Kein Verbandskasten, aber Ellie riss eine Packung mit sauberen Tüchern auf. Außerdem waren Laken, Plastikfolie und eine Flasche mit reinem Alkohol in dem Schrank; den hätte ich am liebsten in mich hineingeschüttet, nur um nicht mehr alles so genau mitzukriegen …

Die Sachen waren schon mal nützlich, und Violet glaubte, dass wir in den anderen Räumen des Gebäudeflügels vielleicht noch mehr finden konnten. Sie war eine Art wandelndes Wikipedia, was das Hearne House betraf. Diese Toilette war jedenfalls ein Anfang. Die glatte weiße Oberfläche des Waschtischs sah aus, als könnte sie ein gutes flaches Lager für Doug sein.

Wir machten uns auf den Weg zu ihm und waren schon fast an der Treppe, als wir hörten, wie eine Fensterscheibe zerbrach.

ELLIE

Das Geräusch kam von unten, aber ich hab mich trotzdem erschrocken, als wäre es gleich neben mir passiert. Ich schaute nach rechts. Sie schauten nach links.

VIOLET

Wir erstarrten und fragten uns alle dasselbe. Wer?

Es war jemand im Haus, der es vor einer Minute noch nicht gewesen war. Egal, ob er oder sie Hilfe brauchte oder gekommen war, um uns etwas anzutun, die Person war jetzt da. Und wir konnten nicht wissen, ob es das eine oder das andere war.

JOE

»Geht zurück!« Ich drehte mich um und sah, dass die beiden anfangen wollten, mit mir zu diskutieren. »Hört zu, ich will mich nicht für euch opfern, es ergibt so einfach mehr Sinn. Geht zurück. Sucht ein paar Sachen aus den anderen Räumen zusammen, mit denen wir die Tür verbarrikadieren können, wenns sein muss. Ich hole Doug und Sam, und dann kommen wir zu euch.«

Ich dachte nicht groß darüber nach, wie wir Doug zu zweit überhaupt tragen sollten, ohne ihn noch mehr zu verletzen. Wir würden es einfach tun. Eine unerwünschte Stimme in meinem Kopf sagte mir, dass ich ja nicht mal wusste, ob ich ihn noch lebend antreffen würde, aber die zerbrechende Glasscheibe hatte den größten Teil dieser Angst aus mir vertrieben und durch neue Schrecken ersetzt.

VIOLET

Ellie sah so aus, als wollte sie mit ihm diskutieren. Ich lauschte, ob unten weitere Schüsse fielen, doch abgesehen davon, dass man weiter weg panisches Gerenne durch irgendwelche

Flure hörte, war es still. »Ich glaube nicht, dass das kaputte Fenster hier in der Nähe ist.«

Wir konnten seinen Freund alle zusammen holen gehen. Vielleicht blieb genug Zeit.

Vielleicht.

ELLIE

Joe schüttelte frustriert den Kopf. »Dann hab ich mehr Zeit. Trotzdem kann es sein, dass wir danach eilig die Tür verrammeln müssen. Bitte macht es einfach.«

Er wartete unsere Antwort nicht ab und lief die Treppe runter. Violet und ich machten die gleiche zuckende Bewegung, weil wir ihm hinterherwollten, aber sie bremste sich. Also bremste ich mich auch. Wir blieben eine Weile unschlüssig dort stehen. Wir waren hin- und hergerissen, weil wir nicht wussten, was unterhalb von uns gerade passierte. Oder weil wir es doch wussten.

Ich weiß noch, wie ich darauf wartete, dass ein schwarz gekleideter Mann die Treppe hochmarschieren würde, um wiedergutzumachen, dass er mich vorher verschont hatte. Ich konnte mir vorstellen – und kann es immer noch –, wie blau seine Augen waren. Sie waren das Einzige von seinem Gesicht gewesen, das ich erkennen konnte, und sie hatten nicht ängstlich ausgesehen. Sie hatten nach gar nichts ausgesehen.

Wie kann man Dutzende Menschen töten und nichts dabei empfinden?

»Was glaubst du, warum sie hier sind?«, fragte ich leise.

VIOLET

Ellie starrte weiter zur Treppe, obwohl wir wussten, dass Joe nicht so schnell zurückkommen konnte. »Warum Amberside?«, fragte sie, aber die Frage war nicht an mich gerichtet. »Das ist so … wir sind doch nichts. Solche Dinge passieren in Paris oder London. Wir haben hier nicht mal ein ordentliches Kino. Wir sind einfach ein x-beliebiger kleiner Ort zwanzig Minuten von der nächsten Stadt entfernt. Warum wir?«

Solche Dinge passieren doch woanders. Ich wusste, warum sie das dachte. Ich verstand, was sie mit »solche Dinge« meinte, aber die Wahrheit ist, dass keins der Bilder, die wir in den Nachrichten sehen, je einem anderen gleicht. »Solche Dinge« gibt es nicht. Jedes Mal ist anders. Jedes Mal ist ein neues Messer, eine neue Narbe.

»Es ist immer willkürlich, selbst in der größten Stadt. Immer wird es Menschen geben, die sich fragen, warum sie ausgerechnet in dieses Restaurant gegangen sind oder warum sie ihre Kinder zu dieser Schule geschickt haben oder an diesem Tag diesen Zug genommen haben. Und die Antwort wird immer sein, dass es keinen Grund gab, warum man dort eine solche Tragödie hätte erwarten sollen.«

Das hier war anders und zugleich kein bisschen anders. Ich wusste nicht, warum sie entschieden hatten, uns zu töten, oder was ihre Gründe dafür waren. Sie wollten, dass wir starben. Mehr Gemeinsamkeiten brauchen »solche Dinge« nicht.

Ich nahm Ellies Hand. »Bei uns wirst du den Grund nicht finden. Die Gründe liegen in ihnen. Und ihre Gründe sind *unwichtig.*«

Das Einzige, was zählte, war, dass wir nicht bereit waren zu sterben.

Wir mussten etwas finden, womit wir die Tür versperren konnten.

PEACHES

Nur durch meine Drohung, dass ich draußen bei ihm bleiben würde, hatte ich Moz dazu gebracht, mit ins Haus zu gehen. Den ersten beiden Schüssen waren weitere gefolgt. Erst wieder zwei, dann ein einzelner, viel näher als die anderen. Ich hatte die Hoffnung schon fast aufgegeben, als Moz sich endlich hochstemmte, um mitzukommen. Sein Bein war so gut wie unbrauchbar – wenn er es nur ansatzweise belastete, ging er gleich wieder zu Boden. Sich überhaupt bis zum Haus zu schleppen, muss ihn schon riesig viel Kraft gekostet haben.

Als ich ihn dazu bringen konnte, sich auf meine Schultern zu stützen, kamen wir ein bisschen schneller voran, aber für mich fühlte es sich an, wie durch Sirup zu waten. So hatten andere Zeit, sich vor uns um das zerbrochene Fenster zu scharen. Sie kamen aus den Ritzen im Holz – oder im Mauerwerk, um genau zu sein –, weil sie beschlossen hatten, dass ihre bisherigen Verstecke nicht mehr gut genug waren.

Wir glauben immer, drinnen wäre es besser als draußen, nicht wahr? Je dicker die Mauern sind, die ein Zufluchtsort oder Unterschlupf hat, desto sicherer erscheint er uns.

JOE

Sam wartete an dem Tisch unten an der Treppe.

Die letzten Stufen nahm ich in einem Satz. »Atmet er noch?«

»Noch ja.«

PEACHES

Drei Leute zerrten eine Bank zum Fenster, schlugen die Steinsäule raus, die die Fensteröffnung zum Durchschlüpfen zu schmal machte, und klopften auch die schlimmsten Scherben aus dem Rahmen. Als sie reinkletterten, waren wir nicht allzu weit hinter ihnen. Ich schob zuerst Moz durch die Öffnung und hörte ihn schreien, als er auf der anderen Seite hart auf dem Boden landete.

Hinter mir ertönten weitere Schüsse. Näher. Schneller. Als ich einen Blick zurückwarf, sah ich Silhouetten von Menschen im Park, die fluchtartig ihre Verstecke verließen und losrannten.

Ich stürzte hinter Moz her.

JOE

Wir hatten gerade überlegt, Doug so zu transportieren, dass ich meine Arme unter seine Schultern schob und Sam die untere Hälfte seines Körpers von der Hüfte bis zu den Knien in einer Linie zu halten versuchte, als wir Gewehrfeuer hörten. Während es bislang so geklungen hatte, als wäre es in sicherer Entfernung von uns, war es plötzlich laut und nah.

PEACHES

Ein Stück weiter den Flur entlang zerbrachen weitere Fenster im Kugelhagel. Wir hörten nur das Klirren des Glases und das dumpfere Geräusch von Kugeln, die in eine Wand einschlugen. Es war zwar nicht in dem Raum, in den wir gefallen waren, aber auch nicht weit weg.

JOE

Es kam aus dem linken Flügel.

PEACHES

Wir waren nicht in Sicherheit, aber auf der anderen Seite der Wand wären wir schon tot gewesen. Einen Moment lang fragte ich mich, ob ich vielleicht nicht mehr erreicht hatte, als das Unvermeidliche aufzuschieben. Dann zog ich Moz auf die Füße und schleifte ihn mit.

JOE

Wir liefen nach rechts.

Dumm, das war so dumm von uns. Ich meine, warum sind wir nicht einfach nach oben gegangen? Wir waren doch direkt an der Treppe. Wir hatten keine Zeit, uns irgendwie zu verständigen, aber warum hat unser Instinkt uns in diesen Flur geschickt, ohne irgendeinen Plan, wo es hingehen sollte?

Ich vermute, weil die Treppe sich zu langsam anfühlte, zu exponiert.

Ich vermute, weil wir einfach nur da wegwollten.

Ich weiß es, verdammt noch mal, nicht.

PEACHES

Die Tür stand schon offen; sie führte in einen Flur, der wie jeder andere Flur in diesem verfluchten Gebäude aussah. Moz und ich hatten letztes Jahr beim Krippenspiel im Hearne

House am Lichtpult gesessen, und ich wusste noch vage, dass ich während der Premierenfeier nach oben auf irgendeine Dachterrasse geflohen war, um frische Luft zu schnappen. Ansonsten beschränkte sich meine Erinnerung auf die Wandteppiche im Ballsaal und dieselben vier Wände.

Aber das war egal. Die Schüsse waren von links gekommen. Also gab es ohnehin nur eine Richtung, in die wir laufen konnten.

JOE

Vor uns schlugen Türen zu. Sam schrie und fluchte laut, während er lief, aber das machte mir nichts, weil er so Dougs Schreie übertönte. Ich hielt ihn gegen meine Brust gedrückt, sodass er mir halb über der Schulter hing; wenn wir ihn transportiert hätten wie geplant, hätten wir uns unmöglich schnell fortbewegen können.

Sam rüttelte an einer Tür, fluchte und lief weiter zur nächsten.

PEACHES

Wir erreichten die Treppe, und ich gab mir drei Sekunden, um zu entscheiden, ob ich lieber ein leichtes Ziel oder ein rennendes Ziel abgeben wollte. Ich wusste zwar, dass es einen Zugang zum Dach gab, hatte aber keine Ahnung, wie man da hinkam. Mal abgesehen vom Offensichtlichen.

Wir stiegen nach oben.

JOE

In dem Flur ging es drunter und drüber. Alle liefen von links nach rechts durchs Haus, stürmten an uns vorbei und durch die Türen, die vor uns lagen.

PEACHES

Wir schafften nur zwei Treppenabsätze, dann japste Moz mir »Kann nicht mehr« ins Ohr.

JOE

»Stopp!« Sam schaffte es zu einer Tür, bevor sie ganz zu war. Er schob sich mit seiner gesamten Schulter durch die Öffnung und stemmte sich dagegen, bis die Person, die die Tür zuziehen wollte, aufgab.

PEACHES

Es war eine Frage der Zeit. Wenn wir stehen blieben, konnte es nur eine Frage der Zeit sein, bis sie sich zu uns vorgearbeitet hatten. Wenn wir stehen blieben, waren wir erledigt. Ich schaute Moz an, seine Beine zitterten und er war halb gegen mich gesackt.

»In Ordnung. Lass uns hier anhalten und irgendwie eine Stellung bauen, die wir verteidigen können.«

JOE

Der Raum, in den wir stürzten, war klein und schon zur Hälfte mit Leuten gefüllt. Alle großen Prachtsäle lagen in dem älteren Gebäudeflügel. Dieser hier war neuer und gehörte nicht zu dem Teil des Hauses, den sie einem bei Führungen zeigten. Er wurde offensichtlich als Büro genutzt.

Hinter uns schoben sich noch fünf weitere Personen rein, bevor wieder jemand versuchte, die Tür zu schließen. Sobald die Klinke einrastete, wollte ich wieder raus. Es war zu eng und das Fenster nur ein hoher Schlitz in der Wand.

Das hier ist ein totes Gleis. Hallte es durch meinen Kopf. *Totes Gleis. Tot, tot, tot.*

Die Tür flog erneut auf, und wieder kam eine Handvoll Leute rein. Wir wurden zusammengepresst.

Doug wurde zu schwer. Sam ließ sich auf die Knie fallen und kroch unter den Schreibtisch, und ich tat es ihm gleich. Doug zog ich mit mir. Ich versuchte, dabei vorsichtig zu sein, auch wenn es nicht mehr allzu viel Sinn machte.

Weitere Leute kamen ins Zimmer. Aber nur eine Handvoll.

Auch andere setzten sich jetzt hin.

»Es gibt Hunderte Räume in diesem Haus«, sagte Sam.

»Ja, bestimmt.«

Er nickte. »Wir sterben heute nicht.«

Ich saß da und atmete die Atemluft anderer Menschen ein. Aus einem andern Teil des Hauses hörte man Schreie. Und Schüsse.

Dann kamen sie näher.

Die Leute weinten, so leise sie konnten.

Sam zog sein Handy aus der Tasche. Er hatte es angelassen, und mit dem Anruf bei Ellie waren die fünf Prozent

Akku auf zwei runtergegangen. Ich sah, wie er zur Nummer seiner Mutter runterscrollte.

Niemand versuchte mehr, in den Raum zu kommen.

Sie feuerten direkt durch die Tür.

FÜNFZEHN

VIOLET

»Hast du Sirenen gehört?« Ich zog gerade einen Stuhl durch den Flur und blieb stehen, um genauer hinzuhören, aber da war nichts. Ellie schüttelte den Kopf.

»Wenns um ›Hast du gehört‹-Fragen geht, bin ich die falsche Ansprechpartnerin«, sagte sie mit einem angedeuteten Lächeln. Aber an ihrem schweren Schlucken erkannte ich, dass ihr die Unsicherheit ganz und gar nicht behagte. Mir war schon aufgefallen, dass sie gelegentlich fragte, aus welcher Richtung ein Geräusch kam, aber das war mir nicht weiter merkwürdig vorgekommen. Wenn man Panik hat, ist es schwer, sich auf die eigenen Sinne zu verlassen.

Sie tippte sich kurz ans linke Ohr. »Auf dieser Seite bin ich taub. Seit einer Krankheit, die ich als Kind hatte.«

ELLIE

Mein Bruder ist daran gestorben. Also hatte ich noch Glück.

Aber das sagte ich nicht. Ich konnte es nicht. Nicht, wo ich doch wusste, wie viel Angst sie um ihren eigenen Bruder hatte. Aber damit war der Gedanke an ihn in meinem Kopf.

Mein schlechtes Gehör ist die meiste Zeit kein Problem für mich. Ich hab schon als Kind Strategien entwickelt, um mich damit in der Welt zurechtzufinden. Und bei sozialen Events sorge ich mit Nachdruck für einen guten Platz, damit ich nicht isoliert in der Ecke sitze, wo ich nichts mitbekomme. Außerdem hat es mir noch nie was ausgemacht, andere zu bitten, langsamer oder deutlicher zu sprechen.

»Das heißt nur, dass ich nicht immer alles mitbekomme und nicht immer sagen kann, wo ein Geräusch herkommt.«

VIOLET

Es war kein Makel, sondern einfach ein Teil von ihr. Und sie formulierte es so schlicht und unaufgeregt, dass ich nur nickte und dann weitermachte.

»Ich dachte, ich hätte was gehört, aber ich bin mir auch nicht sicher.« Vielleicht hatte ich es mir nur eingebildet. Wir hatten bislang drei Stühle in den Toilettenraum gebracht. Wenn Joe zurück war, konnten wir noch einen Tisch aus dem Zimmer auf der anderen Seite des Flurs herschaffen.

ELLIE

»Wenn ich Empfang hätte, könnte ich nachsehen, ob sie was in den Nachrichten bringen. Jetzt *muss* doch mal was passieren.« Wir hätten längst Sirenen hören sollen. Es hätten Hubschrauber kommen sollen und Polizisten in Kampfausrüstung, all die Dinge, die man nach Anschlägen auf wackeligen Handyfilmen sieht. Die Armee hätte einmarschieren sollen, um uns zu retten.

»Ich könnte noch mal bei der Polizei anrufen. Fragen, wie lange wir noch warten sollen, bis sie reagieren.«

Die einzige Reaktion, die wir von ihnen brauchten, war Hilfe.

Ich schloss die Augen, um einen Moment zu lauschen, obwohl schon das allgemeine Rauschen im Haus eine Ablenkung war. Es fiel mir schwer, darüber hinausgehende Geräusche zu erkennen. Aber die Schüsse drangen laut und deutlich zu mir durch.

VIOLET

Ellies Augen gingen schlagartig wieder auf. Sie schaute mich an. »War das nah?«

Und ich hätte gern gelogen. *Das ist bloß ein Echo. Eine akustische Täuschung. Ein Widerhall von irgendwas, das weit weg ist.*

Wir hörten Glas splittern. Es konnte genauso gut unter unseren Füßen gewesen sein.

Ich hab kein Talent zum Lügen.

»Sehr nah.«

ELLIE

Ich konnte es immer noch nicht genau einordnen, aber das zerbrechende Glas konnte nur von anderen Fensterscheiben kommen, die eingeschlagen wurden. Oder, den Gewehrsalven nach zu schließen, zerschossen.

Ich stürzte zur Tür und riss sie auf.

VIOLET

Bevor ich mich bremsen konnte, lagen meine Hände schon um ihren Arm; ein nutzloser Versuch, sie zurückzuziehen. »Was machst du?«

Sie trat in den Flur hinaus. Ich sah vor meinem inneren Auge sofort Kugeln auf uns zufliegen, folgte ihr aber trotzdem. Bislang war der Teil des Flurs bis zu der Ecke, wo es zur Treppe ging, leer. Ich wusste, wonach sie Ausschau hielt.

»Wir können ihm nicht nachgehen.« Es brach mir das Herz, das zu sagen. Ich spürte noch immer Joes schnellen Pulsschlag, ganz dicht an meinem. Sah vor mir, wie er mich aufgefordert hatte, zuerst an meine Sicherheit zu denken. Jetzt versuchte ich, genau das zu tun. An meine Sicherheit zu denken und an Ellies. »Sie kommen hoch. Wenn da unten was passiert, kommen sie hoch.«

ELLIE

»Ich überlege, ob wir die Stühle jetzt zum Einsatz bringen sollen.« Meine Haut fühlte sich wie vereist an, die kalte Angst verwandelte mich in eine Marmorstatue. Ich war wie erstarrt. Aber Violet riss mich aus dieser Starre. Ihre Hände waren zu warm, ihre Stimme zu verzweifelt, als dass ich sie hätte ignorieren können.

Ich hörte die aufsteigende Panik in meinen Worten. »Warten wir oder benutzen wir die Stühle?«

Ich trat zurück in den Toilettenraum und die Tür schwang hinter mir zu. Die sauberen weißen Fliesen wirkten plötzlich viel dünner, jetzt da es eine akute Bedrohung gab. Und auch die Stühle, die wir hergebracht hatten, um das Fehlen eines Türschlosses zu kompensieren, sahen schwach und zerbrechlich aus. »Wenn wir die Tür versperren, können wir sie nicht mehr aufmachen – wir können nie wissen, wer auf der anderen Seite ist. Ich weiß nicht. Ich weiß einfach nicht, ob wir das wirklich tun sollten.«

VIOLET

Sie bebte. Das Zittern hatte in ihren ausgestreckten Händen begonnen und lief durch ihren ganzen Körper. Als ich meine Hände an ihre legte, fand ich einen Widerhall davon in meinen eigenen Knochen.

ELLIE

Wir beschlossen zu warten. Und die Minuten zu zählen, die Joe realistischerweise brauchen konnte, um zusammen mit einem Verletzten wieder zu uns zurückzukommen.

VIOLET

Alle drei Minuten schaute eine von uns im Flur nach.

ELLIE

Wenn dann zu viel Zeit vergangen war –

VIOLET

Oder eine schwarz gekleidete Gestalt um die Ecke bog –

ELLIE

Oder Joe zurückkam, würden wir versuchen, die Tür zu verbarrikadieren. Und beten, dass das ausreichen würde.

VIOLET

Ich schaute als Erste nach und bestätigte, dass der Flur leer war. Aber als ich in den Toilettenraum zurücktrat, wurde er erschüttert wie bei einem Erdbeben. Direkt unter uns wurde geschossen. In dem Raum unter unseren Füßen.

ELLIE

So, wie man den Beat eines Songs durch seine Füße spürt oder ich einen Widerhall des Feuerwerks in meinem Körper gefühlt hatte, spürte ich jetzt diese Erschütterung. Eine Kachel an der Wand zerbrach.

VIOLET

Ich hörte Schreie. Aber ich erinnere mich nicht mehr, ob ich selbst auch geschrien habe. Es war unter uns. Es fühlte sich so nah an. Ellie packte einen Stuhl. Ich hielt die Türklinke fest. Draußen auf dem Flur waren Schritte zu hören.

»Nein, tu's nicht!«

ELLIE

Ich schrie sie an. Es hätte jeder sein können.

VIOLET

»Es könnte Joe sein!« Ich streckte nur den Kopf aus der Tür. Drei Leute rannten vorbei.

Ich kannte sie nicht.

ELLIE

Violet kam wieder rein und ich rammte den ersten Stuhl gegen die Tür. Er passte nicht unter die Türklinke. Die ganze Zeit hatte ich vorgehabt, die Klinke damit zu blockieren und dieses Konstrukt dann mit den anderen Stühlen zu sichern. Und auch mit dem Tisch, den wir jetzt aber nicht hatten. Es war so ein kümmerlicher Plan gewesen. Ich sah, wie er sich komplett zerschlug.

VIOLET

»Ich darf nicht sterben!«, rief Ellie, ihre Worte überschlugen sich. »Das kann ich ihnen nicht antun! Ich darf hier nicht sterben!«

ELLIE

Violet sagt, ich hätte ihr in diesem Moment von Adam erzählt. Eigentlich wollte ich das gar nicht. Die Worte machten sich einfach selbstständig.

Ich war drei, als ich Meningitis bekam. Ich hatte es zuerst, aber meinen kleinen Bruder traf es härter. Während die Ärzte anschließend wochenlang Hörtests mit mir machten und mit meinen Eltern darüber sprachen, was ich jetzt brauchte, um über die Folgen der Krankheit hinwegzukommen, waren sie vor allem damit beschäftigt, über den Tod ihres neugeborenen Sohns hinwegzukommen. Es ist ihnen nie wirklich gelungen.

Dad hatte sich immer einen Sohn gewünscht. Darum haben sie mich Elliot genannt, nach seinem Vater, für den Fall, dass es sonst niemanden geben würde, der den Namen weitertragen konnte. Und plötzlich gab es den auch nicht mehr, wegen mir, weil mein Bruder sich bei mir angesteckt hatte.

Was Schuld bedeutet, habe ich erst gelernt, als ich sehr viel älter war, aber seitdem habe ich immer das Gefühl, dass ich zwei Leben in einem führe. Ich muss genug schaffen, um all das wettzumachen, was er nicht selbst ausprobieren konnte. Darum versuche ich, all das auszugleichen. Ich hab eine Laufbahn als Sportlerin begonnen, weil ich ein Talent dazu habe, nicht weil ich den Sport so liebe. Darum hab ich jeden Tag trainiert, bis ich das Laufen hasste und meine Haare von dem Wasser im Pool grün wurden. Und darum hab ich die Foto-Shootings gemacht, obwohl das bedeutete, dass ich die Mittagspause versteckt in einer Toilettenkabine verbrachte, weil die anderen mich nicht leiden konnten. Ich hab jede Chance genutzt, die sich mir bot, nur für den Fall, dass am nächsten Tag alles zu Ende war.

Plötzlich waren meine zwei Leben zu einem zusammengeschrumpft und es fühlte sich an, als wäre das Ende gekommen.

Der Stuhl passte nicht unter die Klinke.

VIOLET

Was sie versuchte, war hoffnungslos. Sie knallte den Stuhl gegen die Tür und redete in einem fort von Schuld und Liebe und Verantwortung. Ich kannte diese Worte sehr gut, aber wir hatten keine Zeit.

»Lass mich mal versuchen«, sagte ich zu ihr.

Ich nahm den Stuhl und kippte ihn, überlegte, was wir tun konnten, damit er unter die Klinke passte.

Die Tür flog auf, bevor ich sie versperren konnte.

ELLIE

Der Junge, der in der Tür stand, hatte olivenfarbene Haut und dunkle Haare und trug ein schwarzes Shirt. Ich kannte ihn nicht.

VIOLET

Ich kannte ihn. Er saß in allen meinen Kursen. Jeder nannte ihn Mai, aber das war nicht sein richtiger Name.

»Raus hier!«, sagte Mai.

ELLIE

»Raus hier, sie kommen! Ihr müsst raus hier!«

Und weg war er. Ich schaute Violet nicht an, aber ich spürte, dass sie dieselbe blitzartige Entscheidung traf wie ich. Ich weiß nicht, warum – vielleicht, weil er es gesagt hatte und es eine Erleichterung war, nicht jede Entscheidung selbst treffen zu müssen. Wir rannten ihm hinterher.

VIOLET

Er schlug jede Tür auf dem ganzen restlichen Flur auf und rief: »Raus hier!«

SECHZEHN

PEACHES

»Lass mich einfach hier. Du solltest aufs Dach gehen und versuchen, ob du fliegen kannst. Ich ende sowieso unter der Erde.«

»Einen Schuss abzukriegen, gibt dir noch lange nicht das Recht, merkwürdig und morbide zu werden.«

»Ich kann nicht weitergehen.«

»Wir gehen nicht da rein. Das ist eine Toilette – oder eine fensterlose Todesfalle.«

»Ich kann nicht mehr. Ich will nicht mehr.«

»Komm schon, Moz. Noch eine Tür.«

Wir schafften noch drei Türen, bis seine Knie nachgaben und er sich weigerte, sich von mir weiterschleifen zu lassen. Die Hälfte der Räume in dem Flur sah so aus, als wären noch vor Kurzem Leute da gewesen – Möbel waren verrückt worden, Fenster standen weit offen. In dem Toilettenraum, an den wir zuerst vorbeigekommen waren, hatten drei alte Stühle gestanden, direkt vor den Spiegeln, wie hübsche Mädchen, die auf einer Party zusammen aufs Klo gehen.

Alle, die zwei voll funktionsfähige Beine hatten, waren aus diesem Flur geflohen, als sie die Schüsse hörten. Wenn ich es richtig in Erinnerung hatte, gab es über uns noch mindestens ein weiteres Stockwerk, plus den Dachboden, plus das Dach.

Wenn sie wie ich tickten, würde ihr Instinkt sie so weit nach oben führen wie möglich.

Aber vielleicht war diese Ebene ja schon gut genug. Hier waren die Fenster hoch und breit, mit schweren Samtvorhängen zu beiden Seiten. Das Fenster in dem Raum, den wir uns ausgesucht hatten, stand weit offen, und der Abstand zur Erde unten war so groß, dass da nur raussprang, wer es darauf anlegte, sich den Hals zu brechen. Ich nahm all meinen Mut zusammen und lehnte mich weit genug hinaus, um zu checken, was es rechts und links von uns noch so gab. Nichts Brauchbares. Die einzigen Wege aus diesem Raum waren die Tür und das Fenster.

ELLIE

Wir stiegen über einen Dienstbotenaufgang am Ende des Flügels nach oben. Die Treppe war steil und so schmal, dass wir drei die ganze Zeit hintereinander bleiben mussten.

Ich schaute zu Violet zurück. »Wo gehen wir hin?«

VIOLET

In diesem Teil des Hauses kannte ich mich nicht gut aus. »Ich weiß es nicht genau«, flüsterte ich. »Aber ich weiß auch nicht, ob *er* weiß, wo wir hingehen.«

Vor uns stieg Mai weiter nach oben.

PEACHES

Moz blieb an der Tür stehen. Er hatte die Hände auf die Rückenlehne eines Stuhls gestützt, den er wie einen Rollator benutzte, als wäre er einer dieser alten Leute mit Hüftproblemen. Er stand wirklich direkt an der Tür. Ich wandte mich vom Fenster ab und schüttelte den Kopf, als ich ihn sah.

»Wenn du eh vorhast, abzuhauen, können wir auch noch ein bisschen weitergehen.«

Er schaute mich nicht an. »Ich warte nur.«

»Nein, du jagst mir nur Angst ein. Komm, du kannst auch ein bisschen weiter drinnen warten.« Ich legte meine Hände auf seine Schultern und ließ sie einen Moment lang einfach dort liegen. Ich wollte, dass er wieder der Moz war, den ich kannte, mein lässiger, zuversichtlicher Freund, der immer wusste, dass ihm nichts passieren konnte. Mit ihm hätte ich mich sicher gefühlt, selbst wenn es eine Lüge gewesen wäre.

Das war nicht mehr der Junge, den ich seit Jahren kannte. Er war nicht mehr der Moz, den ich noch vor einer Stunde gekannt hatte, und ich war mir nicht sicher, ob er je wieder dieser Mensch werden würde. Aber für all die Male, die er eine sichere Anlaufstelle für mich gewesen war, wenn ich das Gefühl gehabt hatte, dass es sonst keinen sicheren Ort für mich auf der Welt gab, schuldete ich ihm die Chance, es zu probieren.

Wir durchquerten gemeinsam den Raum. Langsam. Ich wusste nicht mal, was für ein Raum das sein sollte. Er war wie all die anderen, nutzlos und voll mit alten Möbeln, die schon vor Jahren hätten auseinanderbrechen sollen, die man aber weit über ihre Zeit hinaus instand gehalten hatten. Konserviert, wie Falter, die auf eine Nadel aufgespießt und an eine Schautafel gehängt werden.

Ich setzte Moz auf ein pinkfarbenes Samtteil zwischen Fenster und Wand – ich glaube, die Dinger heißen Chaise, was wohl auch nichts anderes als »Sofa« bedeutet.

Wir hörten Schüsse. Unter uns. Jetzt im Haus. Manchmal Schnellfeuer und manchmal gezielte einzelne Schüsse. Und jeder einzelne ließ mich zusammenzucken. Der Schock erschütterte mein ganzes Nervensystem. Erst ertönten Schreie, dann war es still, dann wurde wieder geschossen.

Tote schauten mir von den Bildern an den Wänden dabei zu, wie ich anderen beim Sterben zuhörte.

ELLIE

Als Mai oben auf der letzten Steinstufe der letzten Treppe angekommen war, blieb er stehen und drehte sich schwer atmend zu uns um. Selbst ich war inzwischen außer Atem.

»So«, sagte er. »Jetzt brauchen wir einen Plan.«

VIOLET

»Ich dachte, du *hättest* einen Plan!«, rief Ellie aus.

»Wegzulaufen, war der erste Schritt«, sagte Mai und hielt abwehrend die Hände hoch. »Um Zeit zu haben, Schritt zwei auszuarbeiten.«

PEACHES

Mir wurde sehr schnell klar, dass Joe Mead ein Idiot war. In diesem Haus gab es absolut nichts, was zu gebrauchen war, um sich »eine Stellung« zu bauen, die man »verteidigen« konnte.

Meine Bestandsaufnahme sah so aus: Es gab eine steinerne Uhr auf dem Kaminsims, mit der ich eventuell jemanden niederschlagen konnte, vorausgesetzt, er war so freundlich, mich vorher nicht zu erschießen *und* vor mir in die Knie zu gehen. Dann noch jede Menge Porträts in goldenen Bilderrahmen, die allenfalls für einen Angriff in einer schlechten Gangsterkomödie taugten. Tische, deren Beine ich weder abschrauben noch abbrechen konnte. Eine reich verzierte Truhe, die zu schwer war, um sie vor die Tür zu schieben.

Hearne House war mal eine Art Jagdschloss gewesen, früher, als es noch von Wäldern umgeben war statt von einer Ringstraße. Vielleicht gab es irgendwo einen Raum voller Armbrüste und Musketen, aber der Rest des Hauses war in einen hochherrschaftlichen Schlaf gefallen.

Vielleicht hatte Moz recht. Wir konnten nichts anderes tun, als zu warten. Ich stellte die schwere Uhr vor die Tür, damit wir ein Frühwarnsystem hatten, falls sie jemand öffnen wollte, und setzte mich neben ihn.

»Wenn dir das hilft«, sagte ich zu ihm. »Ich hoffe immer noch, dass nichts von dem hier real ist.«

Es fühlte sich noch nicht real an. Weil die ganze Situation vollkommen durchgeknallt war und weil ich bei allem, was ich gemacht hatte, quasi auf Autopilot gewesen war. Mit Joe frierend am Fluss zu sitzen oder Dougs Eingeweide zusammenzuhalten und dabei seinen Puls zu spüren, fühlte sich schon jetzt wie ein verrückter Albtraum an, aus dem ich noch aufzuwachen versuchte. Oder einfach zu unvorstellbar, um wahr zu sein.

Moz' haselnussbraune Augen waren trüb und leer.

Ich schluckte, als er mich anschaute. »Entschuldige«, sagte ich.

Für ihn war es real. Und was Hoffnung war, verstand er nicht mehr.

Er strich mit den Händen über seine Knie. Ich fragte mich,

ob er jemals vergessen würde, wie sich Kirstys Finger angefühlt hatten, als sie mit seinen verschränkt waren. Oder wie es sich angefühlt hatte, als sie losließ.

»Was ich wirklich hasse«, sagte er, jedes Wort langsam aussprechend, »ist, dass sie die Wahl haben. Sie könnten an dieser Tür vorbeigehen. Oder sie aufmachen und nicht schießen. Oder …«

Er beendete den Satz mit einem Ausatmen, nicht mit einem Wort. Ich atmete auch aus und spürte, wie die Luft zitterte, als sie über meine Lippen kam. Wir wussten beide, was die wahrscheinlichere Option war.

»Niemand kann sich aussuchen, wie er oder sie stirbt, warum sollte dann jemand, den ich nicht mal kenne, das für mich entscheiden dürfen? Wir sind *machtlos*, wir haben nichts, nicht mal eine Wahl. Ich habe nichts.«

Mein ganzer Brustkorb tat mir weh. »Doch, du hast mich«, sagte ich.

Seine blassen Lippen bogen sich nach oben, aber das war nicht das Lächeln, das ich von ihm kannte. »Ja. Weißt du noch, wie wir während dieser einen Vorführung aufs Dach rauf sind? Da hab ich dir erzählt, dass ich schon immer fliegen wollte.«

»Du warst betrunken und hast dich auf den Rand der Mauer gestellt. Ich hab gedacht, ich kriege einen Herzinfarkt.«

Aber Moz wusste immer, immer, dass ihm nichts passieren würde. Er hatte vor nichts Angst.

Er lehnte sich zu mir her und drückte einen Kuss in meine verfilzten, vom Fluss verdreckten Haare. »Tut mir leid.«

Ein einzelner Schuss hallte durch den Flur. Wir hatten nicht mehr viel Zeit, bis über uns entschieden werden würde.

VIOLET

»Je weiter wir übers Haus verteilt sind, desto mehr von uns haben eine Chance zu überleben. Es gibt schon jetzt weniger Leute in den oberen Stockwerken, weil die meisten sich gleich im erstbesten Raum versteckt haben. Sie sind dazu übergegangen, uns einzeln abzuknallen. Aber das ist nicht effektiv.«

Es war fast beängstigend, wie gut Mai die Gedankengänge von Männern zu durchschauen schien, von denen ich mir nicht mal vorstellen wollte, dass sie überhaupt menschliche Gedanken hatten.

Aber er hatte recht. Sie als Monster zu sehen, verlieh ihnen nur Macht. Wenn sie menschlich waren, hatten sie Schwächen, und Schwächen bedeuteten Verwundbarkeit.

ELLIE

»Glaubst du, es ist was Persönliches?«, fragte ich. »Sind sie hinter jemand Bestimmtem her?«

»Ich hab auf der Wiese mindestens drei Schützen gezählt, vielleicht sind es auch mehr, und dann wartet noch jemand auf der anderen Seite der Brücke«, sagte Mai. »Das sind eine Menge Leute mit einem persönlichen Groll.«

VIOLET

Ich wollte gar nicht wissen, welches Motiv sie hatten. Und ich will es auch immer noch nicht. Ich weiß, was berichtet wurde, aber ich versuche, da nicht hinzuhören. Ich werde auch ihr Manifest nicht lesen. Es gibt keinen Grund, kein Motiv und keine mögliche Rechtfertigung für das, was in dieser Nacht geschehen ist. Wenn ich ihren Beweggrund nicht kenne und mich auch nicht darum schere, dann beraube ich sie darum.

Sie haben mir so viel genommen. Ich möchte ihnen auch etwas nehmen.

PEACHES

Ich lief zur Wand und drückte mein Ohr daran. Es war lange still, bevor der nächste Schuss folgte, und mit ihm ein entsprechend schmerzvoller Schlag meines Herzens.

»Das war noch nicht im Nebenraum, aber schon ziemlich nah«, flüsterte ich. »Moz, wenn du irgendwie gehen kannst, müssen wir jetzt los.«

»Ich gehe«, sagte er.

Seine Stimme war so ruhig, dass ich zu ihm hinschaute.

Er saß mit den Beinen über dem Fenstersims, die Arme weit ausgebreitet, wie Schwingen. Er hielt sich mit weiß hervortretenden Fingerknöcheln am Rahmen fest und ließ sich nach hinten kippen.

»Moz. Moz, tu das nicht! Nein, oh, bitte, tu das nicht!« Ich sprach laut. In dieser Sekunde kümmerte mich der Tod draußen vor der Tür nicht, nur der, der mit mir in diesem Raum war. *»Bitte!«*

Er wusste, dass ich jedes Mal einen Herzinfarkt bekam, wenn er so was machte. Selbst wenn ich wusste, dass er es nicht ernst meinte. Er meinte es nie ernst. Er konnte es nicht ernst meinen.

Ich konnte ihn nicht rechtzeitig erreichen.

Moz traf eine Wahl. Ich sah ihn fallen.

Sie haben mir gesagt, dass er direkt beim Aufprall gestorben sein muss. Schmerzlos. Schnell. Als hätte er genau die richtige Art zu fallen gekannt.

Er wusste immer, dass ihm nichts passieren würde.

Die Tür krachte gegen die steinerne Uhr, die ich als Wachposten aufgestellt hatte, und ich duckte mich in das einzige Versteck, das mir einfiel.

SIEBZEHN

AUSSAGE VON JAMES MCEWEN,
POLICE CONSTABLE: DIENSTSTELLE AMBERSIDE

Es sah aus wie ein ganz normaler VKU – Verzeihung, Verkehrsunfall –, als wir mit Blaulicht den Hügel hochkamen. Ein Fahrzeug, ein blauer Astra, stand quer auf der Straße, zwei Opfer waren auf den Randstreifen davor geschleudert worden. Ein Unfall, wie er sonst eher auf verkehrsreichen Straßen passiert, wo die Leute schnell fahren und dann von ihrem Telefon abgelenkt werden, die Art.

Aber es gibt auch Landstraßen, auf denen so was hin und wieder passiert, zwischen Ortschaften. Wenn zu wenig Platz zum Überholen ist, in scharfen Kurven.

Der Unterschied hier war, dass uns schon scharenweise Leute entgegengekommen waren, die den Hügel runterrannten. Einige von denen waren stehen geblieben, hatten auf die Motorhaube geschlagen und um Hilfe gebeten. Wir mussten Prioritäten setzen. Die, die um Hilfe bitten konnten, waren nicht die, die die Hilfe am nötigsten hatten. Also fuhren wir weiter, bis wir uns dem Wagen näherten.

Der andere Unterschied zu einem normalen VKU war der Mann mit dem Jagdgewehr, der auf der einen Seite des Fahrzeugs stand. Er drehte sich nicht mal zu uns um; dass wir da waren, beunruhigte ihn nicht im Geringsten. Er schoss über die Brücke, bis ihm die Munition ausging und er nachladen musste.

Der andere Mann hielt neben dem Wagen zwei Zivilisten fest. Die Art, wie die beiden da standen, ließ erkennen, dass er ihnen eine Waffe in den Rücken drückte.

»Umdrehen, sofort umdrehen!«, sagte ich zu dem Fahrer und schrie es auch ins Funkgerät. Wir tragen keine Waffen und sind auch nicht an der Waffe ausgebildet. Wenn sie Geiseln festhielten und Gewehre hatten, dann war das Letzte, was wir wollten, dass sie in Panik gerieten und noch mehr Leute umbrachten. Wir mussten warten, bis Spezialkräfte kamen.

Ich gab das über Funk an die Dienststelle durch und glaubte selbst kaum, was da für Worte aus meinem Mund kamen. Wir brauchten eine Antiterroreinheit.

....

ACHTZEHN

PEACHES

Ich zählte die Schritte, die er brauchte, um zu mir zu gelangen.

Eine lange Stille, nachdem die Tür aufgegangen und die Uhr dabei über den Boden geschoben worden war. Dann Stiefel, die drei schwere, laute Schritte machten, bevor sie leiser wurden, gedämpft durch einen antiken Teppich.

Elf Schritte bis zum Fenster. Elf Schritte, bei denen ich meinen Atem so fest anhielt, dass ich dachte, mir würde die Lunge platzen. Bei denen ich die Tränen zurückhielt, die in mir aufstiegen. Und die Schreie, die herauswollten.

Durch einen winzigen Spalt sah ich, dass sich eine Hand in einem schwarzen Handschuh an den Fensterrahmen legte. Sah ihn, wie er sich rausbeugte. Er roch nach Metall und nach diesem penetranten Deo, das alle Jungs in ihren Zimmern verwenden, um Schlimmeres zu übertünchen. Ich hätte würgen können. Er war nur einen Atemzug von mir entfernt, aber ich atmete nicht.

Ich hätte ihn schubsen können. Wäre ganz einfach gewesen. Ein Schritt nach vorn, ein Stoß. Wenn ich mutiger gewesen wäre.

Ich hätte mutiger sein sollen.

Ich schloss die Augen und wartete darauf, dass er mit der Hand durch die schweren Samtvorhänge fuhr, die mich verhüllten. Wartete darauf, dass ihm der zu große Abstand zwischen Vorhang und Wand auffiel. Wartete.

Und zählte die Schritte, die er brauchte, um sich umzudrehen und den Raum zu verlassen, ohne mich zu sehen.

VIOLET

»Drei mit Sicherheit.« In einem kleinen, mit Bücherregalen vollgestopften Raum direkt oben neben dem Dienstbotenaufgang versuchten wir, uns die Zahlen so zurechtzulegen, dass wir einen Vorteil daraus ziehen konnten. Ich zählte die Bewaffneten an den Fingern ab und nahm noch einen vierten hinzu. »Dann noch einer an der Brücke. Wenn er dort bleibt, sind es immer noch drei. Dieses Haus hat drei Flügel, drei Treppenhäuser …«

ELLIE

»Sie werden Beobachtungsposten haben.« Mai drückte Violets vierten Bewaffneten mit seiner Fingerspitze wieder nach unten und zögerte, ob er noch einen zweiten streichen sollte. »Wenn die Polizei endlich hier eintrifft, wollen sie bestimmt nicht davon überrascht werden.«

»Mehr als einen brauchen sie dafür nicht.« Ich wedelte seine Hand weg. »Die Brücke ist der einzige Zugang zum Gelände.«

Violet nickte, als ich sie Bestätigung suchend anschaute. Schon bevor wir Hearne House betreten hatten, waren wir mit ihnen eingemauert gewesen.

Wir waren nah dran mit unseren Berechnungen. Bis auf die Tatsache, dass zwei Männer in dem Auto bei der Brücke waren und die Polizei mithilfe von Geiseln davon abhielten, sie einfach über den Haufen zu schießen. Ich weiß, dass einige nachher gefragt haben, ob der Versuch, die zwei Geiseln am Leben zu halten, die Verzögerung wirklich wert war – wo doch alle anderen gejagt wurden, ohne auch nur zu ahnen, dass jemand versuchte, ihnen zu Hilfe zu kommen.

Als eine, die in die Kategorie »alle anderen« fiel, kann ich mir nicht wünschen, dass ein Mensch anstelle eines anderen gestorben wäre. Man kann ein Leben nicht gegen ein anderes aufrechnen.

VIOLET

»Wenn wir mal davon ausgehen, dass alle drei hier im Haus sind, könnte je einer von einer Seite kommen und sie treffen sich in der Mitte.« Das war das schlimmstmögliche Szenario, und wenn ich jeden einzelnen Raum checken wollte, wäre ich genau so vorgegangen. »Oder glaubt ihr, sie bleiben eher als Gruppe zusammen und bewegen sich gemeinsam durchs Haus?«

Wenn wir genügend Leute waren, konnte man einen von ihnen vielleicht in einen Hinterhalt locken. Die Schüsse, die wir bislang gehört hatten, waren nicht allzu weit verstreut und nicht mehr so schnell und zahlreich gewesen. Wenn wir Glück hatten und es vielleicht nur einer war oder sie alle drei zusammen unterwegs waren – dann konnten wir ihnen einfacher aus dem Weg gehen.

»Aber würden denn wirklich alle drei ins Haus kommen? Draußen müssten doch viel mehr von uns sein als drinnen.« Ellie strich sich mit den Händen über die Haare. Sie machte das während unseres Gesprächs so häufig, dass sich immer mehr Strähnen aus ihrem Pferdeschwanz lösten.

Ich schaute sie an und wusste, dass wir beide in Gedanken bei unseren Eltern waren. Ich dachte: *Wenn meine Familie nicht hier im Haus ist, dann geht mir alle drei Schützen. Sollen sie ihre Zeit damit verbringen, mich zu jagen.*

ELLIE

»Draußen werden mehr von uns sein, aber sie sind auch schwerer zu finden«, sagte Mai. »Hier drinnen können sie uns gruppenweise in die Enge treiben. Draußen im Garten jagen sie nur einzelne Leute, die im Dunkeln rumrennen.«

Außerdem war das Haus komplett erleuchtet. Was teilweise auch der Grund war, warum ich mich hier drinnen sicher gefühlt hatte. Aber natürlich zog dasselbe Licht, das uns alle angezogen hatte, auch sie an.

Nicht weiterzuwissen, war schon frustrierend genug. Aber dabei auch noch komplett stillzustehen, machte es noch schlimmer. Meine Wadenmuskeln zuckten nervös. »Wir haben also keine Ahnung, wie viele es sind oder wie sie voraussichtlich vorgehen, und dass wir hier drinnen Schutz gesucht haben, macht es ihnen nur noch leichter, uns zu finden. Nach dem zu urteilen, was ihr sagt, ist es vollkommen egal, wo wir uns verstecken. Es ist eh ein reines Lotteriespiel.«

VIOLET

»Nicht ganz.« Nicht Ellies Frust, sondern etwas, das Mai gesagt hatte, hatte mich aufmerken lassen. »Hier drinnen jagen sie uns nicht im Dunkeln. Aber sie *könnten* es tun.« Ich beobachtete ihre Reaktionen.

»Wenn wir rumgehen und die Lichter ausschalten, werden wir ihnen vermutlich direkt in die Arme laufen«, sagte Ellie. »Außerdem können sie sie ja wieder anschalten.«

»Nicht, wenn wir alle Lichter auf einmal ausschalten.« Mai grinste und schlug mir so kräftig auf die Schulter, dass ich zusammenzuckte und überrascht aufschrie.

»Wir können den Strom im Haus abstellen«, sagte ich und rieb mir die Stelle, die sich ganz taub anfühlte. »Ich glaube, ich weiß, wo der Hauptschalter ist.«

ELLIE

Das hieß, dass wir wieder nach unten gehen mussten. Wie sich eine moderne Stromversorgung in ein altes Gebäude einfügt, hatte zwar nicht zu Violets Recherchen über Hearne House gehört, aber man hatte ihr den Keller gezeigt: ein steinernes Gewölbe, in dem immer noch Wein für die Feiern gelagert wurde, die hier stattfanden. Und dabei war ihr zwischen all den weiß getünchten Steinwänden eine Tür mit einem gelben Ausrufezeichen aufgefallen. Dahinter müsste sich der Hauptschalter verbergen.

Oder wenigstens müsste es einen Versuch wert sein.

Aber bei der Vorstellung, den ganzen Weg bis ins Erdgeschoss zurückzugehen, verschwand das nervöse Zucken in meinen Waden, plötzlich wollten sich meine Beine lieber nicht bewegen. Wir standen alle schweigend da und lauschten.

VIOLET

Die Schießerei hatte aufgehört. Aber wir lernten allmählich, dass es ein Fehler war, das für ein Zeichen von Sicherheit zu halten.

»Laden sie nach?«, fragte ich im Flüsterton.

»Oder sie finden unten niemanden mehr.« Mai sprach ebenso leise. Wir taten so, als könnten wir über jedes Geräusch, das lauter war als Getuschel, keinen Schuss mehr hören. »Die meisten Menschen in Panik schließen sich in den erstbesten Raum ein, an dem sie vorbeikommen. Je höher es geht, desto weniger von uns werden sie also finden.«

Ich dachte an Joe.

ELLIE

Ich dachte an Sam und Joe. Sie hingen nicht nur im überfüllten Erdgeschoss fest, sondern trugen auch noch ihren besten Freund mit sich herum. Ich fragte mich, ob sie Doug wohl irgendwo zurückgelassen hatten oder ob die Bewaffneten jemanden, der ohnehin schon so am Ende war, vielleicht verschonten.

Ich versuchte zusammenzurechnen, wie viele Schüsse sie abgegeben hatten, seitdem sie im Haus waren. Viel zu viele. Genug für jeden, um dessen Leben ich fürchtete.

»Aber sie werden inzwischen weitergezogen sein. Wir gehen runter.«

VIOLET

Der Plan – wenn es denn einer war und nicht nur die wechselseitige Übereinkunft, zu hoffen, dass das Glück auf unserer Seite war –, der Plan also lautete, über das schmale Treppenhaus ein Stockwerk tiefer zu gehen und dann durch das zentrale Treppenhaus nach unten.

ELLIE

Mai war der Meinung, dass sie sich am wenigsten in der Mitte des Gebäudes aufhalten würden, selbst wenn sie zu dritt waren. Entweder waren sie über die Mitte nach oben gelangt und hatten sich dann nach außen vorgearbeitet, oder aber sie kamen von den Seiten und arbeiteten sich bis zur Mitte vor.

Die Flure würden die größte Gefahr für uns darstellen. Darum wollten wir nur einen durchqueren, bevor wir nach unten liefen.

VIOLET

Wir waren bereits am höchsten Punkt des Hauses. Neben uns befanden sich lediglich die Privaträume des Kurators und der Dachboden. Zwischen uns und dem Erdgeschoss lagen zwei Stockwerke. Wir wollten zuerst durch das schmale Treppenhaus zurück nach weiter unten. Wohlwissend, dass uns, falls uns jemand entgegenkam, keine andere Fluchtmöglichkeit blieb als ein Schlafzimmer und ein kleines Zimmer voller Bücher.

»Wenn wir leise genug sind, hören wir jemanden heraufkommen, bevor er uns bemerkt.« Mai versuchte uns zu beruhigen, aber er rührte sich nicht vom Fleck.

Ich ging zuerst zur Treppe. Und zog meine Schuhe aus.

ELLIE

Leute wie Violet müssen einen zusätzlichen Strang in ihrem Nervensystem haben. Einen synaptischen Kanal, der brillante Impulse aussendet, egal, ob sie die Quadratwurzel aus Pi ziehen oder eine naheliegende Schlussfolgerung, auf die aber sonst niemand gekommen wäre: Füße in Socken sind leiser.

Ich zog meine Schuhe ebenfalls aus. Und Mai seine Stiefel. Violet führte uns zurück in das hallende Treppenhaus, in dem wir selbst diesmal keine Echos produzierten.

Wir lauschten angestrengt. Ich konzentrierte mich so sehr auf jedes Geräusch aus der Umgebung, dass ich beinahe gestolpert wäre.

VIOLET

Auf dem ersten Treppenabsatz blieben wir stehen. Wir hatten entschieden, dass wir auf dieser Etage in das zentral gelegene Treppenhaus wechseln würden. Von so hoch oben hatten wir bislang keine Schüsse gehört, weshalb es sein konnte, dass unsere Jäger dieses Stockwerk noch nicht erreicht hatten, oder es aufgegeben hatten, weitere Beute zu suchen.

Einer von uns sollte vorgehen, um nachzusehen, ob die Räume sicher waren, und den anderen dann ein Signal geben.

ELLIE

Violet fand es nicht gut, dass wir uns aufteilten, selbst wenn es nur um dieses kurze Stück Flur ging, aber mir erschien das sinnvoll. Wenn wir um unser Leben laufen mussten, konnte einer allein besser fliehen, ohne die anderen im Blick behalten zu müssen.

Und wenn einer von uns um sein Leben laufen musste, dann würde ich das sein.

Ich schlich an der Wand entlang durch den Flur und machte bei jeder offenen Tür mit rasendem Herzen langsam, bis ich wusste, dass der Raum dahinter leer war. Dann kam ich zu einer geschlossenen Tür.

Und die Welt um mich herum wurde schwarz.

VIOLET

Mai schaltete das Licht aus.

Er schaltete das Licht in dem Flur aus. Das war nicht vereinbart. Nicht Teil unseres Plans. Er sah den Schalter und hat vermutlich an das gedacht, worüber wir gesprochen hatten: dass die Dunkelheit mehr Sicherheit gibt. Ein Klick, und Ellie war verschwunden.

Wir hörten, wie eine Tür aufging. Schwere Stiefel.

Mai packte meinen Arm, bevor ich mich auf dieses Geräusch zubewegen konnte – zu der Stelle, wo Ellie gewesen war, wo die Stiefel waren. Er zog mich zurück ins Treppenhaus.

Sie hatte völlig ohne Deckung in diesem Flur gestanden. Ich wusste, dass ich nicht zu ihr konnte. Mir blieb eine Sekunde, um sie davor zu bewahren, ihnen in die Hände zu fallen.

Ich schrie laut »HIER!« in den Flur und hörte, wie mein Ruf darin widerhallte, bevor Mai mich zurückzerrte und wir losrannten.

NEUNZEHN

PEACHES

Ich weiß nicht, wie lange ich in diesem Raum allein war. Nicht, weil die Zeit im Flug verging, sondern eher, weil sie stehen geblieben war. Mein Herz, das so laut geschlagen hatte, dass ich sicher war, es müsste mich verraten, wurde still und leise. Selbst meine Atemgeräusche wurden durch den Samtvorhang gedämpft; er umgab mich dicht und schwer wie frisch gefallener Schnee. Ich blieb lange genug dort stehen, dass ich jeden einzelnen Faden im Stoff zählen konnte.

Elf Schritte, um in den Raum reinzukommen. Zwölf, um ihn wieder zu verlassen. Weitere, um durch den Flur wegzugehen und in andere Räume zu schauen. In meiner eingeschneiten Stille zählte ich seine Schritte, bis er außer Hörweite war, aber selbst danach regte ich mich nicht.

Ich hatte überlebt. Ich hatte in einem Versteck überlebt, wie ich sie als Kind benutzt hatte, wenn ich in der Grundschule nicht allein in die Mensa gehen wollte. In der Art von Versteck, aus dem mich die Lehrer, die meine Tricks schon kannten und meine Lackschuhe unter dem Vorhang gesehen hatten, immer herauszogen.

Ich überlebte, weil die Vorhänge dick genug waren, um selbst mich verschwinden zu lassen.

Und weil der Bewaffnete den Raum auf der Suche nach Menschen betreten hatte und ein offenes Fenster und einen toten Jungen darunter vorfand. Er wusste nicht, dass es noch jemand anders zu finden gab.

Dreimal hatte ich überlebt.

Dreimal Glück gehabt. Was beim vierten Mal passiert, sagt einem niemand.

Ich wusste nicht, ob Mai und Joe noch lebten oder ob das Schicksal drei Leben gegen meins getauscht hatte, ein Handel, den selbst ich als schlecht bezeichnet hätte.

Als ich den Raum schließlich verließ, vermied ich es, aus dem Fenster zu schauen. Obwohl mich etwas drängte, mich mit eigenen Augen zu vergewissern – etwas, das der Psychologe, zu dem sie uns schicken, gern als den »Wunsch, mit etwas abzuschließen«, bezeichnet. Aber ich will mit dieser Freundschaft nicht abschließen. Ich weiß, dass Moz gestorben ist. Ich weiß, dass ich, wenn ich zu ihm nach Hause gehe, in den Gesichtern seiner Familie immer nur ihn sehen werde. Ich weiß, dass sie einen unermesslichen Verlust erlitten haben. Ich weiß, dass ich ihn nie wiedersehen werde.

Aber ich sehe ihn trotzdem – wenn ich die Augen schließe. Ich sehe ihn lächeln, ich sehe, wie der Wind durch seine Haare fährt, während er sich zwischen den Streben der Beleuchtungsbrücke zurücklehnt und die Arme ausbreitet wie Schwingen. Und ich weiß, dass er jetzt in Sicherheit ist. Er ist in Sicherheit.

Also hab ich nicht aus dem Fenster geschaut. Aber ich wusste, wenn ich zu lange dort blieb, würde ich nicht widerstehen können.

Ich zählte meine Schritte bis zur Tür. Fünfzehn. Und drei weitere bis in den Flur.

Wo jemand stand, mehr Blut als Junge.

JOE

Es wurde so still, als die Schüsse aufhörten.

Sie mussten das Schloss aus der Tür geballert haben, denn sie öffnete sich mit einem Tritt. Ich hörte es nur, schaute nicht hin. Ich lag flach auf dem Rücken und Doug schwer und still auf meiner Brust. Sein Blut sickerte in mich ein. Ich hätte nie gedacht, dass er immer noch so viel davon hatte.

Das letzte Wort, das ich von Sam hörte, war: »Mum?«

Er hatte sich nicht flach genug hingelegt. Die Kugel ging direkt durch seine Kehle und durchtrennte seine Wirbelsäule. Es muss schnell gegangen sein.

Sein Telefon blieb an. Seine Schwester war dran, nicht seine Mutter. Ich weiß nicht, wie ich ihre Stimme erkannt habe, weil ich eigentlich nur Schreie hörte. Aber ich verfluchte sie. Verfluchte alles, weil es ihre Aufmerksamkeit auf mich lenken würde. Sie kamen in den Raum und traten gegen die Körper, um zu testen, ob sie sich noch regten. Ich hörte, wie jemand anfing zu wimmern und das Geräusch nach einem weiteren Schuss verstummte.

Und ich stellte mir vor, ich wäre tot. Hielt die Augen geschlossen, während Dougs Gewicht auf mir lastete wie Erde, die auf meine Brust geschaufelt wurde. Achtete darauf, kurz und flach zu atmen. Dachte an das Blut, das mein Hemd durchtränkte, als wäre es mein eigenes. Versuchte dann, das Denken einzustellen und alles aus meinem Kopf zu verbannen. Trauer, Angst, Scham, Schuldgefühle. Ich würde nie wieder Hunger oder Kälte verspüren. Keinerlei Bedürfnisse mehr haben. Keine Gefühle. Tot.

Das Telefon neben meinem Kopf ging aus und die Schreie erstarben. Ungehört.

Ich verspürte keine Erleichterung. Ich verspürte nichts. Mein Körper wurde langsam taub, und selbst als es schließlich um mich herum still wurde, rührte ich mich nicht.

Irgendwann standen Leute auf. Nicht viele. Ein paar rempelten mich an, krochen über Dougs Beine hinweg. Ich rührte mich nicht. Sein Körper war noch warm, aber sein Blut wurde langsam kalt auf meiner Haut. Ich wusste nicht mehr, ob es nur seins war.

Wenn es möglich gewesen wäre, zu sterben, allein indem ich es mir wünschte, hätte ich es getan.

Ich schlug langsam die Augen auf.

Sams Gesicht war unversehrt. Darüber hätte er sich gefreut. Der eitle Sack. Ich streckte meinen Arm aus, drückte ihm die Augen zu.

Er war weder steif noch kalt. Der Tod sieht nicht wie Schlafen aus, auch wenn man das immer erzählt bekommt. Aber Sam sah aus, als wäre er kurz davor, wieder aufzuwachen. Oder er hätte so ausgesehen, ohne das Loch in seinem Hals.

Ich legte meinen anderen Arm um Dougs Schultern. Seine Brust hob und senkte sich nicht. Er hatte endlich aufgehört zu bluten.

Ich wollte einfach da liegen bleiben mit ihm, mit ihnen beiden, bis einer der Schützen wiederkam und auch mich tötete. Aber dann fing irgendwer an zu weinen – ein Junge fing an zu weinen, und es war das schlimmste Geräusch, das man sich vorstellen kann. Ich spürte ein Echo davon in meiner Brust, aber ich konnte es nicht rauslassen. Ich hätte nie wieder aufgehört. Ich würde dieses Geräusch jetzt noch machen.

Und wozu wäre das, verdammt noch mal, gut gewesen?

Ich kroch unter dem Schreibtisch hervor. Die Schießerei

schien vorbei zu sein, aber vielleicht hörte ich auch einfach nicht mehr hin. Wenn ich sie in den Räumen über mir hätte schießen hören, wäre ich vielleicht hochgegangen, um bewusst ihren Weg zu kreuzen. Aber so lief ich einfach drauflos. Treppen hoch, Flure entlang, mir war egal, wo ich hinkam.

Und dann stand sie da.

PEACHES

Seine Augen waren so leer. Er schaute mich direkt an, und trotzdem war ich nicht sicher, ob er mich überhaupt sah.

JOE

Es war, als hätte ich sie geträumt. Sie wieder zu mir ins Haus zurückgeholt, obwohl ich wusste, dass sie dort nicht sein konnte. Ich hatte sie ja gehen sehen.

PEACHES

»Joe?« Ich machte vorsichtig einen Schritt auf ihn zu. Er war förmlich mit Blut durchtränkt, so als wäre er gerade aus einem Fluss voller Blut gezogen worden. Ich kapierte gar nicht, wie er überhaupt noch stehen konnte.

JOE

Sie durfte nicht hier sein. Wenn sie draußen war, konnte ich weiter hoffen, dass sie in Sicherheit war.

PEACHES

»Bist du …? Wo bist du verletzt?« Ich berührte vorsichtig seinen Arm, so als könnte er beim geringsten Druck umkippen. Sein T-Shirt klebte an seinem Körper wie eine zweite Haut.

JOE

Ihre Hände waren kalt.

PEACHES

Ich hatte so lange an diesem offenen Fenster gestanden, dass ich wieder fror.

JOE

Sie war so kalt. Mir fiel wieder ein, dass sie das Hemd, das ich ihr gegeben hatte, ausgezogen hatte, um Doug zu helfen.

Ich schaute auf ihre kalten Hände.

Dann hob ich langsam meine Hände und ließ meine Finger zwischen ihre gleiten.

VIOLET

Wir rannten, bis wir im Erdgeschoss ankamen. Mai wollte noch weiterlaufen, aber ich stemmte meine Fersen fest genug in den Boden, um uns beide zu stoppen. Wir lauschten auf die Geräusche im Treppenhaus.

Die Stiefel, die uns verfolgt hatten, waren nur ein Stockwerk weit mit nach unten gekommen. Jetzt waren sie auf dem Rückzug, wurden mit jedem Schritt nach oben leiser und langsamer. Er ging von uns weg. Auf Ellie zu.

»Wir müssen zu ihr zurück!«

Eine Sekunde lang wollte ich wirklich meinerseits die Verfolgung aufnehmen. Die Stufen wieder hochlaufen. Ich hatte selten so eine Wut gehabt. Diese Nacht war voll von Angst gewesen, aber jetzt machte es mich wütend, dass ich so ängstlich sein musste. Ich wollte wissen, wo meine Mutter und Ade waren. Ich wollte sicher sein, dass Ellie in Sicherheit war.

Ich wollte Ellie besser kennenlernen. In weniger als einer Stunde war sie von jemand Unerreichbarem zu jemandem geworden, von dem ich jedes kleinste Detail wissen wollte. Und ich wollte sie noch kennen, wenn diese Nacht lange vorbei war.

»Sie muss überleben!«, beschwor ich Mai.

Wir alle mussten überleben.

»Natürlich überlebt sie«, sagte er. Wir ließen zwischen unseren Worten genügend Lücken, um auf Schritte zu lauschen, damit uns niemand überraschen konnte. »Wir können jetzt entweder zurück nach oben gehen und die Leute, die auf uns schießen, sehr freundlich bitten, sie leben zu lassen, oder wir hoffen darauf, dass dein Ablenkungsmanöver funktioniert hat.«

Mein Ablenkungsmanöver. Ich hörte meine Stimme noch immer durch diesen Flur hallen. Normalerweise bin ich nicht so laut. Es klang nicht mal wie meine Stimme.

Mai hielt inne und lauschte.

Ich dachte: *Er sieht so müde aus.*

»Vielen Dank übrigens für diesen Moment blanker Angst. Aber als Ablenkungsstrategie war das nicht übel.«

»Von Strategie kann keine Rede sein«, gab ich zu.

»Ich weiß.« Er presste seine Lippen aufeinander und fügte hinzu: »Sie wird es schaffen. Inschallah, sie weiß, wo wir hinwollten. Also könnten wir einfach dort hingehen. Oder wir könnten durch eins der Fenster steigen und sofort von hier verschwinden.«

Er sagte jedes Mal »wir«. Das fällt mir erst jetzt auf, wo ich es mir in Erinnerung rufe. Immer »wir«, er dachte keine Sekunde darüber nach, zu gehen, während ich die schlechtere Wahl traf. In der Schule schien er, außer im Unterricht, immer allein zu sein. Ich hab mir die Buchungen der Peer-Tutoren angesehen und festgestellt, dass er am wenigsten gefragt war, obwohl er mühelos bessere Noten schreibt als ich. Nach der Schule hatte ich ihn auch schon mit Freunden gesehen, aber an der Clifton blieb er immer für sich.

Trotzdem betrachtete er sich unter den schlimmstmöglichen Umständen als Teil eines »wir«.

Ich habe viel länger gebraucht, um das zu lernen.

Ich dachte wirklich über diese Möglichkeit mit den Fenstern nach. Wir hätten in dem Moment ungehindert gehen können, wenn man von den scharfen Glasscherben absah. Aber dann hätten wir uns noch weiter von Ellie entfernt als ohnehin schon. Ich wollte mir nicht vorstellen, wie sie nach uns suchte und dann herausfand, dass wir weg waren.

Außerdem war unklar, was uns draußen erwartete.

»Wir müssen noch in den Keller. Das ist das Einzige, was wir tun können, um ihr zu helfen.«

»Dann ist das mit der freundlichen Bitte also gestrichen?«, fragte Mai, und ich musste trotz allem lachen. Ich hätte genauso gut weinen können.

»Fürs Erste schon.«

»Gut«, sagte er. »Dann haben wir ja noch ein Ass im Ärmel.«

Er zeigte nach links. Ich schüttelte den Kopf, und wir gingen nach rechts.

Dann flüsterte er: »Hab ich schon erwähnt, dass ich im Dunkeln Angst habe?«

ZWANZIG

JOE

Sie sagte: »Wir müssen irgendwohin, wo es sicherer ist«, aber als ich zu dem Raum hinschaute, aus dem sie gekommen war, zuckte sie zurück. »Nein, nicht da rein.«

Stattdessen schob sie mich durch den Flur woandershin. Und für eine, von der ich immer noch hoffte, dass ich sie nur träumte, schob sie ganz schön kräftig. »Sie sind gerade erst hier durchgekommen, also dauert es vielleicht ein bisschen, bis sie wiederkommen.«

»Vielleicht« klang schon fast optimistisch.

Nachdem sie mich in einen Raum und dort gegen die Wand geschoben hatte, an der uns vom Flur aus niemand sah, nahm sie ihre Hand von meiner Schulter und stemmte sie in die Hüfte. »Verrätst du mir jetzt endlich, wo du verletzt bist?«

Zu sauer, um ein Traum sein zu können, war sie auch. In meinem Zustand konnte ich zwischen sauer auf mich und besorgt um mich nicht unterscheiden. Aber wenn sie real war, dann fragte ich mich: »Warum, zum Teufel, bist du zurück ins Haus gekommen?«

PEACHES

Weil es das erste echte Lebenszeichen war, das er von sich gab, konnte er so wütend auf mich sein, wie er wollte. Ich hatte ihn schließlich zuerst angeblafft – so viel Blut, und nirgends war zu sehen, wo es herkam; und kein einziger Hinweis darauf, was ich tun konnte, um ihm zu helfen.

Aber ich beantwortete seine Frage nicht. Nicht ehrlich. »Ich hab deine liebenswürdige Art so sehr vermisst, dass ich einfach nicht wegbleiben konnte.« Wenn mir am Ende des Satzes nicht die Stimme weggebrochen wäre, hätte ich den Spruch vielleicht auch supertrocken rübergebracht. »Ich hab dich bei Ellie gelassen. Ich hab gedacht, du bist in Sicherheit.«

JOE

Ich sog zitternd die Luft ein. »Hier ist niemand sicher.«

Mit ihrer Hand in meiner – unsere Finger waren noch immer verschränkt – zog sie den Saum meines durchnässten Shirts hoch und begutachtete meinen glatten, unverletzten Bauch. Ihre Stimme wurde so leise, dass ich mich vorbeugen musste, um sie zu verstehen. »Wo kommt das Blut her, Joe?«

Und dann konnte ich nicht mehr aufhören zu zittern. Es war in meiner Stimme, meinen Händen, in jedem Teil meines Körpers.

»Es ist Dougs.«

PEACHES

Und als er sich bemühte, mir wenigstens grob zu erzählen, was passiert war, war das für mich fast wie ein Déjà-vu. Es kam mir so vor, als wäre ich in einer Zeitschleife gefangen, in der Jungs mir ihre schrecklichsten Erlebnisse berichteten.

ELLIE

Ich hing fest. Das war das Wesentliche, was ich über den Ort wusste, an dem ich gestrandet war: Ich würde mich eine ganze Weile nicht von dort wegbewegen können.

Als die Lichter ausgegangen waren, hatte ich mich, mit meiner Strumpfhose über den gebohnerten Fußboden rutschend, in den ersten erreichbaren Raum gerettet. Ich hörte, wie die Tür zum Nachbarzimmer aufging. In dem Flur war es dunkel, aber überall sonst brannten die Lichter noch. Wenn sie gesehen hatten, wie ich in diesen Raum gelaufen war, würden sich mich finden.

Dann hörte ich Violet. Die dumme, mutige, clevere Idiotin rief ganz laut irgendein Wort, und ich hörte, wie ihr jemand nachlief.

Ich war hin- und hergerissen, was ich tun sollte. Sollte ich auch losrennen? Wenn ja, in welche Richtung? Sollte ich hinter Mai und Violet und ihrem Verfolger herlaufen? Oder ihn zurückrufen, damit er stattdessen mich jagte?

Oder sollte ich mich in die andere Richtung aufmachen und mich an den Plan halten, also versuchen, zum zentralen Treppenhaus zu kommen, und sie unten im Erdgeschoss treffen?

Ich tat nichts von alldem.

Die Bodendielen im Nebenzimmer quietschten. Eine laute Stimme mit dem Akzent, den man hier spricht, befahl, dass alle zurück zum Fenster gehen sollten. Daraufhin hörte ich schlurfende Geräusche. Und einen schnellen kurzen Schluchzer.

Jetzt wusste ich wenigstens eines.

Sie hatten einen Plan.

PEACHES

Ich behaupte nicht, dass es eine *gute* Idee war, vor allem in Joes Zustand und nach dem, was mit Moz passiert war. Aber die guten Ideen waren mir zu dem Zeitpunkt längst ausgegangen, und ich kannte in dem ganzen riesigen alten Kasten nur einen Ort, der mir nicht vorkam wie ein völlig naheliegendes Versteck.

Also stiegen wir aufs Dach hoch.

Unterwegs schlug mein Magen ständig Purzelbäume. Bei jeder Ecke, um die wir bogen, war ich mir sicher, dass es unsere letzte war.

JOE

Ich folgte ihr einfach. Mir … war immer noch ziemlich egal, was als Nächstes passierte. Und mir war auch egal, wo sie mich hinbrachte. Aber unsere Finger waren immer noch verschränkt, und ab und zu testete ich, ob sie noch festhielt.

Nur um sicher zu sein, dass ich sie, wenn nötig, zurückziehen konnte.

PEACHES

Er zitterte kaum noch. Geweint hat er nicht, nur geschlottert, dass ich dachte, er würde gleich auseinanderfallen. Vielleicht hätte es geholfen, wenn er geweint hätte, keine Ahnung, aber für so was blieb uns in der Nacht ohnehin nicht viel Zeit.

JOE

Sie sagte, wir würden ganz nach oben gehen. Als wir oben ankamen, war da nur diese ganz normale kleine Tür in einer Nische, die vom Hauptflur abging. Normal bis auf den Querriegel anstelle einer Klinke und das »Kein Ein- oder Ausgang«-Schild.

PEACHES

Sie war offensichtlich mit einer Alarmanlage verbunden. Normalerweise wäre in dem Moment, in dem man den Riegel bewegt, im ganzen Haus ein ohrenbetäubender Alarm losgegangen und hätte den Sicherheitsdienst aus den Betten geholt. Aber ich hatte beim Reinkommen ins Haus gesehen, dass die Alarmanlage schon blinkte. Also war der Alarm wahrscheinlich ohnehin bereits aktiviert, und wenn nicht, konnte es bestimmt nicht schaden, wenn in irgendeinem weit entfernten Computer noch ein weiterer ausgelöst wurde.

Ich wusste nicht, wo die Sicherheitsleute waren, vermutete aber, dass sie irgendwann während des Feuerwerks, als der Jubel in Geschrei überging, ihre Arbeit aufgenommen hatten.

Aber ich konnte mir auch denken, dass sie gegen Männer mit Waffen ohnehin nicht viel ausrichten konnten.

JOE

Sie drückte den Riegel nach unten. Und nichts passierte, außer dass die Tür aufging und den Weg auf einen kleinen windigen Platz freigab.

Und ich meine, die Welt stand für uns ohnehin schon kopf, da kam es mir nicht ganz so verrückt vor, aus dem obersten Stockwerk eines Hauses nach draußen zu spazieren, wie es sonst vielleicht der Fall gewesen wäre. Die kalte Luft sorgte dafür, dass ich mich wieder wach fühlte, als ich ihr nachging und die Tür hinter uns zufallen ließ.

»Was ist das hier?«

PEACHES

»Das Dach.«

Es war ein kleiner Hof, vielleicht ein Viertel so groß wie die Räume darunter, und auf drei Seiten von hüfthohen Mauern umgeben. Auf der vierten Seite stieg das Dach über dem Fenster an und wurde dahinter wieder flach.

Hierher waren Moz und ich geflohen, um uns abzukühlen, nachdem wir während des Krippenspiels in dem überheizten Ballsaal festgehangen hatten.

Moz hatte es hier draußen klasse gefunden.

Mein Plan war, Joe so weit wie möglich vom Rand fernzuhalten.

JOE

»Jedenfalls ein Teil des Dachs«, sagte Peaches, drehte sich um und breitete die Arme aus wie eine Maklerin, die ihre Kunden herumführt. Es hielt mich davon ab, mich allzu weit vorzuwagen. »Von hier aus können sie die Spikes für die Taubenabwehr anbringen.«

PEACHES

»Taubenabwehr«, wiederholte Joe langsam.

ELLIE

Ich stieg in einen alten Holzschrank. Wahrscheinlich waren früher, als der Raum noch als Schlafzimmer diente, Bettzeug oder Kleider darin aufbewahrt worden, aber jetzt stand er leer in einer Ecke rum. Unter dem untersten Regalbrett war gerade genug Platz, um mich mit angezogenen Knien hineinzuquetschen. Ich schob die Finger durch die Lamellentür und zog sie hinter mir zu.

Ich hörte, wie der Mann, der Violet verfolgt hatte, zurückkam. Vielleicht war es auch der dritte Bewaffnete, der sich zu den anderen gesellte, das konnte ich nicht wissen. Aber als er näher kam, konnte ich hören, dass er in jeden einzelnen Raum ging, um ihn zu überprüfen.

Er kam in meinen.

Und ging weiter.

Dann folgte im Zimmer nebenan ein kurzes Gespräch, aber ich konnte nichts davon verstehen. Sonst war nichts zu hören, aber ich wusste, dass noch andere Leute dort sein mussten.

Geiseln?

Mein Handy vibrierte in meiner Tasche. Vor lauter Schreck schlug ich mit dem Kopf gegen das Regalbrett über mir und blieb dann wie erstarrt sitzen, in der Hoffnung, dass sie mich nicht gehört hatten. Vorsichtig angelte ich das Handy aus der Tasche, aber als ich es ausstellen wollte, fiel mein Blick aufs Display.

Dort stand: *DAD*.

PEACHES

Taubenabwehr. An alten Gebäuden braucht man so was, um flatternde, kackende Hausgäste von den Dachsparren fernzuhalten. In regelmäßigen Abständen werden Leute damit beauftragt, Netze oder Spikes anzubringen und die Abschnitte zu reinigen und zu streichen, auf die die Tauben trotzdem gelangt sind.

Ich erzählte Joe alles, was ich darüber wusste. Einfach weil ich mir dachte, dass es besser ist, über was Langweiliges und Ekliges zu reden, als noch mal alles durchzugehen, was wir beide durchgemacht hatten.

Sie wollen ständig, dass man darüber redet, wenn man ein Trauma erlitten hat. Ich weiß nicht, ob das viel hilft. Ich rede hier und jetzt darüber, weil ich es muss, weil alle sagen, wie wichtig es ist, dass ich all die anderen Stimmen durch meine ergänze und für die spreche, die es nicht mehr können. Aber ernsthaft, ich ziehe Tauben Terroristen jederzeit vor. Dabei kann ich sie nicht mal besonders leiden.

JOE

Ich weiß bis heute nicht, worüber sie geredet hat, aber es hat geholfen. Mich auf sie zu konzentrieren und nicht auf das, was mir im Kopf rumging, hat geholfen. Die Stimme, die mir abwechselnd befohlen hatte, zu überleben oder einfach aufzugeben, war verstummt, und eine Zeit lang gab es nur noch sie und mich.

Ich war inzwischen so klar, dass ich mitbekam, dass sie in der Kälte, die mich wach gemacht hatte, fror. Sie trug noch immer nur ein Top und den Hosenrock, also praktisch nichts.

Aber ich konnte ihr schlecht vorschlagen, zum Aufwärmen zurück ins Haus zu gehen.

»Du siehst aus, als wäre dir eiskalt. Stell dich zu mir, wenn du willst.«

PEACHES

Er breitete seine Arme aus. Ich fror tatsächlich, aber ich schaute auf sein blutdurchtränktes, immer noch feuchtes T-Shirt und biss mir auf die Lippe.

»Lieber nicht.«

ELLIE

DAD.

Ich konnte nicht anders. Ich nahm das Gespräch an.

Ich musste sichergehen, dass das kein Trick oder Fehler war. Es war das Risiko wert, nur um zu wissen, dass wirklich er am anderen Ende der Leitung war.

»Ellie, Ellie, wo bist du? Wir haben deine Nachrichten bekommen. Wo bist du? Bist du in Sicherheit?«

Es stimmte. Es war wirklich mein Dad. Er klang verzweifelt, und als er das Wort »Sicherheit« aussprach, kippte seine Stimme, aber er war am Leben. Und er hatte »wir« gesagt.

»Sag mir, wo –«

Ich legte auf.

Bevor seine Stimme aus dem Telefon mich verriet oder ich dem Schluchzen nachgab, das in meiner Kehle hochstieg, einfach nur, weil ich sie gehört hatte, legte ich auf. Und drückte ihn auch noch zwei weitere Male weg, während ich hektisch eine Nachricht eintippte.

Kann nicht sprechen schreibt mir liebe dich so sehr daddy. Geht es euch gut

Es war schwer, sich noch auf irgendwas anderes zu konzentrieren als auf mein Handy, aber ich versuchte, auf Schritte im Nebenraum zu lauschen, damit ich mitbekam, ob die Vibration seiner Antworten irgendwie Aufmerksamkeit erregt hatte. In meinem engen kleinen Versteck fühlte sich jede Nachricht wie ein kleines Erdbeben an. Er schickte zwei.

Wir sind in Sicherheit. Die Polizei ist hier. Schreib mir, wo du bist, sie werden dich finden.

Liebe dich, liebe dich, liebe dich.

Die Polizei. Endlich. Ich hatte das Gefühl, aus dem Schrank springen zu können, einfach nur, weil ich es wusste. Ein Zimmer neben dem, in dem bewaffnete Männer Geiseln festhielten, fühlte ich mich wieder sicher.

Polizei!!

Ich hatte solche Angst.

Ich bin im Haus.

Diesmal dauerte es länger, bis ich eine Antwort bekam. Ich fixierte die Uhr an meinem Handy zwei qualvolle Minuten lang, bevor ich es wieder versuchte.

Hallo?

Dann antwortete Dad, nur drei Worte.

Im Hearne House?

Ich tippte eine Bestätigung ein.

Ja, sag das der Polizei.

Hier sind viele von uns.

Danach antwortete er lange nicht mehr.

EINUNDZWANZIG

AUSSAGE VON SIMEON BURNETT, POLICE SERGEANT: DIENSTSTELLE AMBERSIDE

Normalerweise braucht man keine kugelsicheren Westen, wenn man in einer kleinstädtischen Polizeidienststelle arbeitet, die zu einem Sektor mit lauter anderen Kleinstädten und umliegenden Dörfern gehört. Meine Officer brauchen häufiger Gummistiefel, um Schafe zu vertreiben, die matschige Straßen blockieren, als dass Nachfrage nach Schutzkleidung besteht. Hier gibts die üblichen Ärgernisse wie Drogenkonsumenten, Gelegenheitsdiebe oder Betrunkene, die das Revier gern nutzen, um nachts ein Dach über dem Kopf zu haben. Häusliche Gewalt ist nicht ungewöhnlich. Autounfälle. Die Mordfälle kann ich an einer Hand abzählen.

Aber Terrorismus? Nicht weit außerhalb von Amberside gibt es eine Kaserne und einen Stützpunkt des Verteidigungsministeriums, wo Spreng-Übungen durchgeführt werden, weil sie da weit genug von allem weg sind. Und eine nicht unbeträchtliche Anzahl von Kindern des Militärs dort besuchen örtliche Schulen. Beim Ambereve-Festival werden jedes Jahr Spenden für die Unterstützungskasse der Armee gesammelt. Das war das Einzige, was mir in dieser Nacht einfiel, was uns zu einem Ziel gemacht haben könnte. Aber so was erwartet man doch in einer Kleinstadt nicht. Wenn von Terrorwarnungen die Rede ist, dann denkst du nicht, dass dich das betrifft. Du denkst nicht, dass so was wie das hier gemeint sein könnte. Das konnte niemand vorhersehen.

Sie haben bewaffnete Polizisten aus der Stadt hergeschickt. Und Verhandlungsexperten von der regionalen Antiterroreinheit. Die Kasernen wurden auch alarmiert. Die Zeit, die es brauchte, um die Leute zu koordinieren und an Ort und Stelle zu bringen, fühlte sich für uns an, als würden wir denen hinter diesen Mauern freien Lauf lassen.

Ich bin da hochgefahren. Ich konnte einige von den Schüssen hören.

Wir haben die Genehmigung bekommen, einen Hubschrauber aufs Gelände zu bringen, hatten dann aber zu große Bedenken, ihn auf einer dunklen Wiese landen zu lassen, die mit Leuten übersät war.

Ich hab die Officer und Sanitäter gebrieft, die aus ihren Betten gestiegen sind, um uns zu helfen. Zu dem Zeitpunkt war schon die halbe Stadt wach, und alle wollten auf den Hügel, um nach ihren Kindern zu suchen. Entlang der Route, die der Fackelumzug genommen hatte, gab es eine notfallmedizinische Versorgung. Einige Leute haben versucht, sich mit Gewalt Zutritt zu dem Gelände zu verschaffen, auf der Suche nach ihren Liebsten.

Ich hab einen guten Teil meiner Truppe als Ordnungskräfte eingesetzt, damit wir überhaupt Krankenwagen durch die Menge bekamen. Verängstigte Leute hinzuhalten, wenn man nur spärliche Informationen und wenig Beruhigendes zu bieten hat, ist nicht so leicht, wie es klingt. Es war schwer genug, meine Beamten davon abzuhalten, ihre Stellungen zu verlassen und da reinzugehen. Ein paar von ihnen haben es gemacht, und ich kann es ihnen nicht verdenken.

Der Rest von uns hat Schutzkleidung angelegt, damit wir da reingehen konnten, sobald wir die Genehmigung hatten. Ich kann Ihnen gar nicht sagen, wie frustrierend die Warterei war.

Irgendwann hatten wir die Geiseln an dem Auto lebend befreit. Einer der Geiselnehmer war tot, der andere verletzt. Und es konnten wieder Leute über die Brücke nach draußen gelangen. Sie in Sicherheit zu bringen, wurde zu unserer vordringlichsten Aufgabe.

Danach hörten wir von der Aktion an der Mauer. Ein paar einheimische Bauern brachten mit ihren schweren Fahrzeugen einen Teil der Außenmauer zum Einsturz. Wenn ich ehrlich bin, war das im gleichen Maße hilfreich, wie es eine Behinderung war. Auf die Weise kamen nur noch mehr wohlmeinende Leute in den Park, die besser in Deckung geblieben wären. Aber eins muss ich ihnen zugutehalten: Ihre Aktion führte dazu, dass die Spezialkräfte schneller mit Fahrzeugen aufs Gelände vordringen konnten. Das hat Leben gerettet. In dem Moment hatten wir das Gefühl, dass sich das Blatt zu unseren Gunsten wendete.

Aber dann bekamen wir die Nachricht, dass es noch weitere Geiseln im Haus gab. Und die Männer, die sie in ihrer Gewalt hatten, verfügten über Sprengsätze.

....

ZWEIUNDZWANZIG

PEACHES

Er rieb mit den Händen über meine Arme. Ich sagte ihm, dass ich das auch selbst machen kann, aber er drückte seine Handfläche gegen meine und schüttelte den Kopf. »Deine Hände sind auch kalt.«

Joes Hände waren warm. Sie fühlten sich sogar zu warm an auf meiner Haut, aber zu der Zeit war ich wahrscheinlich auch nur ein paar Grad von einer Unterkühlung entfernt. Es fühlte sich an, als würde die Kälte mein Hirn einfrieren und verlangsamen. Aber ihm muss auch kalt gewesen sein in dem nassen Shirt. Ich würde es lieber nicht wissen, aber eins der Dinge, die ich gelernt habe, ist, dass Blut nicht lange warm bleibt. Dafür muss es im Körper bleiben.

Und ich hab noch was anderes gelernt: Tote bluten nicht. Blut fließt nicht, wenn es keinen Herzschlag mehr gibt, der es weitertreibt. Wenn ich also die Berichte lese, wie Leute aufgefunden wurden, weiß ich leichter, als mir lieb ist, wer von ihnen langsam und wer schnell gestorben ist.

JOE

»Du solltest nicht hier draußen sein«, murmelte ich, obwohl ich wusste, dass es kaum andere Optionen gab. Zwei Handflächen reichten nicht aus, um sie aufzuwärmen, aber ich rieb vorsichtshalber trotzdem weiter über ihre Arme.

PEACHES

Irgendwann während der Millionen Jahre, die zwischen meiner Rettung aus dem Fluss und dem Dach hier vergangen waren, hatte ich vergessen, mich für meinen Körper zu schämen. Schon erstaunlich, was passieren muss, bis sich die dümmste aller Prioritäten verschiebt. Jetzt, nach allem, was passiert ist, könnte ich mich, auch wenn ich es versuchen würde, vermutlich nicht mehr daran erinnern, wie sich diese Befangenheit angefühlt hat. Wir waren nicht tot, und einen Körper zu haben, der noch funktionierte und sich bewegte und durch den noch Blut gepumpt wurde, war definitiv nichts, wofür ich mich schämen konnte.

»Niemand sollte hier sein.« Ich neigte den Kopf, bis er auf seiner Schulter lag. Ich hatte viel zu viel Angst, um müde zu sein, war aber trotzdem erschöpft. »Aber wenn du willst, geh ich rein und frag sie, ob sie ihre Massenmord-Aktion nicht irgendwohin verlegen können, wo's Zentralheizung gibt.«

VIOLET

Als wir die Tür zu den Kellerräumen öffneten, kam uns ein Schwall kalter Luft entgegen. Je weiter wir nach unten stiegen, desto kühler würde es werden. Ich schaute zu Mai hoch, der sich im Dunkeln fürchtete, und ging den ersten Schritt allein nach unten.

An der Wand war ein Schalter. Als ich darauf drückte,

gingen flackernd Lichtröhren an, die in einer Reihe bis ganz nach unten führten. »So. Jetzt brauchst du dich nur noch vor dem Rückweg zu fürchten.«

»Allmählich glaube ich, wir sollten wieder dazu übergehen, noch andere Taschenlampen zu benutzen als nur die in unseren Telefonen«, sagte er, folgte mir und schloss die Tür mit einem leisen Klicken.

»Wieso? Was ist mit deinem Handy passiert?«

»Ich hatte es hier drin.« Er schob seine Hand in die Brusttasche seines Hemds und steckte einen Finger durch das Loch darin, das mir noch gar nicht aufgefallen war. Direkt über seinem Herzen.

»Dein Handy hat eine Kugel aufgehalten?« Ich hatte gesehen, welchen Schaden so eine Kugel in weichem Gewebe wie dem Fleisch von Menschen anrichtete. Dass sie durch ein kleines Paket aus Metall und Draht aufgehalten werden konnte, wirkte unglaublich.

Mai studierte plötzlich aufmerksam die Steinplatten auf dem Fußboden. »Ja, aber erst nachdem sie durch das Mädchen vor mir abgebremst worden war.«

Da verstand ich es. Und weil mir Worte immer noch besser erschienen als Stille, stellte ich ihm andere Fragen. »Gibt es irgendwen, den du anrufen musst? Wenn wir Ellie wiederfinden – sie hat ein Handy.«

Er war einen Augenblick still, dann eilte er vor mir die Treppe hinunter. »Nein, allen Leuten, die ich kenne, geht es gut.«

PEACHES

Ich war in Gedanken immer noch bei der Kälte. »Allerdings muss man fairerweise sagen, dass sie das Ganze rund um ein Freudenfeuer geplant haben. Und es ist ja nicht ihre Schuld, dass wir nicht geblieben sind, wo wir waren … Was machst du?«

JOE

Ich drückte ihre Hände und ließ sie los. Dann ging ich um sie herum und hinüber zu einer der Mauern. Weil sie das Willkommensfeuer erwähnt hatte. Ich … ich wollte einfach wissen, ob es noch brannte. »Ich will nur mal nachsehen, was unten los ist.«

Sie packte meinen Ellenbogen, und – Peaches weigert sich normalerweise einfach, Angst zu zeigen, selbst wenn auf sie geschossen wird – aber in dem Moment tat sie's. »Ich glaub nicht, dass es da viel zu sehen gibt.«

Ich ging trotzdem nach vorn. Wir waren zu weit oben und zu weit weg von allem, um viel sehen zu können, aber das Feuer brannte noch, und in den schwarzen Himmel stieg weißer Rauch auf. Peaches kam nicht mit zur Mauer. Sie zerrte weiter an meinem Ellenbogen und stemmte die Fersen in den Boden. Ich schaute sie fragend an.

»Warum glaubst du, dass ich einen Anker brauche?«

Die Mauer war mehr als hüfthoch. Weil es also absolut keinen Grund gab, zu befürchten, dass ich ausrutschen oder stolpern könnte, fragte ich sie: »Sehe ich so aus, als würde ich springen?«

PEACHES

Ich zerrte mit aller Kraft an ihm, und endlich gab der Idiot nach und trat einen ganzen Schritt von der Mauer weg. Es war, als hätte jemand meine Sauerstoffzufuhr wiederhergestellt.

»Das sieht man keinem an, bis er's dann tut.«

»Aber vielleicht wäre das ja eine Option«, sagte er. Dieser Blödmann, dieser *Flachkopf.* »Wer weiß, ob es nicht besser ist als das, was die womöglich noch vorhaben.«

Meine Nägel bohrten sich in seine Haut, und ich war froh, als er zusammenzuckte. »Nein, weißt du, was *besser* ist? *Nicht zu sterben*, ist besser. Selbst wenn du eine Wahl hast zwischen wahrscheinlich auf die eine Art sterben und ganz bestimmt auf die andere, wählst du natürlich *immer* die Option, die nur die wahrscheinliche ist. Du bist siebzehn Jahre alt. Weißt du, wie viele Jahre du *verschwenden* würdest, wenn du jetzt stirbst?«

JOE

»Schon gut, schon gut! Könntest du versuchen, ein bisschen Haut übrig zu lassen?« Sie sah aus, als ob auf der anderen Seite dieser hohen Mauer alle Geister dieses Tages warten würden, und vielleicht hatte sie recht. »Dass ich zu nichts zu gebrauchen bin, hab ich schon öfter gehört, aber dass ich mein Leben nicht verschwenden soll, noch nie. Das eben war ein Scherz. Ein ziemlich schlechter, schon klar, aber ich schwöre dir, dass ich nicht vorhabe zu springen.«

PEACHES

»Noch mehr Scherze von der Sorte, und ich überleg mir vielleicht, dich zu stoßen. Also, lass es!«

Er versuchte, einen Arm um mich zu legen, aber ich wich ihm aus.

JOE

Ich stand mit ausgestrecktem Arm da, wie ein Idiot. »Du bist nicht wie die meisten Mädchen, was?«

Sie rümpfte die Nase. »Kein Mädchen ist wie die meisten Mädchen. Was daran liegt, dass Mädchen keine homogene Masse sind.«

Ich ließ den Arm sinken und lachte. Ich *lachte.* »Siehst du, genau das meine ich.«

PEACHES

»Nein, du meinst, ich bin nicht, wie du glaubst, dass Mädchen sein sollten.« Ich rieb mit den Händen über meine Arme, als könnte ich seine Berührung abwischen. »Ich würde ja sagen, dass ich das bedaure, aber erstens, nein, tu ich nicht, und zweitens bräuchte man sehr viel mehr als eine blonde Perücke und Plateausohlen, um mich in jemanden wie Ellie Kimber zu verwandeln.«

JOE

Das kam so unvermittelt, dass ich einen Moment ins Schleudern geriet, bevor ich darauf antworten konnte.

»Wer sagt denn, ich will, dass du wie Ellie bist?«

Das Augenrollen, das darauf folgte, war schon für sich genommen beeindruckend. »Ich weiß doch, wie du sie anguckst.«

Auf einmal blitzte ein Bild vor meinem inneren Auge auf. Wie ich Ellie Kimber beim Tanzen zugesehen hatte. Wie sie in der einbrechenden Dunkelheit geleuchtet hatte. Wie Sam und Doug gelacht und sich nicht groß bemüht hatten, ihre Blicke zu verbergen. Ganz kurz erlaubte ich mir die Hoffnung, dass die bewaffneten Männer nicht nach oben gegangen waren, um auch Ellie zu erledigen, kaum dass sie mit uns fertig gewesen waren.

»Woher willst du das wissen?«, fragte ich langsam.

Vor dieser Nacht hatte ich Peaches gar nicht gekannt. Sie mich aber offenbar schon. Ich hab keine andere Entschuldigung, als dass es kaum jemanden an der Schule gab, über den Sam, Doug und ich nicht schon mal irgendwann gelästert hatten. Das ist nun mal unsere Art.

War unsere Art.

PEACHES

Ich wirbelte zu ihm herum und starrte ihn an. »Weil *alle* sie so ansehen.«

Nämlich genau so, wie *mich* nie irgendwer anschaut. Kaum hatte ich das gesagt, schüttelte ich den Kopf und schlug die Hände vors Gesicht. Das ist weder der richtige Zeitpunkt noch der richtige Ort und erst recht nicht die richtige Adresse, um dein Selbstmitleid abzuladen, Peaches. Ich schaffte es wirklich, dass sich immer alles um mich drehte. Ich wollte gerade dazu ansetzen, mich zu entschuldigen und zu sagen, dass das unwichtig wäre, als Joe kurz nickte und sagte: »Ja, stimmt schon, dass ich sie anschaue. Aber nicht so, wie du denkst. Sie – sie ist einfach alles, was ich will.«

Was absolut das war, was ich mir gedacht hatte. Aber als ich ihm das sagen wollte, hielt er die Hand hoch, um mich zu bremsen. Und formulierte den Satz noch mal um.

»Ich meine, sie ist alles, was ich sein will.«

JOE

»Du willst eine gut aussehende Blondine mit einem Sponsorenvertrag für Dessous sein?«, fragte Peaches.

Ich drückte mich nicht besonders geschickt aus. Aber wie sollte ich auch? Ich hatte noch nie mit irgendwem über dieses Thema gesprochen. Niemand hatte je danach gefragt. »Sie wird so ernst genommen. Ihre Eltern fahren sie jeden Morgen um sechs zum Training. Wusstest du das? Ich weiß es, weil ich versuche, morgens noch schnell über die Park Road zu laufen, bevor irgendwer wach genug ist, um mich zu sehen. Sie läuft auf der Olympiabahn, ich in meinen Billiglaufschuhen im Matsch.«

PEACHES

»Ich wusste gar nicht, dass du Leichtathletik machst.« Normalerweise sah ich Joe Mead nur in der Nähe des Sportplatzes, wenn er hinter den Umkleideräumen rauchte. Was nun wirklich nicht nach einem ernsthaften Sportler klang.

»Mache ich auch gar nicht. Hab ich aber mal.« Er starrte auf seine Füße. »Ich war richtig gut.«

»Und was ist dann passiert?«

»Keine Ahnung. Ich bin älter geworden, und dann soll man das alles nicht mehr so ernst nehmen. Dad hatte eine Menge Probleme damit; der hätte nicht im Traum daran gedacht, in aller Herrgottsfrühe aufzustehen, um mich zum Sportplatz zu fahren. Er wäre auch nie zu den Wettkämpfen gekommen und hätte stolz zugeguckt, wie die Kimbers es tun. Meine Freunde wären auch nicht lange meine Freunde geblieben, wenn ich zwölf Stunden am Tag trainieren und nichts trinken würde und all so was.«

Ich hätte ihm beinahe gesagt, dass sie dann wohl keine besonders guten Freunde waren. Aber er hatte sie ja auch nie darum gebeten. Und jetzt hatten sie keine Chance mehr, ihm zu beweisen, dass er falschlag.

»Du wolltest dein Gesicht wahren«, sagte ich. Und ich dachte, dass ich, wenn ich je das richtige Gesicht gehabt hätte, auch alles dafür getan hätte, es zu wahren.

Ich sagte: »Es stimmt nicht, dass du zu nichts zu gebrauchen bist.«

Und ich trat wieder näher an ihn heran.

Er schaute mich an. Dann umarmte er mich und faltete seine Hände in meinem Rücken wie zum Gebet. In dem Moment gingen unter uns die Lichter aus.

VIOLET

Ich fand den Sicherungskasten, und Mai öffnete ihn und legte den Hauptschutzschalter um. Danach glitten seine Finger über die Sicherungsschalter für die einzelnen Teile des Hauses und er drückte auch sie alle nach unten; er arbeitete blind, da wir jetzt im Dunkeln standen.

»Sollen wir hier unten bleiben?«, fragte Mai, und ich

hörte, wie er einen Schritt von dem Kasten zurücktrat. Ein Schritt weiter, und er wäre mit mir zusammengestoßen.

»Nein, auf keinen Fall. Wir müssen uns vergewissern, dass Ellie in Sicherheit ist. Außerdem wissen sie ja jetzt, dass wir hier sind. Wenn sie das Licht wieder anstellen wollen, wird über kurz oder lang jemand hier auftauchen.«

Ich hörte seinen Atem; er atmete laut und schnell. Auch nach all dem, was passiert war, fürchtete er sich in der Dunkelheit.

»Aber ich weiß nicht, wie wir jetzt noch den Weg irgendwohin finden sollen.« Seine Stimme brach.

»Mai.« Das war nicht der logisch denkende Junge, den ich aus meinen Kursen kannte. Ich nahm seine Hand und drückte sie an die Wand. Wir mussten uns nur entlangtasten. »So.«

DREIUNDZWANZIG

ELLIE

Dad?

Ich schickte noch eine Nachricht, die unbeantwortet blieb, als plötzlich das Licht ausging, das durch die Lamellentür hereingefallen war. Ich rührte mich nicht, hörte aber durch die Wand, dass im Nachbarzimmer ein Tumult entstand.

Jemand trat mit schweren Schritten in den Flur. Ich konnte sie gerade so aus dem anderen Lärm herausfiltern, der eher wie das Schlurfen und Scharren von vielen Füßen klang. Ich fragte mich, ob die Geiseln das Ganze als ihre Chance betrachteten, den Kidnappern zu entkommen. Falls die Kugeln ihre Rücken in der Dunkelheit verfehlten.

Die Geiselnehmer dachten das wohl auch, denn es fiel ein einzelner Schuss. Ich hörte, wie ein Stück Putz von der Decke fiel.

Danach beruhigte sich die Lage, aber ganz still war es trotzdem nicht. Man hörte, wie zwei Männer leise miteinander diskutierten. Ich konnte nicht verstehen, was sie sagten, aber sie klangen entschlossen. Alles deutete darauf hin, dass eine Entscheidung getroffen wurde.

Und als sie wieder verstummten, stampfte einer laut mit dem Fuß auf, was wie ein Befehl klang.

Ich musste die ganze Zeit an Violet und Mai denken. Sie hatten es geschafft. Sie lebten.

»In die Kühlschränke? Groß genug wären sie.«

Wir waren in der Küche angelangt, wo sich uns eine beschränkte Anzahl von Optionen bot. Im Dunkeln war alles, was wir anfassten, kalt. Verchromte Arbeitsflächen säumten die Wände, und riesige Metallkühlschränke und Gefriertruhen tauchten aus der Dunkelheit auf, wenn wir uns ihnen näherten. Mai hob den Deckel einer der Truhen an und ein Schwall arktischer Luft schlug uns entgegen.

»Man kann sie aber nicht von innen öffnen. Und wir würden darin erfrieren, selbst jetzt noch, wo der Strom ausgestellt ist.« Ich schnalzte missbilligend mit der Zunge. Wenn ich das mache, klinge ich wie meine Mutter.

Durch die Glaseinsätze in der Hintertür fiel schwaches Licht herein. Es stammte vermutlich von dem Freudenfeuer, das wie ein leuchtender Punkt in der Ferne schwelte. Die Hintertür war mit kräftigen Riegeln gesichert, was darauf hindeutete, dass durch diese Tür noch niemand hereingekommen oder hinausgegangen war. »Wenn wir sie aufkriegen würden, könnten wir gehen …«, begann ich, bis mir wieder einfiel, dass auf der anderen Seite auch etwas anderes auf uns warten konnte als meine Familie und Sicherheit. Ich hatte schon fast vergessen, wie es sich angefühlt hatte, draußen über das Gelände gejagt zu werden.

Ich hörte, wie Mai sich mir zuwandte, und setzte neu an: »Wenn Ellie uns findet, können wir gehen.«

Mai tastete sich weiter an den Arbeitsflächen entlang. »In Ordnung. Bis dahin verkriechen wir uns hier drunter.«

Ich bückte mich gerade, um zu sehen, was er meinte, als irgendwo über unseren Köpfen ein Schuss ertönte.

PEACHES

Der Schuss kam aus dem obersten Stockwerk.

»Das klang, als wären sie direkt unter uns.« Es war so lange still gewesen, dass ich mich total erschreckt hatte; meine schnellen, nervösen Atemzüge verwandelten sich in der kalten Luft in Dampf. Alles Licht, das durch die Fenster des Gebäudes nach draußen drang, war jetzt erloschen. Selbst die kleine Sicherheitsleuchte hier oben war ausgegangen. Ich wusste nicht warum, aber in der Dunkelheit war alles lauter.

Mir fiel auf, dass ich spüren konnte, dass Joes Herz genauso schnell raste wie meines, so dicht stand ich vor ihm.

»Nein, nicht direkt unter uns. Das war mindestens zwei Räume entfernt, aber nah genug«, flüsterte er.

JOE

Peaches lehnte ihren Kopf an meine Schulter. »Es geht wieder los.«

Natürlich ging es wieder los. Offenbar war das das Einzige, worauf man sich verlassen konnte. Wenn es still wurde oder alles weit entfernt klang, bedeutete das nicht, dass es vorbei war. Inzwischen wusste ich, dass sie sich dann nur die Zeit nahmen, ihre Waffen nachzuladen oder zu wechseln. Es würde immer wieder von Neuem losgehen. Sie konnten mich nicht brechen, indem sie mich hoffen ließen.

Ich rieb mit einer Hand über ihre Schultern, strich mit der anderen über ihre verfilzten Haare und hörte Sams Stimme unter meiner, als ich flüsterte: »Uns wird nichts passieren. Uns wird nichts passieren.«

Sie schaute zu mir hoch, und plötzlich berührten unsere Münder sich fast.

ELLIE

Ich hörte wieder Schritte, die durch den Flur näher kamen. Nummer drei?

Als er durch die Tür ins Nebenzimmer ging, wurde der Drang, aus dem Schrank zu steigen und loszurennen, beinahe unwiderstehlich. Ich musste mich daran erinnern, dass wir zwar drei Schützen ausgemacht hatten, das aber nicht bedeutete, dass es nicht noch weitere gab. Trotzdem hätte mein Bedürfnis, ungehindert durch den Flur zurück zur Treppe und zurück zu Violet zu laufen, letztlich wahrscheinlich gewonnen, wenn im Nebenzimmer nicht irgendwas vor sich gegangen wäre.

Die Geiseln wurden offenbar woanders hingebracht. Ich konnte weder Schritte zählen noch abschätzen, wie viele es waren, aber die Geräusche, die nun entstanden, klangen nach einer Schulklasse, die am Ende der Unterrichtsstunde aufsteht, um den Raum zu wechseln.

Endlich vibrierte mein Handy wieder, aber ich holte es nicht raus, da ich mit zugekniffenen Augen angestrengt lauschte. Vielleicht eröffnete sich mir doch noch eine Chance.

VIOLET

»Glaubst du, dass sie kommen werden?«, fragte ich Mai, der sich neben mich in den engen, kalten Hohlraum unter der Arbeitsfläche quetschte.

»Ich denke immer, dass sie kommen werden«, sagte er.

PEACHES

Die Wahrheit ist, dass mich vor Joe nie jemand geküsst hatte. Und ich nie jemanden vor Joe. Bis zu dieser Nacht habe ich immer viel zu viel Angst gehabt, dass der andere mir ausweichen würde.

Schon krass sich vorzustellen, dass etwas so Kleines und Unbedeutendes wie eine Zurückweisung die schlimmste Angst sein kann, oder? Es gibt so vieles auf der Welt, das weitaus schrecklicher ist.

Und Joe wies mich nicht zurück. Er küsste mich, als wäre es sein dringender Wunsch.

JOE

Ich werde hier nicht in die Details gehen. Es ist einfach passiert. Wir brauchten beide etwas, und es stellte sich heraus, dass es das war. Es stellte sich heraus, dass sie genau das war, was ich brauchte.

Wir hatten ungefähr drei Minuten, bevor die Tür aufging und wir beide vor Schreck fast vom Dach gefallen wären.

ELLIE

Meine Hand lag innen an der Schranktür, aber ich war mir nicht mehr sicher, ob ich sie zuhalten oder aufstoßen wollte. In Gedanken versuchte ich mir den Raum, in dem ich mich versteckt hielt, genauer in Erinnerung zu rufen und die kürzeste Route vom Schrank bis zur Tür zu planen.

Durch die Wand hörte ich das Schlurfen von Füßen. Eine Stimme rief scharf: »Bleibt zusammen!«

Es klang wirklich wie eine schwer kontrollierbare Schulklasse.

Der größte Teil der Geiseln musste inzwischen im Flur sein.

Und plötzlich rannten die ersten Leute los. Ich konnte ausmachen, wie eine Gruppe auf das zentrale Treppenhaus zulief, und drehte den Kopf, um dem Geräusch zu folgen. Schüsse ertönten, drei hintereinander, aber ich hörte trotzdem weiter Schritte auf der Treppe; die Flüchtenden rannten nach oben.

Ich war mir fast sicher, dass zwei von den Schützen ihnen folgten, aber es war so schwer, sie auseinanderzuhalten. Jetzt bewegten sich auch andere Personen durch den Flur, verteilten sich. Der Lärm war überall und ich konnte mir unmöglich einen Reim darauf machen. Es herrschte Chaos, und es war dunkel, aber ich wusste, wo ich hinmusste.

Ich stürzte aus dem Schrank und lief in den Flur hinaus, vertraute darauf, dass mein Instinkt und meine Erinnerung mir den richtigen Weg weisen würden.

VIOLET

Dieser Schuss hatte Ellie gegolten. Irgendwie war ich mir sicher, dass auf genau dieser Kugel ihr Name gestanden hatte. Ich spürte es; das Verlustgefühl war wie ein Schlag gegen die Brust. Wir hätten sie suchen gehen sollen. Wir hätten zusammenbleiben sollen. Das flüsterte ich Mai zu, bis er meine Hände nahm und mich zum Schweigen brachte. »Du solltest nicht alles glauben, was dein Gefühl dir suggeriert«, sagte er. »Gefühle sind keine Fakten. Menschliche Gehirne wollen einfach, dass alles einer Ordnung folgt, das ist alles. Sie erzählen dir Lügen, wenn sie nicht genügend Informationen haben, um die Wahrheit zu sagen.«

Das hätte auch unser Biolehrer sagen können, während er mit einem Laserpointer über ein Diagramm der Gehirnhälften fuhr. Vielleicht hatte er das sogar.

»Was, wenn ich die Wahrheit nicht wissen will?«, fragte ich. Über uns hörten wir stampfende, schnelle Schritte.

PEACHES

Der kleine Platz auf dem Hausdach hatte sich so angefühlt, als wäre dort gerade genug Raum für uns zwei. Aber jetzt drängten plötzlich fünf neue Leute durch die Tür. Sieben. Noch mehr. Ein Mädchen war hysterisch. Sie schrie und weinte und kletterte auf die Umrandungsmauer. Ich schrie und fluchte, und zwei Leute in ihrer Nähe holten sie wieder runter. Alle redeten gleichzeitig.

Er kommt.

Scheiße, Scheiße, sie werden uns umbringen, Scheiße.

Was wollen die bloß von uns? Was haben wir denen denn getan?

Ich dachte, er würde –

Hast du Stephen gesehen?

Was trug er unter seiner Weste?

Man konnte unmöglich nachvollziehen, worüber genau sie redeten, aber ich reimte mir rasch zusammen, dass sie irgendwo festgehalten worden waren, wo sie nicht reden durften, und jetzt platzte die riesige Angst, die sie gehabt hatten, lauthals aus ihnen heraus.

Und mir wurde auch klar, dass dieser kleine Platz auf dem Dach kein gutes Versteck mehr war.

JOE

Die Schüsse kamen nicht aus der Richtung, die ich erwartet hatte. Nachdem die anderen aufs Dach geströmt waren, behielt ich die Tür im Blick. Gleichzeitig nahm ich Peaches' Arm und versuchte, uns beide so weit wie möglich von dort weg und zur Mauer hin zu bugsieren. In dem Durcheinander aus panischen Menschen war das keine leichte Aufgabe.

Dann kamen zwei Schüsse von unten, die nur wenige Millimeter an der Mauer vorbeischrammten, woraufhin alle wieder zur Mitte hin drängten, von der Mauer weg.

»Ich kann euch hören!«

Mehr sagte er nicht. Das war das einzige Mal in dieser Nacht, dass ich seine Stimme hörte, aber ich werde nie vergessen, wie sie klang. Wie ein Singsang, so wie wenn man mit Kindern Verstecken spielt und ihnen zuruft: *Eins, zwei, drei – ich komme!*

Nur, dass er nicht spielte.

Er kam, und er wusste, wo wir waren, also mussten wir mit allem rechnen. Ich lehnte mich in der auf einmal leeren Ecke über die Mauer.

Peaches wollte mich natürlich sofort zurückziehen; sie trat mich und grub mir ihre Nägel in den Arm. »Nein. *Nein*, diesen Ausweg nehmen wir nicht!«, sagte sie.

»Aber schau doch mal!« Ich zog sie nach vorn, damit sie sehen konnte, was ich sah: Stufen, die in einer der Vertiefungen zwischen den Fenstern des Hauses angebracht waren. Sie waren aus Metall und daneben verlief ein schmales Geländer, und beides war in gedeckten Farben gestrichen, sodass es sich kaum vom Mauerwerk abhob.

Mir waren sie vorher zwar schon aufgefallen, aber ich hätte jetzt nicht mehr daran gedacht, wenn nicht einige Stellen des verkratzten, freiliegenden Metalls im schwach brennenden Freudenfeuer geglänzt hätten.

Es gab also einen echten Ausweg. Wir mussten nur über die Mauer steigen.

VIERUNDZWANZIG

ELLIE

Klein Ellie wollte laufen gehn, laufen ganz allein, sie hat das Bächlein nicht gesehn, und plumps fiel sie hinein. Ich weiß schon, so geht der Kinderreim nicht, aber ich sage mir häufig Texte vor, wenn ich renne: Reime oder Fetzen aus Songs, manchmal auch nur irgendwas, das ich an dem Tag gehört hab und das mir nicht mehr aus dem Kopf geht. Hauptsache, das Ganze hat einen Rhythmus, und der Rhythmus geht von meinem Hirn direkt in meine Beine und treibt sie an.

Gabs je einen Freund, seit sie hier an der Schule ist? Nein, ich glaube nicht. Hab gehört, dass sie Mädchen küsst.

Der Kuckuck und der Esel, die hatten einen Streit.

Dann rief ich mir einen meiner Favoriten ins Gedächtnis: *Wait For It* aus dem Musical *Hamilton*, aber ich brach ab, bevor ich an die Stelle kam, die davon handelt, dass der Tod alle nimmt, ohne Unterschied. Davon wollte ich in dem Moment einfach nichts wissen. Ich würde nicht auf den Tod warten. Aber der Rhythmus – *Wait for it. Wait for it* – ist sehr eingängig und treibend.

Ich behielt ihn im Kopf und richtete meine Schritte danach aus. Im Flur herrschten Durcheinander und Gedränge. Zwei Leute, die an mir vorbeihasteten, sorgten fast dafür, dass ich die Richtung wechselte, dann schlug links von mir eine Tür zu. Ich hatte keine Ahnung, wer sich auf der anderen Seite befand. Es fühlte sich an, wie mit geschlossenen Augen zu laufen. Ich musste daran denken, wie langsam und vorsichtig ich hergekommen war, wie ich hinter jede Tür geschaut hatte, und jetzt verfolgte ich meine Schritte zurück, bis ich zu dem schmalen Treppenhaus am Ende des Flurs kam. Vor mir rannten andere Leute nach unten, aber einige von ihnen wurden unsicher, kehrten um und kamen zurück nach oben.

»Das ist eine Sackgasse«, rief ich Gesichtern zu, die ich nicht sehen konnte. »Wenn ihr oben ankommt, könnt ihr nirgends hin.«

Ich glaube, sie drehten wieder um. Aber ich kann mir nicht sicher sein, denn ich zählte nur meine Schritte, während ich immer weiterlief und mir vorstellte, dass Violet dort unten auf mich wartete. Der Strom war ausgestellt. Im Keller zu bleiben, wäre gefährlich. Aber wo könnte sie dann sein? Hatte sie das Haus vielleicht verlassen? Ein Teil von mir hoffte es, und ein anderer Teil wusste, dass sie auf keinen Fall ohne mich gegangen sein konnte.

Ich hatte noch immer ihre Stimme im Ohr, die hinter mir durch den Flur hallte: *HIER!*

Wo war sie?

Ich war schon auf der Hälfte des letzten Treppenabschnitts, als der Strom von Leuten die Richtung wechselte; plötzlich kämpften sich alle zurück nach oben.

»Sie sind da unten! Sie sind da! *Lauft!*«

Ich lief ja bereits. Ich hatte darauf vertraut, dass meine Füße mich in Sicherheit brachten, so wie sie mich auch sonst überall hingebracht hatten. Aber als ein Schuss die Wände des Treppenhauses erschütterte, sehr laut und sehr nah, und als dann der Junge eine Stufe über mir in meine Arme sank, wusste ich, dass ich den falschen Weg genommen hatte.

Jetzt wartete sowohl unten an der Treppe als auch oben einer von ihnen.

Wir standen dicht gedrängt in dem schmalen dunklen Treppenhaus und warteten.

VIOLET

Wir konnten nichts anderes tun, als zu warten, bis das Chaos über uns leiser wurde und sich entfernte. Das Unheil war nicht vorbei, das war mir klar, aber es bewegte sich weiter.

Mai und ich dagegen blieben, wo wir waren. Wir kauerten unter der verchromten Küchenarbeitsfläche, und er hielt meine Hände, oder vielleicht hielt ich auch seine. Es war sehr dunkel. Wir konnten nichts tun, als entweder zu warten oder zu fliehen, aber meine Beine fühlten sich zu schwach an, um mich zu tragen.

Dann ertönte wieder ein einzelner Schuss. »Auf der anderen Seite des Gebäudes«, flüsterte Mai. Es wurde noch stiller.

Und dann hörten wir sie kommen.

ELLIE

Sie befahlen uns, nach unten zu gehen. Das hatte ich nicht erwartet. Umzingelt waren wir eine leichte Beute. Ich hatte nicht damit gerechnet, dass wir noch eine Chance bekamen.

Einer von uns bekam sie auch nicht. Der Junge, der nach dem ersten Warnschuss gegen mich gefallen war, sank auf eine Stufe und konnte nicht weitergehen. »Bitte«, flüsterte er so leise, dass es kaum zu hören war. »Erzähl es meiner Mum. Erzähl meiner Mum von mir.«

Ich spürte den Moment, in dem er starb. Selbst in der

Dunkelheit. Es war, als wäre eine Kerze ausgeblasen worden.

Er hieß Andrew Wright. Sein Name steht mit all den anderen auf der Liste, die am Anfang dieser Untersuchung verlesen wurde, aber ich hab erst rausgefunden, wie er hieß, als ich die Karte des Gebäudes gesehen hab, auf der mit roten Nadeln alle Stellen markiert waren, an denen jemand sein Leben verloren hat.

Gestern Abend hab ich zum ersten Mal mit seiner Mum gesprochen. Sie hat mir erzählt, dass er auf dem Sefton College war. Er wollte Flugzeugbauer werden. Sie sagte, er wäre sehr klug gewesen und hätte immer geglaubt, die Welt stünde ihm offen. Er war neunzehn Jahre alt.

Und ich hab ihr von ihm erzählt. Das bisschen, was ich wusste. Er war hinter mir gewesen und hatte niemanden aus dem Weg gedrängt, um selbst schneller außer Gefahr zu gelangen. Er hatte eine Kugel abbekommen, die jeden von uns hätte treffen können. Er starb, ohne zu weinen. Seine Haare fühlten sich sehr weich an. Seine letzten Gedanken galten seiner Mutter.

Eine Waffe zielte auf unsere Rücken, und wir hatten keine andere Wahl, als zu gehen. Wir ließen Andrew dort auf der Treppe sitzen, eine Wange an der Wand und eine Kugel im Körper, die mit unheimlicher Treffsicherheit eines seiner Herzkranzgefäße zerfetzt hatte.

Wir anderen zogen weiter. Während wir durch den Flur im Erdgeschoss geführt wurden, lockten mich auf Schritt und Tritt irgendwelche Fluchtmöglichkeiten, die ich aus dem Augenwinkel wahrnahm. Mein Unterbewusstsein registrierte jede offene Tür, jedes Fenster mit zerbrochener Scheibe, durch das man in die Nacht hinausgelangen konnte.

Aber niemand floh. In Gedanken brachten wir uns ständig in Sicherheit, aber unsere Körper hatten gelernt, dass sie dafür einen hohen Preis bezahlen würden. Niemand von uns war schneller als eine Kugel.

»Geht weiter!«, befahl der Mann hinter uns und stampfte mit seinem schweren Stiefel auf, um seinen Befehl zu unterstreichen. »Geht weiter und wir erschießen euch nicht.«

Ich wünschte, ich hätte mich umsehen können. Ich wünschte, es wäre nicht so dunkel gewesen. Ich wollte wissen, ob der Mann, der da mit einer Waffe im Anschlag hinter unserer kleinen Gruppe ging, derselbe war wie der, dessen blaue Augen in der Menge vor der Bühne in meine geschaut hatten.

Sie ließen uns in die Küche marschieren, wo wir uns in einer Reihe aus elf oder zwölf Leuten aufstellen und warten mussten, während einer von ihnen versuchte, die verriegelte Küchentür zu öffnen. In der matten Glasscheibe, die in die Tür eingelassen war, flackerte Licht. Es war nicht orange wie das Feuer, sondern blau.

Wie lange war es her, dass Violet mich gefragt hatte, ob ich Sirenen gehört hätte? Sie hatte mehr gehört als ich.

Ich ahnte, was ihr weiterer Plan war. Sie würden uns nicht erschießen, das stimmte. Sie würden es der Polizei überlassen, das zu tun.

VIOLET

Ich hab nachgesehen, wie lange ein Mensch seine Luft anhalten kann. Durchschnittlich nicht länger als dreißig Sekunden. Wenn man sehr fit ist, vielleicht auch zwei Minuten. Und in ungewöhnlichen Fällen, zum Beispiel bei Tauchern, die ihr halbes Leben unter Wasser verbringen und deren Stoffwechsel aufgrund von Kälte verlangsamt ist, können es auch bis zu sieben Minuten sein.

Es war kalt. Und es fühlte sich an, als hätte ich von dem Moment an aufgehört zu atmen, als diese Füße hereinmarschierten und sich vor uns entlang der Arbeitsfläche aufstellten. Ich konnte die Beine von hinten sehen: Röcke, Hosen, Sneakers, Jeans, die in der Dunkelheit alle die gleiche Farbe hatten. Währenddessen hockte ich in unserem Versteck, hielt weiter den Atem an und biss mir von innen auf die Wangen, um nicht vor Kälte und Angst mit den Zähnen zu klappern.

Mais Finger lagen um mein Handgelenk, und ich habe mich schon oft gefragt, ob er gespürt hat, dass mein Puls aussetzte. Es fühlte sich so an, als hätte mein Herz nicht geschlagen, solange sie dort standen.

Konnte ich Ellie sehen? Ich versuchte es. Es fühlte sich so an, als *sollte* ich sie erkennen, als sollte die Ausstrahlung, die sie so einzigartig machte, sich bis zu ihren Waden erstrecken. Aber ich sah nur scharrende Füße und zuckende Muskeln, die Angst, die sich in lauter kleinsten Bewegungen von einem Dutzend Paar Beinen zeigte.

ELLIE

Das Vorhängeschloss an der Tür fiel mit einem metallischen Klirren zu Boden. Ein Mädchen schrie auf und schlug sich dann beide Hände vor den Mund, um das Geräusch zu ersticken. Ich hörte trotzdem noch den Schrei, der zwischen ihren Fingern zu entweichen versuchte.

Ein Handy klingelte, und der bewaffnete Mann an der Tür

nahm das Gespräch an. »Ja«, sagte er. »Wir sind bereit zu reden.«

Aber irgendwas stimmte nicht an seinem Tonfall. Ich glaubte ihm nicht.

Mehr wurde nicht gesprochen. Ich wusste, dass er aufgelegt hatte, denn das Telefon klingelte erneut, aber diesmal ging er nicht ran.

Damals wollte ich hören, was ihre Forderung war. Ich wollte wissen, worauf sie hinauswollten. *Warum* sie dort waren. Mehr als alles andere wollte ich erfahren, warum so viele sterben mussten, welches Motiv sie in den Patronenlagern ihrer Waffen und unter ihren dicken schwarzen Westen mit sich herumtrugen. Als ob es wirklich etwas geben könnte, das erklärte oder gar rechtfertigte, was sie getan haben. Als ob die Möglichkeit bestünde, dass wir es irgendwie verdient hatten. Mein Therapeut hat recht. Ich bin wirklich gut darin, die Schuld an den falschen Stellen zu suchen.

Ich möchte ihre Gründe nicht mehr wissen, keinen einzigen. Wir sollten unsere Atemluft nicht daran verschwenden. Es ist, wie Violet sagt: Es kann keinen Grund für all das geben.

Aber damals machte es mich rasend, dass er dieses Gespräch nicht annahm.

Ich tastete nach dem Telefon in meiner Tasche und war erleichtert, dass ich daran gedacht hatte, es auszuschalten. Aber der Mann, der uns bewachte, sah meine Bewegung und rammte mir den Griff seiner Waffe in die Schulter. Ich krümmte mich vor Schmerz, und mein Telefon rutschte über den Boden.

Und obwohl ich wusste, dass es schlimmer hätte kommen können, tat es furchtbar weh, als ich sah, wie er mit dem Absatz auf das Display trat. Ich musste Dad aus meinem Kopf verbannen. Ich musste die Erleichterung vergessen, die ich in seiner Stimme gehört hatte in den wenigen Sekunden, in denen er glaubte, ich wäre in Sicherheit.

Und vor allem musste ich mit aller Macht die zwei Menschen ignorieren, die ich kurz, aber deutlich unter der verchromten Arbeitsfläche gesehen hatte.

VIOLET

Sie hatte uns gesehen. Wenn da nicht dieses kurze Nach-Luft-Ringen gewesen wäre, das einen Augenblick zu spät kam, um eine Reaktion auf ihre Schmerzen zu sein, hätte ich es nicht so sicher gewusst.

Ellie stach selbst in der Dunkelheit wie ein Leuchtfeuer heraus. Bis sie sich vorgebeugt hatte, war sie einfach nicht in meinem Sichtfeld gewesen, und mir fiel wieder ein, dass ich nach jemandem ohne Schuhe hätte suchen sollen.

Der Mann hatte sie offenbar mit seiner Waffe geschlagen, was besser war als die Alternative, trotzdem wäre ich am liebsten aus meinem Versteck geschossen, um ihn zu fragen, wie er es wagen konnte. Stattdessen schaute ich Mai an. Seine Augen leuchteten; sie waren das Hellste, was ich da unten sehen konnte. Wir waren alle drei noch am Leben.

Aber dann erteilten die beiden Männer, die die Gruppe hergebracht hatten, Befehle. Die Geiseln sollten mit erhobenen Händen vor ihnen nach draußen gehen. Wenn sie die Hände herunternahmen, würden sie erschossen. Und falls sie versuchen sollten, zur Polizei zu laufen, würden sie ihnen in den Rücken schießen.

Die Polizei. Die Polizei war da. Das bedeutete doch sicher,

dass all das bald vorbei sein würde. Unsere Jäger ergaben sich. Und sicher bedeutete es auch, dass meine Mutter und Ade gefunden und an einen sicheren Ort gebracht worden waren.

Aber es war noch nicht vorbei, und etwas Kostbares in der letztmöglichen Sekunde zu verlieren, würde der schlimmste Verlust von allen sein. Die zwölf Leute in der Reihe vor uns befolgten die Anweisungen und gingen langsam auf die Tür zu. Ich wollte mit ihnen gehen, ihnen folgen, unter den Ersten sein, die gerettet wurden, aber ich zwang mich, zu warten.

Die Tür öffnete sich. Einer nach dem anderen trat hinaus. Von weit hinter der Tür drang Lärm herein, von Megafonen verstärkte Stimmen. Ich glaube, es muss der Versuch einer Kontaktaufnahme gewesen sein.

Und kurz darauf begann eine wilde Schießerei.

FÜNFUNDZWANZIG

ELLIE

»HIER SPRICHT DIE POLIZEI.«

Ich trat durch die Hintertür nach draußen und hatte vielleicht drei Sekunden Zeit, um wahrzunehmen, was dort auf uns wartete.

Sekunde eins: Wir waren nicht komplett exponiert. Ein paar Schritte vor uns stand eine hüfthohe Mauer, die den Pfad hinter dem Haus vom Kräutergarten trennte.

»HIER SPRICHT DIE POLIZEI. RUNTER AUF DIE KNIE UND WAFFEN FALLEN LASSEN! JETZT SOFORT!«

Sekunde zwei: Uns gegenüber standen Polizisten, sie waren ungefähr so weit von uns entfernt wie eine Seite der Hauptstraße in Amberside von der anderen. Auch sie waren nicht ungeschützt. Sie mussten die Brücke geräumt und mit Autos und Mannschaftswagen hereingekommen sein. Hinter diesen Fahrzeugen hatten sie sich verschanzt. Sie trugen Schutzschilde und graue Uniformen mit Helmen und Sturmhauben über den Gesichtern, die sie wie ein schwaches Echo der Männer hinter uns aussehen ließen.

»LASSEN SIE IHRE WAFFEN FALLEN! LASSEN SIE IHRE –«

Sekunde drei: Die Polizisten hatten Panik. Die Geiselnehmer hatten das hier nicht vereinbart – niemand hatte damit gerechnet, dass sie das Gebäude ohne Verhandlungen verlassen würden. Aber sie hatten gewusst, dass die Polizei das Feuer nicht eröffnen würde, wenn eine Reihe von Geiseln vor ihnen standen.

Die vierte Sekunde war die, in der die erste Kugel über meine Schulter hinwegflog. Unsere Geiselnehmer kannten solche Bedenken nicht.

Wir ließen uns alle auf den Boden fallen. Es war, als hätte das *Runter auf die Knie* uns gegolten. Und natürlich war es nicht das, was sie wollten. Sobald ihr menschlicher Schutzschild wegbrach, konnte die Polizei zurückfeuern. Ich schloss die Augen und sah, wie über meinem Kopf ein Feuerwerk explodierte.

PEACHES

Wir waren nicht die Ersten in dieser Nacht, die die Feuertreppe entdeckt hatten. Während wir nach unten stiegen, zeigten uns eingeschlagene Fensterscheiben, dass es hier einen Weg ins Haus gegeben hatte, der uns entgangen war. Ich konnte nicht fassen, dass ich nicht an diese Möglichkeit gedacht hatte. Hearne House war ein riesiger alter Kasten, der gebaut worden war, bevor es Brandschutzvorkehrungen und -vorschriften gab. Natürlich waren zusammen mit den Toiletten und Küchen auch die Fluchtwege und der ganze Rest, den die Tudors dem Zufall überlassen hatten, erneuert worden.

Allerdings war die Treppe schmal und sicher nicht dafür gemacht, dass fünf Leute gleichzeitig darauf standen. Joe hatte den ersten Schritt ins Unbekannte gewagt, und nach mir schwangen jetzt auch die anderen panischen Dachflüchtlinge ihre Beine über die Mauer und sprangen auf. Jedes Mal ging ein Ruck durch das Metallgerüst. Dann schaute ich besorgt nach oben und atmete auf, wenn ich sah, dass sich einfach nur jemand Neues sicher daran festhielt.

Ich hatte nie ein Problem mit Höhenangst gehabt. Ich mag es, wenn ich dem Himmel näher bin als der Erde. Aber jetzt fürchtete ich mich bei jedem Schritt, weil ich nicht sicher war, ob die Stufen unter mir nachgeben würden. Und jedes Mal, wenn ich nach unten schaute, erwartete ich halb, zu sehen, wie Joe abstürzte.

Also ließ ich meinen Blick stattdessen über die Wiese schweifen und bemerkte, dass Blaulichter auf das Haus zukamen.

JOE

Man sah die Lichter, aber die Sirenen waren ausgestellt, und die Fahrzeuge bewegten sich in einer seltsamen Zickzacklinie vorwärts. Ich glaube, sie wichen den herumliegenden Leichen aus. Aus irgendeinem Grund kamen sie nicht von der Brücke her, sondern näherten sich von hinten über die Wiese.

Ich war nicht sicher, was das zu bedeuten hatte. Es war zu dunkel, als dass man hätte sehen können, wie Polizisten die Wiese von den Rändern her abschritten, um ein kleines Stück nach dem anderen zu sichern – in Teams, damit sich niemand allein der Gefahr aussetzte. Aber ich wusste, dass sie sich vermutlich da sammelten, wo die Gefahr ihrer Meinung nach am größten war. Und das bedeutete, dass sie das Gebäude umzingelten.

»Wir werden rennen müssen«, rief ich Peaches zu, die mit dem Fuß die nächste Stufe ertastete und sie vorsichtig erst mal testete, bevor sie ihr Gewicht darauf verlagerte. »Wenn wir's schaffen, laufen wir zur Polizei, und sonst einfach auf die Wiese raus.«

Sie hatte die ganze Zeit recht gehabt. Hearne House überhaupt zu betreten, war der schlimmste Fehler von allen gewesen.

PEACHES

»Wir steigen bis nach unten und rennen dann los«, rief ich nach oben, in der Hoffnung, dass es jemand hörte und weitersagte. Wahrscheinlich verschluckte der Nachtwind die Hälfte meiner Worte, aber ich selbst konnte hören, wie meine Stimme schwankte, als ich »Die Polizei ist da!« rief.

Als Kindern bringt man uns bei, zu einem Polizisten zu gehen, wenn es ein Problem gibt. Meine Mutter erzählt gern die Geschichte, wie ich »zum ersten Mal von der Polizei nach Hause gebracht wurde«. Da war ich vier und hatte es fertiggebracht, allein die zwei Straßen bis zum örtlichen Park zu laufen, wo ich dann in der Nähe des Teichs Fremde bezirzte, damit sie mir eine Tüte Vogelfutter an dem Stand kauften, der überteuerte Snacks für Menschen und Enten anbot.

Als ich fertig war mit Entenfüttern, ging ich einfach zu einer Polizistin, die dort ihre Runde drehte, und bat sie, mich nach Hause zu bringen.

Mum lacht, wenn sie erzählt, wie sie die Tür aufgemacht und gesagt hat, sie hätte eigentlich nicht vor meiner Pubertät damit gerechnet, dass die Polizei wegen mir klingelt. Sie hat damals einfach angenommen, ich wäre im Garten. Sie war gerade erst ins Haus gegangen, um sich das Ende ihrer Lieblingssendung anzusehen. Aber zu dem Zeitpunkt muss ich schon mindestens eine Stunde weg gewesen sein.

Na ja, wie auch immer. So wie ich als Vierjährige wusste, dass ich mich an die Polizei wenden sollte, wenn es ein Problem gab, wusste ich es auch jetzt.

Also beschleunigte ich meinen Abstieg, denn ich war mehr als bereit, mich nach Hause bringen zu lassen.

JOE

Sie hielten nicht weit vom Haus entfernt an, stiegen aus und bildeten einen Schutzwall.

Unterhalb von uns öffnete sich eine Tür, von deren Existenz ich nichts geahnt hatte.

Und dann wurde die Welt erneut zur Hölle.

VIOLET

»Sie erschießen sie!«

Ich war aus unserem Versteck gestürzt, sobald die Tür hinter ihnen zugefallen war. Denn das fühlte sich an wie ein Signal. Dass sie ihren Flucht- oder Rückzugsweg abgeschnitten hatten, verlieh allem, was sich jenseits dieser Tür abspielte, etwas Endgültiges. Sie würden nicht zurückkommen. Und ich wusste nicht, welches Ende sie herbeiführen wollten.

Als ich nach der Klinke greifen wollte, hielt Mai meinen Arm fest. »Sie schießen auf die Polizei.« Er stand auf Zehenspitzen und spähte durch die matte Glasscheibe hinaus. »Sie benutzen sie als menschliche Schutzschilde.«

Aber Schutzschilde bekamen am meisten ab. Und wie viele hatten sie bei sich? Ich hatte zwölf gezählt. Wenn ein Teil von ihnen ins Kreuzfeuer geriet, wie lange würde es dauern, bis die Polizei die anderen als notwendige Opfer betrachtete, um diese Sache beenden und die von uns, die noch im Haus waren, retten zu können?

Ich drehte mich zu Mai um und wies ihn an, sich zu verstecken, wenn es sein musste.

»Ich kann sie nicht einfach da draußen lassen«, sagte ich.

Dann öffnete ich die Tür.

PEACHES

Sie standen ein kleines Stück unterhalb von uns und schossen von dort aus auf die Polizisten. Die Stelle, an der wir eigentlich von der Feuertreppe springen wollten, um uns in Sicherheit zu bringen, war auf einmal zu einem Ort geworden, den man nur aufsucht, wenn man sehr große Lust hat, sich eine Kugel einzufangen.

Ich nahm mir eine Millisekunde Zeit, um im Stillen sämtliche Flüche auszustoßen, die ich kannte.

Dann schaute ich nach oben und sah den dritten Bewaffneten. Er war inzwischen auf das Dach vorgedrungen, das wir verlassen hatten. Sein Standort wäre perfekt gewesen, um uns einen nach dem anderen von der Feuertreppe zu schießen – wenn es nicht auch der perfekte Standort gewesen wäre, um über den Schutzwall der Polizei hinweg direkt in ihre Reihen zu feuern. Ich sah, wie sie sich zusammendrängten und sich mit ihren Schilden in zwei Richtungen gleichzeitig zu schützen versuchten.

Ich fühlte mich wie auf einem Kriegsschauplatz. Und manchmal träume ich nachts, dass ich dort festhänge, dass ich Tag für Tag und Nacht für Nacht die Schüsse höre, die nicht enden wollen.

JOE

Wir alle versuchten, die nächstgelegenen Fenster zu erreichen. Für Peaches und mich waren das die im Erdgeschoss. Ich stieg als Erster ins Haus – und fing mir eine Ladung Glasscherben ein, als ich mich auf die Fensterbank kniete, um ihr zu helfen. Aber den Schmerz spürte ich erst, als ich Peaches mit beiden Händen reingezogen hatte und wir zusammen zu Boden fielen.

Noch am Leben, noch am Leben. Irgendwie immer noch am Leben.

ELLIE

Sie zogen ein paar von uns wieder auf die Füße. Als ich die Augen aufschlug, sah ich, wie sich einer von ihnen ein Mädchen vor die Brust hielt, das nicht mehr allein stehen konnte. Irgendwann ließ er sie einfach fallen und befahl anderen, aufzustehen, indem er beim Nachladen mit seiner Waffe herumfuchtelte. Wir konnten auf den Knien sterben oder es drauf ankommen lassen und aufstehen.

Ich befand mich ziemlich am Ende der Reihe und beschloss, aufrecht stehend zu sterben. Langsam sortierte ich meine Glieder. Ich drückte meine Hände auf den Boden und ging in die Hocke. Dabei fiel mir auf, dass ich zitterte. Ich hatte das Gefühl, dass meine Knochen nachgeben würden, dass sie einfach zerbröseln und mich völlig haltlos zurücklassen würden.

Dann berührte jemand meine Schulter. Es war der Junge neben mir. Er schaute zu dem Mädchen neben sich, das die Letzte in unserer Reihe war, und sie blickte auf die Tür. Die sich geöffnet hatte.

Das Mädchen vom Ende reagierte schnell. Sie stellte sich zwischen unsere Geiselnehmer und die offene Tür und schirmte damit uns ab statt die Männer. Der Junge neben mir schaffte es durch die Tür. Ich schaffte es. Die Frau hinter mir kam ebenfalls rein und rannte dann sofort weiter in den Flur. Von draußen waren Rufe zu hören.

Ich drehte mich wieder um, sobald ich drinnen war, aber es kam niemand mehr nach.

VIOLET

Ich bin nicht von Natur aus mutig. Nachdem ich die Tür geöffnet hatte, zuckte ich vor dem schrecklichen Lärm der Schießerei zurück; mich so zu exponieren, machte mir Angst. Meine Glieder torpedierten meinen Willen, indem sie einfach erstarrten, und ich musste mehrmals tief durchatmen, bevor ich mich zwingen konnte, wieder nach vorn zur Tür zu gehen.

Aber in dem Moment, in dem mein Körper mir gehorchte, wurde er zurück nach hinten geschubst. Meine Feigheit wurde dadurch belohnt, dass ich nicht gegen den Türrahmen prallte. Und dass ich, als ich mich wieder gefangen hatte, sah, wie Ellie hereinstürmte. Aber dann gab sie diese Sicherheit gleich wieder auf, indem sie sich sofort umdrehte.

ELLIE

Den Zeitungen zufolge hieß das Mädchen Simone. Ich hab ihr Gesicht nicht vergessen, obwohl ich ihr kaum mehr als einen kurzen dankbaren Blick zuwerfen konnte. Obwohl ich sie danach nie wiedergesehen hab.

Als ich mich umdrehte, prallte eine Kugel gegen den Türrahmen und spickte meinen Unterarm mit Splittern, die wie kleine Nadeln darin staken.

Ich wurde zurück nach drinnen gezogen, jemand legte seine Arme um mich. Ich erkannte sie an ihrem Geruch. Orangen und Seife. Violet.

VIOLET

»Wage es ja nicht!«, sagte ich und hielt sie am Oberarm und an der Taille fest. Ich drückte mein Gesicht an ihre Schulter und weiß noch, dass ich gelächelt und gleichzeitig gelitten habe. Meine Kiefer waren so fest zusammengedrückt, dass ich meine Worte herauspressen musste. »Vergiss nicht, dass du überleben musst.« Daran würde ich sie wieder und wieder erinnern, wenn es sein musste.

»Was ist los? Was passiert gerade?«

Mir war egal, wer oder was sie waren, aber wenn diese Männer da draußen vorhatten, das Ende unserer Geschichten zu schreiben, dann wollte ich wissen, was darin stehen würde.

ELLIE

Ich war froh, dass ich unterbrochen wurde, noch bevor ich ihr antworten konnte.

»Erzähl uns das, wenn wir nicht neben einer offenen Tür sitzen.« Das war Mai. Er hatte so weit hinten im Dunkeln gestanden, dass ich ihn nicht sehen konnte, aber als ich mich umdrehte, um Violet zu antworten und ihre feste Umarmung zu erwidern, ergriff er das Wort.

»Wir dürfen hier nicht stehen bleiben. Kommt schon!«

Bis ich mir endlich ein Bild von der Lage machen konnte, waren wir schon im Flur angekommen. Mein schlechtes Gehör sorgte dauernd dafür, dass ich die Quellen von Geräuschen falsch verortete. Außerdem hörte ich nach all den lauten Schüsse ohnehin kaum noch was, aber einer Sache war ich mir so gut wie sicher.

»Es wird auch von oben geschossen. Irgendwer – mindestens einer von ihnen, ist immer noch hier drinnen.«

Mai wurde langsamer und drehte sich genau in dem Moment zu mir um, als aus dem Raum neben ihm eine dunkle Gestalt gelaufen kam und gegen ihn prallte.

SECHSUNDZWANZIG

PEACHES

An die Wand gepresst wie aufgespießte Schmetterlinge verharrten wir eine ganze Weile lang in dem Raum, in den wir gefallen waren. Nicht die Angst vor dem Unbekannten lässt einen erstarren. Man erstarrt, wenn man genau weiß, was einen erwarten *könnte*, dem aber trotzdem ins Auge sehen muss, weil die Alternative wäre, so dicht neben einem beschissenen *Feuergefecht* auszuharren, dass man einen Imbiss bereithalten möchte, falls sie mal eine kleine Massenmordpause einlegen.

Wir standen links von der Tür an einer Stelle, wo man uns nicht sehen konnte. Der Flur draußen lag im Dunkeln – aus irgendeinem Grund war es überall dunkel, nur durch das kaputte Fenster drang ein bisschen Helligkeit ins Haus. Blaues Licht von den Polizeiwagen. Ich sah, wie Joe die Kiefer zusammenpresste, und gleichzeitig legte sich seine Hand fest um meine. Die Entscheidung war gefallen. Es hatte auch sein Gutes, dass wir um unser Leben laufen wollten, denn das hieß, dass Joe mit seinem doch noch nicht fertig war. Vorhin hatte ich eine Zeit lang gedacht, dass er Sam und Doug folgen wollte.

Er schaute mich an. Ich nickte.

Wir rannten zusammen durch die Tür.

Aber irgendwie endete nur Joe direkt dahinter in einem

wilden Zweikampf mit einer komplett schwarz gekleideten Gestalt.

JOE

»LOSLASSEN, VERDAMMT! LOSLASSEN!«

Selbst jetzt höre ich noch, wie laut ich ihn angeschrien hab. Und ich weiß, wie beknackt dieses Geschrei war, nachdem ich eine Stunde lang nur geflüstert und mich von Raum zu Raum geschlichen hatte. Es war einfach ... die Panik. Im Nachhinein ist es verrückt, aber ich hab keine Ahnung, wie ich anders darauf hätte reagieren sollen.

VIOLET

Mai wehrte sich gar nicht. Er versuchte nur, sich von dem Angreifer freizukämpfen, der so verwirrt war, dass er ihn mit einer Hand festzuhalten schien, während er ihn mit der anderen abwehrte. Ich versuchte, mich zwischen sie zu zwängen und sie auseinanderzuzerren. »Mai! Mai!«

PEACHES

»*Mai?*« Joe und sein Gegner verschmolzen im Dunkeln zu einer Einheit. Um sie auseinanderhalten zu können, musste ich sehr nah herangehen. Und da waren noch zwei andere – die, die geschrien hatte, sah aus wie Violet Chikezie; sie war das stillste Mädchen der Klasse, aber jetzt knurrte sie Joe geradezu an, während sie ihn wegstieß. Irgendwie stand auch Ellie Kimber auf einmal wieder da; sie hielt sich abseits und wirkte starr vor Schreck.

Und da war Mai. Bei unserer letzten Begegnung hatte er sein Wissen über Retro-Computerspiele auf die Kunst des Überlebens angewandt. Wie es schien, kam er weiter damit durch, nur dass er jetzt das Spielmodul mit *Streetfighter* eingelegt hatte. »Mai!«

Ich war mir sicher gewesen, dass er für mich gestorben war. Oder an meiner Stelle. Dass er auf seine Überlebenschance verzichtet hatte, um mir ein Extraleben zu geben. Seit diesen langen zwei Sekunden, die ich gebraucht hatte, um mich an seinen Namen zu erinnern, kreiste er ständig durch meinen Kopf – zusammen mit Schuldgefühlen und Dankbarkeit.

Ich weiß nicht, wer überraschter war, er oder ich, als ich Violet wegschob und meine Arme um ihn legte.

ELLIE

»Joe?«

Trotz des ganzen Lärms – von der Schreierei, den Schüssen, die jetzt aus allen Richtungen durch die Flure zu hallen schienen, von der Panik und dem Handgemenge – brachte ich nicht mehr als ein Flüstern zustande.

Er hatte überlebt. Irgendwie.

Aber als er mich anschaute, sah ich die zwei leeren Plätze neben ihm. Und in seinen Augen sah ich etwas, das noch leerer war.

Er atmete schwer und nickte mir einfach nur zu. Es war eine Antwort auf drei Fragen zugleich.

PEACHES

Ich spürte, wie Mai erschrak, als ich ihn umarmte. Ich sagte ihm immer wieder, wie froh ich war, dass er noch lebte, aber er brauchte bestimmt eine halbe Minute, bis er eine passende Reaktion zustande brachte und seine Arme um meine Taille legte.

»Eine Seite der Bühne ist zusammengebrochen«, sagte er und beruhigte sich spürbar, weil keine weiteren Fausthiebe auf ihn einprasselten. »Da konnten die meisten von uns fliehen.«

»Du hast das Tetris-Spielfeld leer geräumt«, versuchte ich mich.

»Und einen ganzen Haufen Extraleben bekommen, Allah sei Dank.« Er atmete zitternd aus, was wie der Versuch eines Lachens klang. »So fühlt es sich schon die ganze Nacht an.«

»Hoffen wir, dass wir alle noch ein paar übrig haben.« Ich lächelte und löste mich von ihm, um nach Joe zu sehen.

Auch er hatte sich inzwischen beruhigt.

Ellie Kimber hielt seine Hände.

VIOLET

Es war merkwürdig, aber in dem Moment fühlte ich mich fast sicher. Sicherheit ist so ein relativer Begriff, je nach Situation ändert er seine Bedeutung. Ein Mann, der auf einem schmalen Balken über einem Fluss voller Piranhas balanciert, fühlt sich vielleicht sicher, weil er nicht im Wasser ist. Und dieser Ort war der schmale sichere Balken, auf dem wir standen. Von vielen Seiten, wenn nicht von allen, drohten Gefahren. Aber wir balancierten irgendwo außerhalb ihrer Reichweite.

Joes Geschrei hatte niemanden angelockt. Offenbar hatte sich der Fokus der Männer, die so entschlossen gewesen waren, uns umzubringen, verlagert, und zwar darauf, die da draußen zu töten oder von ihnen getötet zu werden.

Gut fühlte sich das nicht an. Aber ich glaube auch nicht, dass der Mann auf dem Balken sich *gut* fühlt. Aber es fühlte sich sicherer an als die Alternative.

Ich ließ wieder den Gedanken zu, dass ich vielleicht überleben würde. Dass meine Familie sich hinter den Linien der Polizei befand und in Sicherheit war, wenn auch außerhalb meiner Reichweite. Davon war ich in dem Augenblick genauso überzeugt, wie ich in anderen Momenten in dieser Nacht sicher gewesen war, dass sie beide tot waren.

Mein eigenes momentanes Gefühl von Sicherheit ermöglichte es mir, für die anderen zu hoffen. Aber wir konnten da, wo wir waren, nicht bleiben.

Das Mädchen, das sich auf Mai gestürzt hatte, löste sich wieder von ihm. Peaches Britten – sie war in meinem Jahrgang, wie Mai. Wir hatten weniger Kurse zusammen, aber ich kannte sie. Und ich wusste, dass die Leute manchmal sehr schlimme Bemerkungen über sie machten. Ich hatte sie auch schon böse Bemerkungen machen hören, aber manchmal muss man zurückfeuern, um sich zu verteidigen.

»Sollen wir jetzt gehen?«, fragte ich und zeigte durch den Flur, durch den wir gekommen waren. Danach waren nur noch ein paar umgekippte Möbelstücke im Weg, dann würden wir frei sein. Es gab ja sogar noch den Haupteingang, aber da so einfach rauszumarschieren, konnte ich mir nur sehr viel schwerer vorstellen. Außerdem hallten weiterhin Schüsse durch die Nacht.

Wegen des Echos waren sie nur schwer zu verorten. »Schießen sie auch auf dieser Seite?«

ELLIE

Die Frage ließ uns alle kurz verstummen. Joe schloss die Augen und machte seine Hände los, so als ob er besser hören könnte, wenn er sich isolierte.

Es war zwecklos. Für mich kam der Lärm ohnehin nur von einer Seite, aber niemand weiß besser als ich, dass unser Verstand uns gern Streiche spielt. Wir haben alle ein selektives Gehör. Unsere Hirne stülpen der Welt ihre eigenen Interpretationen über, und niemand von uns fünfen wollte behaupten, er oder sie wäre sich ganz sicher, und dann in eine Falle rennen.

Mai schüttelte den Kopf. »Man kann es unmöglich sagen. Aber wenn sie alle draußen sind, sollten wir wieder hochgehen –«

JOE

»Einer ist auf dem Dach«, warf ich schnell ein und versuchte, nicht zu zucken, als Mai mich anschaute. »Mindestens. Und es könnte noch mehr geben, was wir nicht wissen. Was immer wir entscheiden, wir tappen im Dunkeln.«

PEACHES

Mai nickte langsam. »Alles wie gehabt.«

Er wandte den Blick nicht von Joe ab, bis Joe nickte, den Blick senkte und sich mit einer Hand verlegen im Nacken kratzte, was bei ihm ein Zeichen von Nervosität war, wie ich beobachtet hatte.

»Ja, und apropos im Dunkeln, hör mal …«

»Im Dunkeln, und wo meine Haut ja auch dunkler ist als deine …«, ergänzte Mai seine Worte. Er klang offensiv, aber nicht unfreundlich. »Ich verstehe. Ich gucke auch Nachrichten. Ich weiß, was die Leute erwarten, wenn sie mich sehen.«

Joe blickte nicht auf.

»Ist es ›das Unerwartete‹?«, fragte ich, zupfte an Mais Ärmel und ging ein paar Schritte durch den Flur voraus. Auch wenn wir nicht wussten, wohin, mussten wir trotzdem endlich losgehen. »Erwarten sie das Unerwartete? Das wäre nämlich ein gutes Motto. Hör zu, du hast mir das Leben gerettet. Ich bin bereit, mich bei jedem, der mich fragt, dafür zu verbürgen, dass du kein Terrorist bist. Aber es wäre toll, wenn wir uns ein bisschen weiter von den Leuten wegbewegen könnten, die definitiv welche sind.«

ELLIE

»Eine Etage höher.« Violet traf für uns alle die Entscheidung. »Wir gehen in den ersten Stock hoch, in den Raum, der dem linken Treppenhaus am nächsten liegt. Von da aus haben wir zwei mögliche Fluchtwege.«

Sie brachte ihre Ideen häufig als Vorschläge vor. Diesmal klang sie entschieden. Und niemand widersprach.

Joe ging hinter ihr her; die Anspannung, die eben noch geherrscht hatte, war durch Violets Selbstvertrauen und Peaches' Humor wie weggeblasen. »Das klingt gut. Ich hab nämlich genug von ausweglosen Situationen.«

PEACHES

Ellie schaute mich an, als wir Violet nach oben folgten. »Du bist die, die sich dafür eingesetzt hat, dass der Schulchor in der Konzertwoche *Hamilton* singt, stimmts?«

Es hätte mich nicht überrascht, wenn sie mein Gesicht gekannt hätte. Oder gar meinen Namen. Aber dass sie das wusste, verblüffte mich. Ich nickte, und sie lächelte.

»Dachte ich's mir doch. Ich war jeden Abend da!«

Dann schloss sie zu Violet auf und ließ mich erstaunt blinzelnd zurück.

Oben auf dem Treppenabsatz wartete Joe. Er ließ seine Hand wieder in meine gleiten.

JOE

Mit ihr fühlte ich mich einfach ruhiger. Und jetzt, wo wir als Gruppe unterwegs waren, war es ohnehin besser. Realistisch betrachtet hatten wir weiterhin die gleichen Überlebenschancen, wenn wir im Dunkeln der falschen Person begegneten, aber es fühlte sich anders an. Fünf gegen einen fühlte sich schon fast ausgeglichen an.

Aber Chancen können immer verbessert werden. »Wie wäre es, wenn wir uns irgendwas suchen, womit wir uns bewaffnen können, anstatt einfach zu warten?«

»Womit denn?«, Peaches sah mich mit hochgezogenen Augenbrauen an. »Hier gibts nur Hausrat und teure Antiquitäten. Ich meine, wir können natürlich versuchen, sie mit einem Wandteppich abzuwehren, auf dem ein Einhorn mit einem Bär tanzt. Wenn sonst schon nichts, hätten wir wenigstens das Überraschungsmoment auf unserer Seite.«

ELLIE

»Die Idee ist gar nicht so übel«, sagte Mai hinter mir. Er war der Mittelpunkt in der Formation, in der wir uns fortbewegten: erst zwei, dann einer, dann wieder zwei, wie die Fünf auf einem Würfel.

Ich legte den Kopf zurück und schaute ihn an.

»Sie zu überraschen, meine ich. Und uns zu bewaffnen. Nicht das tanzende Einhorn«, erklärte er.

Ich hatte draußen im Kugelhagel gekniet. Ich konnte mir nicht vorstellen, dass wir in diesem Haus etwas finden würden, das uns vor Kugeln schützte. Aber so würden wir wenigstens etwas tun, und das fühlte sich besser an, als nichts zu tun.

»Mal sehen, was in dem Raum ist, in dem wir landen«, sagte ich.

»In dem hier«, verkündete Violet und brachte uns alle zum Stehen.

SIEBENUNDZWANZIG

PEACHES

Keiner von uns fünfen hatte noch sein Handy, auch wenn Ellies am längsten überlebt zu haben schien. Natürlich. Wer sonst sollte während einer Schießerei ruhig genug bleiben, um die üblichen Fallstricke zu vermeiden, wie in Flüsse zu fallen und praktisch nackt durch Matsch zu robben?

Obwohl sie verschrammt und blutig war wie wir alle, war sie doch so makellos wie immer. Aber es war mir tatsächlich egal. Sie hatte genauso viel Angst wie wir anderen, und als wir den Raum absuchten, fand sie ein fremdes iPhone, das jemand verloren haben musste.

Und das leider genauso hilfreich war wie ein Holzklotz, wenn es um die Frage ging, was es uns nützte.

»Ich weiß ja, dass das hier das ›Historische Hearne House‹ ist, aber *müssen* sie in Sachen Technik unbedingt im Mittelalter stecken bleiben, damit es sich authentisch anfühlt?«

VIOLET

»Ich bin sicher, dass es hier Internet gibt, nur eben via Kabel.«

Und nicht in dem Raum, in dem wir uns aufhielten: einem Salon mit dunkelroter, samtig weicher Velourstapete, in dem man sich fühlte wie in einer Herzkammer.

Peaches versuchte, LTE-Empfang zu bekommen, um

herauszufinden, was die Welt draußen uns über das verraten konnte, was hier passierte. Als sie sich in einer Ecke des Raums auf die Rückenlehne eines Sessels stellte und das Handy hoch über ihrem Kopf schwenkte, glaubte sie sich ihrem Ziel nah. Ellie und ich hielten sie fest.

Aber dann fluchte sie und kam wieder runter auf die Sitzfläche. »Das hat keinen Sinn. Die Seite lädt ewig. Außerdem kann ich von da oben die Schießerei sehen.«

Das Fenster lag in einer Ecke des Gebäudes. Direkt darunter sah man nichts außer einem stetig wachsenden Ring aus Polizeiwagen. Es fühlte sich so an, als könnten wir uns ganz einfach nach unten abseilen und dorthin fliehen, aber dann flackerte am Rand unseres Sichtfelds immer wieder Helligkeit von Schüssen auf.

Ellie weigerte sich, ans Fenster zu kommen. Sie wollte überhaupt nicht rausschauen. Wahrscheinlich dachte sie daran, wie leicht sie selbst noch da draußen sein könnte. Ich musste auch dauernd daran denken.

Ich setzte mich neben Peaches auf die Armlehne des Sessels.

Ellie beugte sich von hinten über den Sessel. »Ich bezweifle ohnehin, dass wir aus den Nachrichten mehr erfahren würden, als wir schon wissen.«

»Könnte aber sein«, protestierte Peaches. »Inzwischen gibt es bestimmt einen Live-Blog auf einer der Nachrichtenseiten. Vielleicht wissen sie, wer es ist und warum sie das tun. Oder was sie da draußen dagegen *unternehmen.*«

»Die Presse kann auch nicht näher dran sein als die Polizei, oder?«, fragte Ellie. »Einzelheiten würden sowieso nicht genannt. Nicht, bis die Familien aller Betroffenen informiert sind.«

Einen Atemzug lang waren wir alle still.

Ich schaute auf das Handy, das zwischen Peaches' Fingerspitzen klemmte; der Akku würde nicht mehr lange halten. »Aber du könntest deine Eltern anrufen. Sind sie hier?«

PEACHES

Ich schüttelte den Kopf. »Bei mir gibts nur meine Mum, und die ist zu Hause geblieben, damit sie die Live-Episode ihrer Soap nicht verpasst. Da verderbe ich ihr wohl besser nicht den Spaß.«

Mum guckte sowieso keine Nachrichten. Bei uns zu Hause wird der Fernseher genau dann ausgestellt, wenn was richtig Schreckliches passiert und auf allen Kanälen nur noch aus dem wirklichen Leben berichtet wird. Mum war schon immer besser darin, sich über fiktionale Welten auf dem Laufenden zu halten als über die echte. Ich mag erfundene Geschichten auch – allerdings lieber Theaterstücke und Musicals als das, was im Fernsehen läuft –, aber ich klinke mich deshalb nicht gleich komplett aus meinem eigenen Leben aus, wie sie es tut. Mir war schon immer klar, dass das für sie eine Flucht ist. Ich wusste nur nicht, wie ich damit umgehen soll, dass ich sie an ihre Soaps verloren hab.

Inzwischen hab ich es, glaub ich, kapiert. Wenn man die schlimmsten Seiten der realen Welt erlebt hat, will man nicht riskieren, wieder da reinzugeraten, selbst wenn das bedeutet, dass man auch die schönsten Seiten des echten Lebens verpasst. Und Mum hat schon ziemlich schlimme Dinge erlebt, bevor Dad gegangen ist.

Jedenfalls wollte ich sie nicht durch einen Anruf in Angst versetzen. Oder riskieren, dass sie mich nicht versteht und nicht *genug* Angst bekommt.

»Ich dachte nur, wir könnten ein paar herzzerreißende Nachrichten auf Facebook stellen. Die machen sich dann morgen bestimmt super in den Schlagzeilen.«

ELLIE

Das war ihre Art, in diesem Schockzustand die Fassung zu wahren. Peaches bekämpfte ihre Ängste mit Humor, so wie ich meine mit reiner Willenskraft zu unterdrücken versuchte. Schätzungsweise gehört es zum Menschsein dazu, dass wir vor unseren eigenen Wahrheiten die Augen verschließen. Also saßen wir da und belogen uns gegenseitig, um die Lügen aufrechterhalten zu können, die wir uns selbst erzählten, um nicht völlig zusammenzubrechen.

Peaches hatte das im Scherz gesagt, aber ich merkte trotzdem auf. So weit hatte ich noch gar nicht vorausgedacht. Aber jetzt tat ich es. »Genau das wird passieren, oder? Sie werden Fotos von uns allen in den Nachrichten bringen. Wahrscheinlich die schlimmsten Bilder, in denen wir getaggt sind.«

»Ich bin nicht auf Facebook«, sagte Violet, dann lächelte sie entschlossen. »Wenn sie fragen, wird meine Mutter ihnen das Foto geben, das sie allen zeigt, die nach mir fragen. Sie hat es im Einkaufszentrum in einem Fotostudio machen lassen und mir davor vier Stunden lang Cornrows geflochten. Sie weist gern darauf hin, wie adrett ich darauf aussehe. Auf dem Foto bin ich neun.«

Wir lachten. In diesem einen Moment war das Lachen wieder leicht.

»Vielleicht hätte ich zwischendurch filmen sollen«, sagte ich und bedauerte es sofort, weil ich damit die Wärme und

Herzlichkeit verdrängte, die sich durch Violets Worte im Raum breitgemacht hatten. Wie sollten wir diesen Horror ohne Videos je erklären können? Aber reichten Videofilme überhaupt aus, um ihn zu beschreiben?

»Irgendwer hat bestimmt gefilmt«, sagte Peaches. »Irgendwer filmt immer.«

»Hab ich euch erzählt, dass mein Dad angerufen hat?«, fragte ich.

VIOLET

Ellies Vater hatte sie erreicht, während sie allein in unserem Versteck saß. Jetzt hatte sie zum ersten Mal die Gelegenheit, mir genau zu erzählen, was passiert war. Sie hatte ihm und ihrer Mutter Nachrichten geschickt, dass sie noch lebte und dass sie sie nicht anrufen sollten.

Sie wusste, dass er in Sicherheit war, wollte aber nicht mehr mit ihm reden, bis sie dasselbe von sich sagen konnte. Die Liebe sorgt dafür, dass wir andere in jedweder Weise zu beschützen versuchen.

Meine Mutter hatte sich nicht gemeldet. Ich rief sie von unserem ausgeborgten Handy aus an und hinterließ ihr eine weitere Nachricht.

Draußen auf dem Hügel sagte die Polizei den ganzen Leuten, die sich dort versammelten, dass sie ihre Telefone ausschalten sollten. Eltern wurden gebeten, ihre Kinder nicht anzurufen, weil die Gefahr bestand, dass ein Klingelton oder das Aufleuchten eines Displays ihr Versteck verriet. Wenn ich das gewusst hätte, hätte ich mich vielleicht besser gefühlt.

Aber ich wusste nur, dass die Welt sich sehr verändert hatte und die Zeit, in der sie sich verändert hatte, sich sehr kurz und zugleich sehr lang anfühlte. Und seit dem Anfang des Endes der alten Welt hatte ich nicht mit meiner Mutter gesprochen.

JOE

»Joe?«, rief Peaches zu uns rüber. Mai kniete neben mir auf dem Boden und hielt einen umgedrehten Tisch fest, während ich versuchte, ein Bein herauszubrechen. »Willst du jemanden anrufen?«

Ich schüttelte den Kopf. Meine Erinnerung an die Schreie von Sams Schwester war noch frisch. Ich hatte zwei Schwestern, die weiter weg wohnten, bei Mum. Und ich hatte Dad. Der den Abend im Pub eingeläutet hatte und vermutlich auch jetzt noch dort saß.

Wie immer hatte ich entschieden, ihm gar nichts zu sagen, bis es was zu erzählen gab, worauf er stolz sein konnte.

»Mai?«, fragte Peaches.

Er schüttelte den Kopf. Ich sah, dass seine Hände die Tischkante kurzzeitig fester umklammerten, während ich immer noch an dem blöden Bein herumzerrte. Ich wies mit dem Kinn darauf. »Fasst du mal mit an?«

Wir stellten beide einen Fuß auf die flache Unterseite des Tisches und umfassten das Bein, um es mit vereinten Kräften herauszubrechen.

»Willst du niemanden beunruhigen?«, fragte ich nach einer Weile und sprach extra leise, damit es unter uns blieb. Er schaute zu mir her, sein Kiefer war angespannt von der Anstrengung, altes Eichenholz aus einer Verbindung zu lösen, die seit Jahrhunderten hielt.

»Alle, die ich kenne, sind in Sicherheit«, sagte er.

»Deine Eltern sind nicht hier?«

Einen Augenblick lang hörte er auf, mit mir an dem Bein zu zerren, und ich hätte den Tisch beinahe hochkatapultiert und uns an den Kopf geknallt. Ich trat gerade noch rechtzeitig auf die Unterseite, um es zu verhindern.

»Sie arbeiten in der Stadt, im Krankenhaus«, sagte er. Ich hatte den Blick von ihm abgewendet, um fluchend die Splitter in meinen Händen zu attackieren, spürte aber, dass er mich forschend von der Seite ansah. So als würde ich mich vielleicht nur deshalb um ihn bemühen, weil ich mich kurz zuvor auf ihn geworfen hatte. Ich fragte mich das selbst auch, aber ich glaube nicht, dass es so war. Es gab irgendwas, womit er nicht rausrückte. »Sie werden heute Abend beide viel zu tun haben.«

Was wohl untertrieben war. In Amberside gab es kein Krankenhaus, also mussten alle Verletzten von hier in die Stadt gebracht werden.

»Eine meiner Schwestern möchte Krankenschwester werden«, sagte ich. »Sie glaubt, dass sie alles wieder heil machen kann. Sie wird mich umbringen, weil ich sie nicht informiert habe, was hier los ist.«

Ich redete mir ein, meine Schwestern würden einfach nur sauer sein, weil ich sie nicht auf dem Laufenden hielt über das ganze Drama hier. Und weil ich ihnen so die Möglichkeit nahm, sich interessant zu machen, weil sie einen der Beteiligten kannten. Das ganze Mein-Bruder-war-dabei-Ding hätte an ihren Unis bestimmt kleine Berühmtheiten aus ihnen gemacht.

Aber das bekamen sie dann ja nachträglich trotzdem. Nur, dass sie beide das Studium unterbrachen, um bei mir und Dad zu bleiben, und erst dann wieder zurückgingen, als die

Überlebenden nicht mehr ständig in den Nachrichten waren. Es zeigte sich nämlich, dass sie nur um mich besorgt waren und nicht um ihren Ruhm.

Es war mies von mir, dass ich ihnen was anderes unterstellte. Aber ich wusste, dass ohnehin eine Riesenaufregung herrschen würde, und ich konnte ihnen ja eh nichts Gutes erzählen, solange wir noch in der Falle saßen. Warum sollte ich ihnen mitteilen, dass ich noch am Leben war, wenn sich das jeden Moment ändern konnte? Falsche Hoffnung ist manchmal schlimmer als Angst.

»Meine Schwester ist auch eine Kämpferin.« Mai lächelte, als er über sie sprach. »Als wir hierherkamen und die Leute mich wegen meines Akzents gehänselt haben, hab ich das Reden eingestellt, bis ich den Akzent los war. Imani hat einfach lauter gesprochen und es genauso gemacht, wie Engländer es in ausländischen Restaurants tun: Sie hat superlangsam geredet und alles in die Länge gezogen, so als ob die Leute zu blöd wären, sie zu verstehen. Als ich einmal gemobbt und bis nach Hause verfolgt wurde, war Imani diejenige, die sich die Typen vorgeknöpft hat. Ich hab mich in meinem Zimmer versteckt. Ich weiß nicht, was passiert ist, aber diese Jungs haben mich nie wieder belästigt. Schwestern. Wenn sie könnten, würden sie einen vor allem beschützen.«

Er rieb sich über die Brust und seine zerrissene Hemdtasche, dann packte er wieder mit an.

Ich hab ihn nicht gefragt, wo Imani an diesem Abend war. Ich hatte keine Chance mehr dazu.

Das Tischbein quietschte und krachte, dann hielten wir es endlich in der Hand.

ELLIE

Mai kam zu uns rüber und präsentierte stolz einen dicken Holzknüppel mit splittrigen Kanten.

»Ich bin beeindruckt«, sagte Peaches. »Damit sind wir denen da draußen bestimmt weit überlegen.«

Zu dem Zeitpunkt war es draußen schon ein paar Minuten still gewesen. Und Stille mochte keiner von uns mehr, denn Stille bedeutete Unsicherheit. Peaches stand von dem Sessel auf und drückte ihr Gesicht ans Fenster. Ich bemerkte, dass ich zitterte. Und Violet bemerkte es wohl auch, denn sie legte eine Hand auf meinen Arm.

»Keine rostigen Nägel?«, fragte ich mit Blick auf das Tischbein.

Joe folgte Mai in unsere Hälfte des Zimmers. »Ich glaube nicht, dass die Tudors Nägel benutzt haben, oder?«

Wir schauten alle Violet an.

Sie zuckte die Achseln. »*Alles* weiß ich auch nicht.«

VIOLET

Draußen war es weiterhin still. Immer, wenn es so ruhig war, wanderten meine Gedanken zurück zu meiner Mutter, und ich dachte darüber nach, wie viel Zeit ich verschwendete, wenn ich sie doch eigentlich suchen sollte. Von hier oben sah die Polizeikette ganz nah aus. Wenn wir irgendwie bis zu denen gelangen konnten, waren wir in Sicherheit.

Ich sagte: »Immer, wenn ich mich frage, ob es vielleicht vorbei ist, scheint einfach nur irgendwas Neues loszugehen.«

Joe nickte und wollte etwas dazu sagen, als Peaches ihn vom Fenster übertönte.

»Da unten passiert gerade was Neues. Ist ihnen jemand entwischt? Ja, zwei! Sie laufen vom Haus weg. Die Polizei … die Polizei weicht zurück …«

Sie runzelte verwirrt die Stirn. »Nein, wartet. Es ist doch keiner geflohen. Das ist einer von denen. Direkt unter uns. Er zerrt ein Mädchen mit sich und läuft auf die Polizei zu. Sie werden sie beide erschießen … sie –«

Draußen flackerte grelles Licht auf, dann zerbarst das Fenster, vor dem sie stand, in einen Hagel aus Scherben.

ACHTUNDZWANZIG

AUSSAGE VON LIA GREENGLASS, VERHANDLERIN BEI GEISELNAHMEN

Wenn nach sieben Uhr abends das Arbeitshandy klingelt, weiß ich immer schon, was kommt. Wenn man in dieser Funktion arbeitet, gibt es so was wie einen Feierabend nicht, und unsere Arbeit ist sehr fordernd. Mal steht einer auf einer Brücke, mal hat man einen Fall von häuslicher Gewalt, der eskaliert ist. Es gab schon einige Nächte, in denen ich an meine Grenzen gekommen bin.

Aber nichts, was mit dem hier vergleichbar wäre.

Da ich für eine regionale Einheit arbeite, die von der Zentrale aus gesehen ziemlich abseits liegt, hätte ich niemals erwartet, es mit einem Terroranschlag dieses Ausmaßes zu tun zu bekommen. Wir hatten hier in der Gegend schon einige junge Männer, die durch das Internet auf dumme Ideen gekommen sind, die ihnen dann über den Kopf wuchsen, aber das war auch schon das Schlimmste.

Als der Anruf kam und sie mir die Details durchgaben: ein Konzert und eine Menschenmenge, die hauptsächlich aus Schülerinnen und Schülern bestand, merkte ich, dass ich sofort nach einer Ausrede suchte, um da nicht hinzumüssen.

Ich bin selbst Mutter von zwei kleinen Kindern. Allein der

Gedanke, dass Kinder auf die Weise massakriert wurden, machte mich total fertig.

Aber dann hab ich mich zusammengerissen, mich umgezogen und bin da hingefahren. Natürlich. Ich bin schließlich selbst Mutter.

Einer von den Anführern hat uns schon relativ früh eine Telefonnummer übermittelt, ungefähr zu dem Zeitpunkt, an dem sie ins Haus gegangen sind. Sie hatten sich gemeldet und gesagt, sie würden mit uns reden, wenn sie bereit wären. Sie sagten, *wir* sollten uns bereithalten, dann legten sie auf. Und schalteten das Handy aus. Wir haben dann permanent versucht, sie unter dieser Nummer zu erreichen, während die Officer die Wiese gesichert und die, die noch selbst gehen konnten, da rausgeschafft haben und wir unsere Position bezogen.

In meinem Job muss man Ruhe bewahren. Anderen erscheint es oft wie eine übermenschliche Fähigkeit, dass ich total ruhig bleibe, egal, was passiert. Wenn du deine Stimme erhebst oder panisch klingst oder ihnen das Gefühl gibst, dass du nicht weißt, was du tust, dann wars das. Aber in dieser Nacht hatte ich Herzrasen wie noch nie. Jedes Mal wenn ich was gesagt habe, war meine Kehle vorher so zugeschnürt, dass ich dachte, ich würde kein Wort rausbringen. Und das war, noch bevor wir endlich zu ihnen durchkamen.

Als mir das Telefon gereicht wurde, sprach er bereits.

»– bereit zu reden.«

Ich atmete tief ein und rief mir all die üblichen Strategien in Erinnerung. Mich bedanken, dass er mit mir redet. Eine Verbindung zu ihm herstellen, einen Austausch vorschlagen, mir seine Forderungen anhören. Alles Irrationale unkommentiert lassen und auch Nicht-Nachvollziehbares verstehen. Ihm Optionen eröffnen, die nicht das Worst-Case-Szenario sind.

Er legte auf, bevor ich auch nur den Mund aufmachen konnte.

Aber das ist nicht ungewöhnlich. Es kann dauern, bis eine Vertrauensbasis hergestellt ist, die der andere braucht, um zu reden. In Situationen, in denen die Geiselnehmer wissen, dass sie ihr Leben oder ihre Freiheit verlieren werden, egal wie die Sache ausgeht, dauert es lange, bis man ein gutes Ergebnis erzielt. Das ist ein Marathon, kein Sprint.

Man kann nur hoffen, dass sie nicht schneller sind als man selbst.

In diesem Fall waren sie uns immer ein paar Längen voraus. Wir waren nicht darauf vorbereitet, dass sie das Gebäude ohne Vorwarnung mit Geiseln verlassen würden. Ich frage mich rückblickend, ob wir darauf hätten vorbereitet sein müssen oder können, aber gäbe es ein Regelwerk dafür, in welche Richtung sich solche Szenarios entwickeln, dann stünde diese nicht darin.

Hearne House hat ein neues Kapitel in diesem Regelwerk geschrieben.

Irgendwer drückte mir ein Megafon in die Hand. Ich brachte ein paar Worte heraus, die aber wegen der Warnrufe der Officer kaum zu hören waren. Und noch dazu vollkommen sinnlos. Als sie das Feuer auf uns eröffneten, wurden alle Polizisten ohne Schutzschilde zurückgezogen. Von meiner Position hinter den Reifen eines geparkten Mannschaftswagens aus sah ich, wie diese Männer junge Menschen vor sich hielten und uns quasi aufforderten, auf sie zu schießen. Um uns selbst zu Mördern zu machen.

In dieser ganzen Eskalation gab es überhaupt keinen Spielraum für mich, keinen Verhandlungsspielraum. Und, nun ja, wir wissen, wie das endete. Ich werde nie vergessen, wie ich gesehen habe … Ich werde das nie vergessen.

Ich habe meine Berufswahl lange Zeit nicht so infrage gestellt. Es ist eine kräftezehrende Arbeit: Man stellt sich auf die Gefühle und Wünsche von Leuten ein, die wir eigentlich nicht verstehen sollen. Aber die Erfolgsquote ist hoch, und wenn ich erfolgreich bin, retten wir echte Menschenleben.

Nur nicht in dieser Nacht. Sie haben mir keine Chance gelassen.

Sie haben niemandem eine Chance gelassen.

....

NEUNUNDZWANZIG

PEACHES

Das Erste, was ich hörte, war mein Name. Joe *schrie* ihn.

VIOLET

Ellie hielt ihn fest und rang richtig mit ihm. »Nicht rausziehen! Fass sie nicht an, du machst es nur noch schlimmer!«

PEACHES

Ich hörte Ellies Stimme durch ein seltsames metallisches Sirren hindurch, das klang, als würde jemand über meinem Kopf einen Draht durch die Luft peitschen. Und ich sah Sternchen.

ELLIE

»Das sieht schlimmer aus, als es ist, Joe! Aber fass sie bitte nicht an!« Ich konnte nur hoffen, dass ich recht hatte. Aber ich glaubte schon.

Er riss sich aus meiner Umklammerung los.

JOE

Ich konnte sie unmöglich nicht berühren. Mai kauerte schon neben ihr, als ich mich neben sie in die Glasscherben kniete. Meine Knie waren ja eh schon kaputt. Die Schmerzen erinnerten mich daran, dass ich sie mir zerfetzt hatte, als wir durchs Fenster ins Haus geklettert waren, aber sie waren in dem Moment völlig nebensächlich.

VIOLET

»Sei vorsichtig«, murmelte Mai. Er hielt seine Hände über die Glasscherbe, die wie ein silberner Dolch aus Peaches' Brustkorb ragte, für den Fall, dass Joe danach greifen wollte.

PEACHES

Ich versuchte, die Augen wieder aufzuschlagen. Diesmal war es leichter. Die Benommenheit war auf dem Rückzug, wie Meerwasser, das mich fast ertränkt hätte, bevor die Ebbe einsetzte. Die schemenhaften Gestalten, die sich über mich beugten, traten klarer hervor, und ich erkannte Mai und Ellie und Violet, und Joe.

»Mein Kopf *bringt* mich *um.*«

JOE

Ich lachte. Das war einfach das schnellste Ventil für meine Anspannung. Erleichterung fühlte sich verfrüht an, aber als ich ihre Stimme hörte, wich schlagartig all der angehaltene Atem aus meiner Lunge, und es dauerte einen Moment, bis ich meine Sprache wiederfand. »Ach ja? Ich glaube, du hast auch einen ganz schönen Schlag abgekriegt.«

Ich legte eine Hand unter ihren Kopf, strich ihr mit der anderen übers Haar und war gottfroh, dass sie wenigstens da keine Verletzungen hatte. Bloß lauter Schrammen und Schnittwunden. Im Gesicht, an den Armen, überall da, wo ihr Körper nicht bedeckt war.

Die Stelle, wo die Glasscherbe steckte, blutete nicht mal. Sie versuchte, sich zu bewegen. »Bleib liegen.«

PEACHES

Ich atmete flach und kniff die Augen zusammen, um die Tränen wegzuquetschen, die darin standen.

»Joe, ich glaube, da draußen hat sich gerade einer in die Luft gesprengt. Ich muss nachsehen, was da los ist.«

Der laute Knall hatte meine Erinnerung nicht ausgelöscht, obwohl ich nach dem Aufprall kurz das Bewusstsein verloren hatte. Ich wusste noch genau, was ich beobachtet hatte, auch dass ich erwartet hatte, jemanden stürzen zu sehen, der dann aber stattdessen in die Luft hochgeschleudert wurde.

Die Explosion hatte das Gebäude nicht weiter beschädigt, aber die Druckwelle hatte mich nach hinten geworfen und die paar Fenster, die noch ganz waren, bersten lassen. Den Riesenknall höre ich auch heute noch immer und immer wieder.

VIOLET

»Ich schaue nach und sag dir, was ich sehe.«

Ellie murmelte leise meinen Namen, wie eine Warnung. *»Violet.«*

»Ich gehe nicht zu nah ran. Aber wir müssen wissen, was los ist.«

ELLIE

Ich ballte die Hände zu Fäusten und nickte.

Violet stellte sich seitlich in einiger Entfernung zum Fenster hin und nahm dieselbe Perspektive ein wie Peaches, als sie gesagt hatte, dass sie die Schießerei sehen könne. Ich hielt die Luft an.

»Da liegen Leute. Die Polizei zieht sie nach hinten, schleift sie weg. Ich glaube, es sind auch Polizisten dabei.«

Wie ich jetzt weiß, verlor in diesem Abschnitt der Operation ein Officer sein Leben. Fünf weitere wurden verletzt.

»Kannst du den sehen, der die Bombe gezündet hat?«

»Nein. Da liegt zwar noch jemand – aber sie gehört nicht zu ihnen. Sie trägt was Weißes.«

Angelique, das Mädchen, das als Schild benutzt worden war. Sie wurde weggeschleudert und überlebte wie durch ein Wunder. Allerdings mit Verbrennungen von siebzig Prozent ihrer Körperoberfläche.

»Aber es war eine Bombe. Eine Handgranate oder so was.« Ich hatte mir so fest auf die Lippe gebissen, dass ich Blut auf der Zunge schmeckte. »Jetzt haben sie also auch noch Bomben.«

»Nein«, sagte Violet und sah mich an. »Sie *sind* Bomben.«

VIOLET

Wenn wir rausgerannt wären, wären wir auf diese Kolonne aus Polizeiwagen und die Illusion von Sicherheit dahinter zugelaufen. Da waren Eltern und andere Leute aus dem Ort, die entgegen allen Ratschlägen zu helfen versuchten. Ich werde nie vergessen, dass andere aus freien Stücken diese Hölle betreten haben, um die von uns zu befreien, die in der Falle saßen.

Ich kniff die Augen zusammen und spähte noch eine Weile hinaus, aber den Mann, der den Sprengsatz unter seiner Weste getragen hatte, konnte ich nirgends sehen.

Natürlich nicht, wie ich jetzt weiß. Von ihm war nicht mehr viel übrig.

ELLIE

Danach ging alles Schlag auf Schlag. Wir sahen erneut einen Lichtblitz, diesmal war er gleißend hell. Es gab auch wieder einen Knall, nur noch viel lauter als beim ersten Mal. Und als unsere Sinne sich davon erholten, rief Violet, die Polizisten würden auf das Haus zulaufen.

»War das der zweite Schütze? Ist er tot?« Ich sprach lauter, als ich eigentlich wollte, aber mir klingelten beide Ohren, sowohl das gesunde als auch das taube.

»Ich weiß es nicht ... die Polizisten haben ihre Waffen im Anschlag.«

»Das war eine Blendgranate«, sagte Joe; er war noch immer auf den Knien, jeder Muskel seines Körpers angespannt. »So was setzt die Polizei ein, um Verwirrung zu stiften. Sie kommen rein.«

JOE

Peaches nutzte meine Abgelenktheit aus, um sich so weit aufzurichten, dass sie die Glasscherbe sehen konnte, die aus ihrem Körper stak. Sie umklammerte mein Handgelenk.

»Nicht bewegen«, erinnerte Mai sie, bevor ich es tun konnte.

Die Scherbe war ungefähr so groß wie ihre Handfläche, als sie sie danebenhielt. Aber ich wusste nicht, wie groß der Teil war, der in ihren Körper eingedrungen war. Und wenn es ihr jetzt einigermaßen gut ging, wollte ich alles dafür tun, dass es auch so blieb. Wenn sie sich bewegte, konnte die Scherbe etwas beschädigen, das sie bis jetzt nicht erreicht hatte, ein Organ oder eine Ader. Ich bin nicht gut in Biologie, aber ich weiß, wo unsere lebensnotwendigen Organe liegen.

PEACHES

»Es fühlt sich einfach nur an, als hätte mich jemand geboxt.« Es war ein stumpfer Schmerz, kein stechender. Und irgendwie schien die böse Spitze, die aus mir rausragte, nicht dazu zu passen.

Ich hatte nicht das Gefühl, lebensgefährlich verletzt zu sein. Was draußen vor dem Haus passierte, interessierte mich mehr als das, was mit meinem Körper los war. Violets stockende Berichte reichten mir nicht. Waren wir jetzt in Sicherheit? Würde die Polizei bis zu uns durchkommen? Sollten wir warten oder weglaufen? War es vorbei oder trieben sie eine menschliche Bombe die Treppe hoch, in unsere Richtung?

»Hilf mir, Joe. Ich muss aufstehen.«

VIOLET

»Nein«, flüsterte Joe reflexhaft, bevor erneut Schüsse die Stille zerrissen.

»Wo kam das her?« Ellie war in Sekundenschnelle neben mir, sie schaute zur Tür.

Mai stand auf und blickte zur Zimmerdecke. »Das war über uns.«

Als die Schüsse oben verstummten, begann ein neues Sperrfeuer. »Und das ist unten.«

ELLIE

Die einseitige Schießerei unten hatte sich in ein Gefecht zweier Seiten verwandelt. Ich versuchte, nicht daran zu denken, was das für die bedeutete, die mit mir nach draußen marschiert waren und es nicht wieder ins Haus geschafft hatten.

PEACHES

Ich kämpfte mich gegen den Widerstand von Joes Händen so weit hoch, dass ich mich auf einen Ellenbogen stützen konnte. Der Lärm oben war verstummt, was aber lediglich hieß, dass wir nicht wussten, wohin er sich als Nächstes bewegte. »Ich muss – ich kann nicht einfach hier liegen bleiben.«

JOE

»Okay.« Ich legte ihr einen Arm um die Schultern und versuchte, ruhig zu atmen. Und zu sprechen. Im Dunkeln war die Glasscherbe fast unsichtbar, aber ich behielt die Stelle im Auge, wo sie war, und befahl der Scherbe im Stillen, sich nicht vom Fleck zu bewegen. »Okay. Ich hab dich«, sagte ich zu Peaches.

PEACHES

Ich drückte mich ein bisschen weiter hoch und verspürte sofort heftigere, stechende Schmerzen.

ELLIE

»Tischbein?« Ich hielt nach der provisorischen Waffe Ausschau, der einzigen, die wir gefunden hatten.

Sie lag neben dem Sessel. Mai holte sie und schwang sie wie einen Baseballschläger. »Nur für alle Fälle.«

VIOLET

Ich griff für alle Fälle nach dem Briefbeschwerer, der auf dem Schreibtisch an der Wand lag. Der goldene Standfuß der Leuchte daneben war zu schwer, um ihn mitzunehmen.

ELLIE

Es fielen weiterhin Schüsse. Und bis jetzt waren sie noch unter uns.

JOE

Peaches' Atem ging schnell, und mit jedem Ausatmen verriet ein Wimmern ihren Schmerz. Ich wollte sie wieder auf den Boden legen, während mein Hirn zum tausendsten Mal zu entscheiden versuchte, ob es riskanter war, sie zu bewegen, oder, sie nicht zu bewegen. Aber sie schüttelte den Kopf. »Bitte!«

PEACHES

Auf die Knie hochzukommen, fühlte sich an, wie den Everest zu besteigen. Aber ich schaffte es.

VIOLET

Joe half Peaches beim Aufstehen, indem er seine Hände in ihren Rücken stemmte. Ich streckte ihr meine entgegen, damit sie sich an etwas festhalten konnte.

ELLIE

Der Boden unter unseren Füßen bebte.

VIOLET

Noch eine Explosion. Wir spürten die Wucht stärker, weil sie sich im Haus ereignete. Unter uns. Überall um uns herum fiel Putz von der Decke und rieselte auf den Boden. Es war, als ob wir in einer Schneekugel eingeschlossen wären.

»Blendgranate?«, fragte Mai Joe.

JOE

»Entweder das oder es gibt nur noch einen«, sagte ich.

Peaches stand jetzt aufrecht und machte kleine Schritte nach vorn. Ich übernahm ihren Arm von Violet und stützte sie.

PEACHES

Die Stille zog sich gefühlte tausend Jahre hin. In Nicht-Todesangst-Zeit hielt sie wahrscheinlich nur dreißig Sekunden an.

VIOLET

Dann hörten wir Schritte im Flur über uns. Der, der dort lief, schien keine schweren Stiefel zu tragen, aber wie genau konnten wir das wissen?

Dann rannte jemand durchs Treppenhaus links von uns.

Ich stand an der Tür, den massiven Briefbeschwerer in der einen Hand, und Ellie an der anderen.

ELLIE

»Nicht.« Ich konnte nur flüstern.

»Es könnte auch jemand sein, der Hilfe braucht.« Mai stand erst hinter mir und ging dann an mir vorbei.

»Wir müssen nachsehen.« Violet trat zusammen mit ihm in den dunklen Flur hinaus.

JOE

Wir schafften es, durch das Zimmer bis zur Tür zu gehen. Ich wusste nicht, wie gut Peaches rennen konnte, aber wenn wir losrennen mussten, dann würden wir es tun.

PEACHES

Ich war zu allem bereit.

VIOLET

Es war keiner von ihnen. Ich wusste es einfach. Ich wusste es, weil ihre Schritte nicht so schwer klangen und weil mein Gefühl es mir sagte. Es war keiner von ihnen. Im Flur war es stockfinster; in dem Moment wünschte ich mir, ich wäre nie auf die Idee gekommen, den Strom auszuschalten. Der, der dort lief, war jetzt fast an der Stelle, wo das Treppenhaus auf unseren Flur traf.

PEACHES

»Bist du bereit?«, murmelte Joe irgendwo an meinem Ohr.

Was für eine blöde Frage.

VIOLET

Die Gestalt kam immer näher.

ELLIE

Es war so dunkel.

VIOLET

Man konnte unmöglich erkennen, wer die zierliche Person war, die am Fuß der Treppe ankam und es schon fast bis in den Flur geschafft hatte. Aber ich kannte ihre Stimme.

Miss Ewell rief uns noch »*Lauft!*« zu, dann hagelte es um sie herum plötzlich Kugeln.

DREISSIG

VIOLET

»Lauf!«, sagte Ellie neben mir, und mein Körper versuchte, das Wort in Bewegung zu übersetzen.

Unsere Lehrerin lag tot auf den Stufen. Wer konnte wissen, was hinter ihr kam? Wer konnte wissen, was vor uns lag?

Lauf!

»Wohin denn?« Ich hörte mich selbst schluchzen. »Wohin?«

ELLIE

Laufen. Mein ganzes Leben war ich gelaufen, als ob mein Leben davon abhinge. Jetzt hing es vielleicht wirklich davon ab.

»Komm mit mir«, flüsterte ich Violet zu und hakte mich bei ihr unter.

PEACHES

Ellie und Violet huschten ohne Schuhe vor uns durch den Flur. Ich wollte sofort hinterher, aber Joe hielt mich noch kurz zurück.

JOE

Mai stand einfach nur da und hielt das verdammte Tischbein in der Hand, als würde er unsere letzte Verteidigungslinie bilden.

PEACHES

»Komm mit! Du gehörst doch zu uns!«, sagte Joe zu ihm, dann bildeten wir eine Kette und liefen los.

Ich versuchte, einigermaßen mitzuhalten. Den Schmerz konnte ich ganz gut ignorieren, weil in der Zwischenzeit ohnehin alles wehtat. In allen meinen Gliedern zogen, zwickten oder brannten Wunden. Das Stechen in meinem Oberkörper war nur ein Schmerz mehr, aber mir ging die Puste aus.

Wir waren schon ein Stück hinter Violet und Ellie zurückgefallen und bemühten uns, nicht den Anschluss zu verlieren.

VIOLET

Wir liefen auf das zentrale Treppenhaus zu, wo wir drei Möglichkeiten hatten: nach oben, nach unten oder weiter den Flur entlang.

ELLIE

Da waren noch andere Geräusche. Es konnten Schritte sein, über uns und unter uns. In anderen Fluren. Vielleicht auch auf der Treppe. Türen schlugen. Das Durcheinander ähnlicher Geräusche war verwirrend. Da ich mich nicht konzentrieren konnte, machte ich das, was ich immer mache beim

Laufen. Ich zog mich in meinen Kopf zurück und fand den Rhythmus dort: *Der Kuckuck und der Esel, die hatten einen Streit …*

JOE

»Ich glaube, es kommt jemand hoch«, sagte Mai leise.

PEACHES

Ich hörte es: schwere Schritte. Aber aus dem Flur über uns kamen auch Geräusche. Von hinten noch nicht, obwohl ich die ganze Zeit in Erwartung des nächsten Schlags die Schultern hochzog, weil ich fest damit rechnete, dass wir verfolgt wurden. Ich konnte nicht einfach abwarten, bis ich von einer Kugel getroffen wurde.

JOE

»Ich glaube, es kommt jemand hoch!«, rief Mai noch mal lauter, als Ellie am zentralen Treppenhaus ankam und sich nach unten wandte. Violet hörte ihn und lief weiter geradeaus.

VIOLET

Meine Hand blieb an ihrer hängen. Sie schaute zu mir hoch.

ELLIE

Und als ich wieder nach unten sah, war er da. Mit seinen blauen Augen. Selbst im Dunkeln waren sie wahnsinnig blau.

PEACHES

Da wir nicht mehr bremsen konnten, stürmten wir hinter ihr auf den Treppenabsatz. Mai – Mai war derjenige, der nach oben rannte. Er zog Joe hinter sich her. Und Joe mich. Ich streckte meine Hand nach Ellie und Violet aus.

VIOLET

»Ellie!«

JOE

Und dann gab es keine Stufen mehr unter uns. Und keine Ellie. Es gab nichts mehr außer Dunkelheit, dem nachlassenden Lärm der Explosion und Violets langem Schrei.

PEACHES

Die Welt unter mir machte einen Ruck, dann war die Hälfte davon verschwunden. Die Stufe unter mir zerbröselte. Joe zog mich auf eine stabilere hoch, und ich fiel auf die Knie und hustete Staub und Asche. Wir hatten keine Zeit. Ich erstickte fast an den Überresten einer menschlichen Bombe, aber wir hatten keine Zeit.

JOE

Halb trugen wir sie, halb zogen wir sie die restlichen Stufen hoch, Mai und ich. Und als wir oben ankamen, stand sie wieder auf. Ich weiß nicht, wie sie das geschafft hat.

PEACHES

Was sollte ich sonst tun? Ich hatte ja noch Füße. Mein Gesicht fühlte sich verbrannt an. Meine Lunge verschrumpelte in mir. Ich wusste nicht, ob der stechende Schmerz in meiner Brust das Glas oder die Trauer war, und ich wollte schreien, bis meine Kehle austrocknete. Aber wir hatten keine Zeit. Ich hatte noch Füße. Also benutzte ich sie.

VIOLET

Ich flog und ich fiel, aber ich hatte keine Zeit, zwischen beidem zu unterscheiden. Die Stufe, auf der ich gestanden hatte, gab nach, und ich landete zusammen mit dem Schutt und den zerbrochenen Holzstreben, die herausgeschleudert worden waren, auf dem Boden. Ich spürte die Wucht des Aufpralls in allen Knochen. Ich hörte es in mir drinnen krachen.

PEACHES

Es gab keinen ersichtlichen Grund, warum wir die eine Richtung auswählten und nicht die andere. Die Entscheidungen, die wir in dem Moment trafen, waren nicht das Ergebnis eines Denkprozesses. Sie waren komplett willkürlich. Das Einzige, was zählte, war, dass wir liefen. Liefen, solange wir es noch konnten.

JOE

Ich glaube, nachdem wir Ellie verloren hatten, wussten wir es. Ich glaube, wir haben alle drei nur noch darauf gewartet. Dass wir an der Reihe sind.

PEACHES

Er wartete am Ende des Flurs auf uns.

JOE

Er hatte einen Arm erhoben und zielte mit einer Pistole auf uns. Es war eine Handfeuerwaffe, keins der Jagdgewehre, mit denen ich sie draußen gesehen hatte.

PEACHES

Man glaubt, dass solche Dinge in Zeitlupe passieren.

JOE

In Filmen sieht man das immer in Zeitlupe.

PEACHES

Aber in Filmen sehen Tote auch immer so aus, als würden sie schlafen, und Leute, die eine Kugel abbekommen haben, taumeln zu Boden und sind sofort tot.

JOE

Es ging schneller, als ich es mir je hätte vorstellen können. Ich sah nicht mal, wie er seinen Finger zum Abzug bewegte. Und hörte auch den Knall erst danach.

PEACHES

Aber wenn du eine Kugel abbekommen hast, läuft deine Erinnerung wie in Zeitlupe, weil der Moment, in dem es passiert, so schnell vorbei ist, dass dein Hirn es nachher noch mal durchspielen muss, um zu rekonstruieren, was da gerade passiert ist.

Ich bewegte mich. Er schoss auf mich.

Oder: Er schoss. Und ich bewegte mich.

JOE

Die Kugel war für Mai bestimmt. Ich hab keine Ahnung, wie Peaches so schnell sein konnte.

PEACHES

Ich hatte dreimal Glück gehabt. Ich hatte gesehen, wie Mai sich zuerst bewegte. Er hob den Arm; er war der Einzige von uns mit etwas, das ansatzweise nach einer Waffe aussah, und irgendwie wusste ich, dass der erste Schuss für ihn bestimmt sein würde. Das durfte ich nicht zulassen.

Ich hatte dreimal Glück gehabt. Aber aller guten Dinge sind wohl doch vier.

JOE

Er schoss noch mal. Nach dem ersten Schuss hatte er kaum gezuckt und schickte dann eine Luftkugel hinterher. Entweder klemmte die Waffe oder sie war leer. Ich wusste es nicht, und es war mir auch egal, ich bekam nicht mal richtig mit, dass er sich umdrehte und wegrannte.

Sie stand immer noch einfach da.

PEACHES

Und ich dachte … *Wow, es stimmt wirklich, dass man nicht sofort umfällt, wenn man angeschossen wird.*

Und ich dachte: *Ich bin angeschossen worden. Ich bin angeschossen worden.* Und schaute nach unten.

Joe und Mai fingen mich auf, als ich umfiel.

JOE

Mai weinte. Ganz plötzlich, so als hätte jemand einen Schalter in ihm umgelegt. Er weinte wegen ihr. Er schaute mich an und fragte: »Was machen wir jetzt?«, während ich immer wieder sagte: »Bitte, bitte.«

PEACHES

Ich hörte Worte, jemand bettelte mich an.

Es gab eine Welt um mich herum, aber ich versank in meinem eigenen Kopf, meiner eigenen Welt. Mein Kopf arbeitete noch, was ich als gutes Zeichen deutete. Ich dachte daran, dass ich sechzehn Jahre alt war. Und dass sechzehn Jahre *gar nichts* sind. Es fühlte sich nicht alt genug an, um zu sterben. Darauf war ich nicht vorbereitet.

JOE

Sie bewegte ihre Hände langsam über ihre Rippen, wo das Blut zu strömen begann.

PEACHES

Und ich dachte: *Die Glasscherbe ist dann ja wohl jetzt egal.*

VIOLET

Ich kroch über den Dreck und den Schutt hinweg, bis ich sie fand. Alles war hart und scharf, und in mir drin fühlte sich auch alles hart und scharf an. Ich fand sie durch Herumtasten. Der herumwirbelnde Staub setzte sich langsam so weit ab, dass ich erkennen konnte, dass meine rechte Hand auf ihrer Hüfte gelandet war. Und meine linke Hand auf ihrem Bein. Und dass Beine nicht so verdreht sein sollten.

Ich bewegte meine Hand zu der Stelle, wo ihr Arm über ihrer Brust lag. Ihre Haut war noch immer so warm, aber vielleicht war meine auch kalt. Die Pailletten ihres Kleides klebten wie Meerjungfrauenschuppen an ihr, und irgendwie funkelten sie immer noch ein bisschen. Ich versuchte, sie nicht da zu berühren, wo ihre Kleider mit ihrer Haut verschmolzen waren, und fand schließlich ihre Schulter. Ich legte mich ausgestreckt neben sie, wie ein Spiegelbild. Ihr Gesicht leuchtete in dem dämmrigen Licht. Die Brandwunde in ihrer Wange war so tief, dass weißer Knochen hindurchschimmerte, und an anderen Stellen glänzte ihre Haut, als wäre sie nass. Ich wollte ihr Gesicht in meine Hände nehmen und meinen Mund auf ihre Wange drücken.

»Du bist so schön.« Mir traten Tränen in die Augen. Und ich sagte ihr immer wieder: »Du bist so schön.«

JOE

Wir hatten Peaches zwischen uns hochgehoben, als wir erneut Schüsse hörten. Sie waren nicht weit von uns entfernt, aber der Flur war leer und meine Beine waren zu schwer, ich konnte nicht mehr weiterlaufen. Wir trugen Peaches einfach in eines der Schlafzimmer auf diesem Flur und schlossen die Tür. Drinnen herrschte totales Chaos, alles war durcheinander. Wir waren nicht die Ersten, die sich für den Raum entschieden hatten. In der Wand waren lauter Einschusslöcher, die wie Pockennarben aussahen.

Mai zog die Decke vom Bett und breitete sie auf dem Fußboden aus, möglichst weit entfernt von der Tür. Ich legte Peaches dort ab, während er ein Kissen holte und es ihr unter den Kopf schob.

Die Schüsse klangen wie Trommelschläge. Ich lauschte auf die leise Stimme in meinem Kopf, die mir erst befohlen hatte, zu überleben, einfach irgendwie zu überleben, und mir dann eingeflüstert hatte, dass ich doch eigentlich auch aufgeben könnte. Sie war nicht mehr da. Stattdessen hörte ich ihre Stimme, die mir sagte, dass ich nicht so ein verdammter Idiot sein sollte. Dass ich die Zeit, die mir noch blieb, nicht verschwenden sollte. Egal, wie viel es noch war.

Mai bewegte sich zur Tür. Die Trommelschläge kamen

jetzt aus der Nähe, ließen sich nicht mehr verdrängen. Und dann hörten sie auf.

Aber ich konnte ihre Schritte noch hören. Sie näherten sich uns. Dann waren sie direkt vor der Tür.

Mai stand Wache, stellte sich dem ganz allein.

Ich strich Peaches' Haare zurück. Wenn dir nur noch Sekunden bleiben, was machst du dann, damit sie nicht verschwendet sind?

Mir blieben nur noch Sekunden. Ich begann mich zu bewegen, aber schon einen halben Atemzug später wurde die Tür aufgestoßen. »Mai, nein –«

EINUNDDREISSIG

AUSSAGE VON MAJID (MAI) EL KAISSI, 16

Als kleines Kind schlief ich schlecht. Jede Nacht hatte ich einen neuen Albtraum. Ich weiß nicht, warum. Ich war erst vier oder fünf, und Fünfjährige sollten diese Art von Problemen gar nicht haben. Ich muss damals im Schlaf geweint haben, weil ich mich erinnere, dass ich häufig von meiner Mutter aus dem Bett geholt worden bin. Sie hat mich durch die Wand gehört und kam, um mich zu wecken und in die Arme zu schließen. So hatte ich am nächsten Abend weniger Angst vor dem Schlafengehen.

Diese Nacht letzten Oktober fühlte sich in manchen Augenblicken an, als würde sie nie enden, und in anderen, als wäre sie jeden Moment vorbei. So oder so war ich mir die ganze Zeit sicher, dass es aus diesem Albtraum kein Erwachen geben würde.

Spätestens als die Tür aufgestoßen wurde, erwartete ich, dass das Ende gekommen war. Sofern man den Tod so bezeichnen kann, war ich mir sicher, dass dieser Moment mein Ende sein würde. Also stand ich mit dem Tischbein in den Händen da, bereit, zuzuschlagen, wenn irgendetwas in Reichweite kam. Das Gewicht des polierten Holzes sollte eigentlich beruhigend sein, aber für mich war es nichts als eine Möglichkeit, meine Hände zu beschäftigen.

Ich erwartete nicht wirklich, dass es zu einem Kampf

kommen würde. Dafür bin ich einfach zu gut darin, Chancen abzuschätzen. Ich wusste, dass ich sehr schlechte Karten hatte, und betete im Stillen. Flüsterte Allahu Akbar vor mich hin. Und weinte, wie damals als Kind, nur leise. Mir war klar, dass, auch wenn ich laut schreien würde, niemand kommen würde, um mich aus meinen Ängsten zu reißen und in Sicherheit zu bringen. Ich hätte im Leben nicht damit gerechnet, mit einer Umarmung aus diesem Albtraum geweckt zu werden.

Doch es war so.

Die Tür öffnete sich, und ich hörte, wie Joe meinen Namen rief und zu mir hergerannt kam. Ich streckte die Arme aus, um ihn zurückzuhalten, hinter mir, und schloss die Augen. *Bitte.*

Ich weiß nicht, ob ich *bitte rettet mich* oder *bitte tötet mich* meinte, als ich da stand und nicht wusste, wer durch diese Tür kommen würde. Nur, *bitte lasst diesen Albtraum zu Ende gehen.*

Und irgendwie endete er.

Ich erwachte davon, dass Männer, die ich nicht sehen konnte, *RUNTER AUF DIE KNIE! RUNTER AUF DIE KNIE!* schrien. Und davon, dass ich ihren Befehl nicht befolgen konnte, weil Joe Mead seine Arme um mich geschlungen hatte und mich festhielt. Er hatte meinen Kopf an seine Schulter gedrückt, schützend seine Hand darum gelegt und seinen Kopf an meinen gelehnt.

Mama wiegte mich immer in ihren Armen und beruhigte mich mit Schlafliedern.

Wir wiegten uns auch und klammerten uns zitternd aneinander, als würden wir auf sturmgepeitschter See den Mast eines Schiffes umklammern.

Der Raum um uns herum füllte sich. Nicht der Tod hatte vor der Tür gewartet, sondern fünf oder sechs Männer, bewaffnete Polizisten, die immer noch schrien. Sie bewegten sich um uns herum, stürmten nach vorn zum Fenster und rüber zu dem Bett, neben das wir Peaches gelegt hatten.

SICHER.

Ich erinnere mich nur verschwommen daran, so wie man sich an bestimmte Träume noch Jahre später vage erinnert. Ich spürte Hände auf meiner Schulter, auf meinen Armen; sie versuchten, Joe und mich zu trennen, aber keiner von uns konnte den anderen loslassen.

Ich glaube, nicht mal er selbst weiß, warum er das getan hat. Warum das das Letzte war, wozu er sich entschlossen hat. Genau wie ich nicht wirklich wusste, warum ich noch immer dieses Tischbein in der Hand hielt und ihn bis zur letzten Sekunde zu beschützen versuchte.

Der Albtraum endete damit, dass jemand mit der Hand über meine bebenden Schultern strich und dasselbe sagte wie Mama früher immer: »Alles gut. Jetzt ist alles gut.«

Aber das war nur das Aufwachen. Davon wurde der Albtraum nicht zu etwas, das nicht real war. Diese Oktobernacht war der längste Albtraum, den ich je hatte. Und er dauert für mich an, auch hier und heute, wo wir alles noch einmal durchgehen, um zu sehen, was man daraus lernen kann.

Einer der Officer blieb bei uns, während die anderen weiterzogen, um den Flur zu sichern. Joe atmete mehrmals tief durch als Ausgleich für all die angehaltene Luft vorher, dann ließ er mich los, um Hilfe für Peaches zu erflehen. Der Officer kniete sich neben sie und betrachtete ihren übel zugerichteten Oberkörper, und ich bin sicher, dass er das Richtige gesagt hat, aber ich hörte es nicht, weil ich auf seinen Gesichtsausdruck konzentriert war. Und das völlige Fehlen von Hoffnung darin.

Joe wollte bei ihr bleiben. Und ich wäre auch geblieben, aber wir durften nicht. Und wir hatten nicht mehr die Energie, um uns gegen jemanden zu wehren, der nicht aktiv versuchte, uns zu töten. Alle, die noch selbstständig gehen konnten, mussten das Gelände verlassen.

Violet wurde dasselbe gesagt. Sie erzählte nachher, die Polizisten hätten sie von Ellie wegtragen müssen, weil gehen können und es fertigbringen, *weg*zugehen, sehr verschiedene Dinge sind.

Wir wurden zu einer Gruppe von lauter Menschen mit aschfahlen Gesichtern gebracht und anschließend zur Brücke geführt. Als wir die Wiese überquerten, wurden wir dazu angehalten, nicht nach rechts und links zu schauen, und als wir über die Brücke gingen, sollten wir nicht nach unten schauen. »Die haben ja keine Ahnung, was wir schon alles gesehen haben«, sagte Joe und hielt den Blick nach vorn gerichtet.

Ich schaute nur auf meine Füße.

Als wir an der Straße ankamen, gingen die Lichter im Hearne House wieder an.

Da waren Leute, die uns silberne Rettungsdecken über die Schultern legten, und Busse, die darauf warteten, die Unverletzten unter uns zum Rathaus zu bringen. Joe war verletzt, und zwar schlimmer, als ihm klar gewesen war. Er hatte Glas im Bein, das bis zu den Knochen gewandert war, und da meine Eltern im Krankenhaus arbeiteten, wurden wir beide in die Reihe für einen anderen Bus geschoben. Den für die Verletzten, die noch selber gehen konnten.

Die Toten ließen sie da liegen, wo sie hingefallen waren. Die Nacht war sternenklar, es gab nicht die kleinste Wolke, die auf Regen hindeutete, also wurde bis zum nächsten Morgen niemand bewegt. Die Leichen wurden mit Tüchern abgedeckt. Und alle einzeln fotografiert: einmal von Weitem und dann noch mal aus der Nähe, damit man genau sah, von wo der Schuss gekommen war, der ihr Leben beendet hatte. Es gibt einen Ordner mit diesen Fotos. Ein Familienalbum der Apokalypse.

Ich hab mir angehört, als die Forensiker davon berichteten, wie sie den Tatort untersucht haben. Eine Frau weinte: so viele Teenager. Für sie waren es noch Kinder. Sie hatte selbst eine Tochter, und hätte es nicht genauso gut ihre Tochter treffen können?

Sie meinte, sie wären sanft mit denen umgegangen, für die jede Hilfe zu spät kam. Sie hätten ihnen die Augen zugedrückt und übers Haar gestrichen, sie aber nicht bewegt.

Eltern, Kinder, Schwestern, Brüder, Freunde. Viele Familienangehörige warteten auf der Straße hinter der Brücke die ganze Nacht auf sie und dann noch bis in den nächsten Tag hinein, als die Leichen endlich von der Wiese gebracht wurden.

Wenn ich es hätte entscheiden können, hätte ich mit ihnen gewartet.

In dem Bus, zu dem Joe und ich geführt worden waren, herrschte während der Fahrt Schweigen. Ein-, zweimal hat jemand gestöhnt oder aufgeschrien, und ich hab jemanden schluchzen hören. Sanitäter kümmerten sich um die Leute und sprachen leise mit ihnen. Aber ich erinnere mich vor allem an die Stille. Es war die Art von Stille, die sich lauter anfühlt als der Lärm davor.

Ich hätte lieber geredet. Das Echo der Schüsse in meinem Kopf wäre vielleicht leiser gewesen, wenn ich dagegen hätte anreden können. Aber Joe starrte während der Fahrt die meiste Zeit aus dem Fenster, und als wir am Krankenhaus ankamen, stand er gleich auf und drückte seine Hände gegen die Scheibe.

Vor dem Bus wartete eine Menschenmenge, ein Mann ganz vorn stach heraus. Er war groß und an den Unterarmen und am Hals tätowiert, aber das war nicht der Grund, warum er auffiel. Er weinte, wie ich noch nicht viele Männer habe weinen sehen. Und ich habe inzwischen schon so viele Männer weinen sehen. Als er Joes Gesicht entdeckte, rief er laut seinen Namen und weinte noch mehr.

Joe schaute ihn an, als fiele es ihm schwer, ihn zu erkennen.

Das hätte nicht so sein sollen. Sie hatten die gleichen Augen.

Die Frau auf dem Sitz vor mir stand auf, um aus dem Bus zu steigen, setzte sich aber sofort wieder hin, weil ihr die Beine wegknickten. Ich glaube, sie war eine Lehrerin, aber keine, die ich kannte. »Kann ich helfen?« Ich ließ Joe zurück und ging mit ihr zum Eingang des Krankenhauses, wobei ich mich klein machte, damit sie sich an meiner Schulter festhalten konnte.

Dann ging ich zurück zum Bus. Joe war weg, aber andere versuchten auszusteigen, einige drängelten, andere warteten ängstlich, weil sie noch nicht glauben konnten, dass sie in Sicherheit waren. Es gab so viele, die Unterstützung brauchten. Ich ging mehrmals zwischen Eingang und Bus hin und her und half Leuten, die nicht alleine gehen konnten oder Angst hatten, alleine zu gehen. Dann war der Bus leer.

Er wendete, um mehr Leute zu holen. Und so ging es die ganze Nacht weiter.

Diese Nacht geht für so viele von uns immer noch weiter.

Violets kleiner Bruder Ade war bei der Rettungsaktion

früh gefunden worden, lebend. Und er überlebte auch die Operationen, die nötig waren, um die Kugeln aus seiner Schulter und seinem Bein zu entfernen. Ich hab ihm ein paar Comics gebracht, um ihm durch die Zeit auf der Kinderstation zu helfen. Keine Superhelden-Comics. Eine Geschichte, in der gewöhnliche Menschen die Welt retten.

Violets Mutter wurde erst einen Tag später vom Gelände gebracht. Sie war bei Ade zwischen den Bäumen gefunden worden; sie lag über ihm, hatte ihn mit ihrem Körper geschützt und beschirmt.

Violets Vater kam in Kurzzeitpflege, nachdem er seine Frau verloren hatte. Violet teilte sich ihre Zeit ein, war mal bei ihm und mal bei Ade und mal ein Stockwerk höher in der Station, die an das Zentrum für Verbrennungsopfer angegliedert ist. Dort versuchten die Ärzte so viel von Ellies Haut zu retten wie möglich.

Ellies Eltern waren Tag und Nacht dort. Auch nachdem die ersten Transplantationen durchgeführt worden waren und sie aus dem Koma geholt wurde, in das sie sie versetzt hatten, weil die Schmerzen sonst unerträglich gewesen wären.

Und Joe wartete auf Peaches. Am Bett in ihrem Zimmer, wo in Endlosschleife die Lieblingssendungen ihrer Mum im Fernsehen liefen.

Einige Leute sind immer noch im Krankenhaus, und noch mehr gehen immer noch regelmäßig dorthin. Und noch viel mehr wurden zu Therapeuten geschickt. Ich hätte nie gedacht, dass Amberside überhaupt so viele Therapeuten hat, wie jetzt gebraucht werden. Es gibt auch Selbsthilfegruppen. Nicht alle gehen hin.

Dann gibt es noch die, die darauf warten, dass die Nacht beginnt und sie die Augen schließen und in der Erinnerung all die kleinen Details noch klarer sehen als in der Nacht des Anschlags selbst. Die Dinge, denen sie entronnen sind, verfolgen sie jetzt.

Und es gibt die Menschen, die immer noch auf ihre Liebsten warten, obwohl ihnen gesagt wurde, dass niemand mehr kommt.

Dreiundachtzig Menschen starben auf dem Hearne-House-Gelände. Sieben weitere in den Tagen nach dem Anschlag. Dutzende weitere wurden verletzt, viele davon schwer. Es gibt eine Menge Leute, die noch immer warten.

Als der Bus in jener Nacht vom Parkplatz abbog und zurück zu dem Haus auf dem Hügel fuhr, wartete auch ich immer noch. Ich stand draußen vor dem Eingang des Krankenhauses und schaute hinein.

Dort hat meine Mutter mich gefunden.

Ich hatte gedacht, sie und mein Baba hätten zu viel zu tun bei der Arbeit. Aber natürlich war es nicht so. Auch sie warteten.

Mama stürmte durch die Tür, so als ob sie mich im Nebenzimmer weinen gehört hätte, und zog mich in ihre Arme, so wie früher, als sie meine Albträume beendet hatte. Dann legte sie die Hände auf meine Schultern und schaute mich an.

Und ich sagte ihr, dass es meiner Schwester Imani gut gehe. Es ging ihr gut. Sie hatte gelächelt, als ich ihr Gesicht küsste, bevor ich sie dort, wo sie lag, zurücklassen musste, um mich unter der Bühne zu verstecken. Sie würden sie noch nicht nach Hause lassen. Nicht in jener Nacht. Wir würden einfach warten müssen.

Und ich drückte eine Hand auf das Einschussloch in meinem Hemd.

....

ZWEIUNDDREISSIG

PEACHES

Ich bin gestorben. Ich bin sogar dreimal gestorben. Ich glaube, irgendwas da draußen hat einen ziemlich schrägen Sinn für Humor. Oder glaubt vielleicht auch nur daran, dass man seine Schuld begleichen muss.

Das erste Mal blieb mein Herz auf dem Weg zum Krankenhaus stehen und dann noch zweimal während der OP; ein ganzes Team von Ärzten hat sechs Stunden lang Kugelsplitter aus meinen Eingeweiden rausgepickt und mich dann so vollständig und funktionstüchtig wie möglich wieder zugenäht. Aber davon habe ich natürlich nichts mitbekommen. In den ersten Tagen kam ich immer nur ganz kurz zu mir. Das Einzige, woran ich mich dabei noch erinnern kann, ist, dass ich jedes Mal zu erschöpft war, um irgendwas anderes zu tun, als gleich wieder einzuschlafen. In meinen Träumen hat sich das Piepen meines Sauerstoffmonitors in die Titelmusiken aller Lieblingssendungen von Mum eingewoben.

In den Wochen, die ich im Krankenhaus verbrachte, war sie jeden einzelnen Tag bei mir. Dabei lief zwar die ganze Zeit der Fernseher, aber als ich endlich lang genug wach blieb, um zu ihr hinschauen zu können, lag ihr Blick nicht auf dem Bildschirm, sondern auf mir.

JOE

Dad wollte nichts anderes, als dass ich wieder nach Hause kam. Ich wusste gar nicht, dass er so zu mir sein konnte. So liebenswürdig und sanft. So wie er früher, als sie noch klein waren, zu meinen Schwestern war, wenn sich eine von ihnen wehgetan hatte. Dann hat er sie behandelt, als wären sie aus Glas. Zu mir hat er immer nur gesagt, dass ich mich zusammenreißen und meinen Mann stehen soll. Als die beiden zusammen mit Mum auszogen, war es ganz vorbei mit seiner Freundlichkeit. Ab da war er einfach nur noch der Ex-Boxer, der alle Kämpfe, auf die es wirklich ankam, verloren hatte. Er glaubte nicht mehr, dass es noch irgendwas gab, wofür es sich zu kämpfen lohnte.

In dieser Nacht hat er mir so oft gesagt, dass er mich liebt, als wollte er versuchen, siebzehn Jahre wiedergutzumachen. Und er hat mich behandelt, als wäre ich aus Glas. Die kostbare Sorte, nicht die blöden Splitter, die ich in meinem Knie zu Puder zermahlen hatte. Es hat ewig gedauert, bis ich zu einem Arzt kam. Und der sagte mir dann, der Chirurg hätte erst am nächsten Tag wieder Zeit – alle OP-Säle waren zwanzigfach überbucht mit Fällen, bei denen es um Leben und Tod ging. Das hab ich zwar verstanden, aber ich bin trotzdem in Tränen ausgebrochen. Vor *Dad*.

Und es war in Ordnung.

An dem Abend hab ich ihm auch gesagt, dass ich wieder mit dem Laufen anfangen wollte, wenn es noch ging. Wenn ich gut genug war und meine Knie nicht völlig hin waren. Ich erzählte ihm, dass ich was Großes schaffen will und davon träume, Rekorde zu brechen.

Und es war in Ordnung.

»So war ich auch mal«, sagte er. »Aber du wirst es besser machen.«

Danach schlief ich an seiner Seite im Wartezimmer ein. Immer wenn ich aufwachte, schleppte ich mich zu dem Schalter, um mich nach Peaches zu erkundigen, und jedes Mal sagten sie mir, sie dürften keine Informationen rausgeben, wenn man nicht zur Familie gehört.

Einmal, nach einem Schichtwechsel am Empfang, dachte ich, ich hätte die neue Frau am Empfang zucken sehen, als sie den Namen hörte. So als würde sie ihn wiedererkennen. Ich versuchte es noch mal: »Peaches. Peaches Britten?« Aber sie schüttelte den Kopf.

Danach bekam ich kein Auge mehr zu.

PEACHES

Worüber ich kaum geredet hab, ist die viele Zeit, die Joe neben Mum an meinem Bett verbracht hat. *Tage* waren das. Tage mit nur den beiden und den Soaps, und Joes Dad schaute wohl alle paar Stunden vorbei mit Nachschub aus dem Express-Supermarkt gegenüber. Tage, in denen ich vollkommen weggetreten war und geträumt und wahrscheinlich mein Kissen vollgesabbert hab, aber wenigstens nicht gestorben bin.

Dreimal hat gereicht. Ich weiß nicht, ob ich meine Unsterblichkeitstheorie angesichts dieser schrägen Ironie noch mal überdenken sollte: Ich hab genauso oft überlebt, wie ich gestorben bin. Heißt das, ich hab mein Glück aufgebraucht, oder bestätigt es einfach nur, dass ich unzerstörbar bin?

Erst vor Kurzem ist mir aufgefallen, wie unbesiegbar ich mich immer gefühlt habe, bevor das alles passiert ist. Dabei hatte ich gar keinen Grund dazu. Aber wahrscheinlich schaffen wir es nur so durchs Leben, ohne nervliche Wracks zu werden. Indem wir glauben, uns könnte so was nie passieren. Die Dinge, die anderen passieren, fühlen sich nie richtig real an. Du bist immer in Sicherheit, bis du es plötzlich nicht mehr bist.

JOE

Ich bin praktisch in Peaches' Krankenzimmer eingezogen. Ihrer Mum, Tilda, schien das egal zu sein, solange ich nicht dazwischenquatschte, wenn irgendwas Wichtiges im Fernsehen lief.

Dass sie während der OP gestorben war, erzählten sie mir, ungefähr drei Sekunden bevor sie nachschoben, sie hätten sie aber zurückholen können. Danach dachte ich, wenn ich die ganze Zeit bei ihr bleibe, brauche ich nie wieder solche drei Sekunden zu durchleben.

Für mich war es einfacher, in ihrem Zimmer zu bleiben. Dad wusste, wo ich war, und Mum und meine Schwestern kamen kurz hoch, als sie eintrafen. Sonst ist kaum jemand auf die Idee gekommen, mich dort zu suchen. Mum erzählte mir, Sams Eltern wären bei uns zu Hause gewesen. Aber das blendete ich irgendwie aus.

Am ersten Tag danach, während Peaches noch auf der Intensivstation lag und bevor sie in ihr eigenes Zimmer gebracht wurde, waren wir auf allen TV-Kanälen das einzige Thema.

Aber nur einen Tag lang.

An diesem ersten Tag zeigten sie unscharfe Videos, die sie von Twitter und Snapchat hatten – schwarze Vierecke, auf denen man nur zitternde Lichter in der Ferne sah und nichts als Schüsse und Schreie hörte. Und Fotos aus den sozialen Netzwerken blendeten sie neben immer weiterwachsenden Listen mit Namen ein.

Am nächsten Tag ging irgendein Reiseveranstalter pleite, wodurch Hunderte Leute in Magaluf festhingen. Und auf einer Schnellstraße außerhalb von London war ein Doppeldeckerbus in ein riesiges Loch gefallen, das sich da plötzlich aufgetan hatte.

Erst am Ende der Nachrichten wurden noch ein paar Storys angehängt, und da ging es dann wieder um die Listen, Fotos und Videos. Ich hab das jedes Mal stumm stellen müssen, aber es war irgendwie auch erleichternd, dass das Leben draußen weiterging.

Wir und Hearne House und alles, was da passiert war, waren nur ein kleiner Ausschnitt davon. Die Welt drehte sich weiter.

Am vierten Tag wachte Peaches auf.

PEACHES

Als ich aufwachte, dachte ich, auf meinem Brustkorb steht ein Schwerlasttransporter. Nur um als Nächstes festzustellen, dass der bestaussehende Junge der Schule meine Mutter jetzt besser kennt als mich. Und ich weiß immer noch nicht, was sich krasser anfühlte.

Im Kuddelmuddel meiner Erinnerung war es noch gar nicht so lange her, dass ich mir Sorgen gemacht hatte, weil Joe Mead meine nackten Arme sah. Als ich jetzt in meiner neuen Realität ankam, musste ich feststellen, dass er inzwischen auch noch mitbekommen hatte, wie eine Thoraxdrainage unschöne Dinge aus meiner kollabierten Lunge abgesaugt hatte. Und dass meine Verbände die Narben von der Öffnung meiner Brusthöhle verbargen, die meinen Oberkörper wie eine schludrig genähte Patchworkdecke aussehen ließen. Von der wahrscheinlichen Selbst-Besabberung im Schlaf ganz zu schweigen.

Und trotzdem sah er einfach nur wahnsinnig erleichtert aus, als ich aufwachte. Ich hab noch nie erlebt, dass sich jemand so gefreut hat, mich zu sehen.

JOE

Ich bin für eine Weile rausgegangen. Was mir schwerfiel, aber ich dachte mir, dass sie als Erstes ein bisschen Zeit mit ihrer Mum braucht. Sie war immer mal wieder für ein paar Minuten aufgewacht, aber nur halb, und wenn das jetzt auch so war, konnte ich diese Minuten nicht für mich beanspruchen.

Außerdem ist die Mum von Peaches nett. Man hat zwar den Eindruck, dass sie nicht ganz von dieser Welt ist, beziehungsweise eher in der Welt ihrer amerikanischen Soaps lebt, in denen böse Zwillinge Babys stehlen. Aber sie ist da. Wenn ich mal länger blieb als geplant und dann auf dem Stuhl neben Peaches aufwachte, habe ich sie manchmal weinen sehen. Aber man hat nie einen Ton davon gehört.

Meine Mum kam auch ein paarmal rein. In diesen wenigen Wochen hab ich sie wahrscheinlich häufiger gesehen als im ganzen letzten Jahr. Sie redet davon, dass sie wieder hier in die Nähe ziehen will. Würde mir gefallen.

Als ich schließlich wieder ins Zimmer ging, war Peaches immer noch wach. Sie betrachtete verwirrt die vielen Leute, die die Geräte und Messwerte um sie herum checkten und neue Beutel mit Schmerzmitteln an den Tropf hängten. »Ich schwöre ja grundsätzlich auf Arnika«, sagte Tilda zu ihnen. Als sie zur Tür ging, zauste sie mir mit der Hand durchs Haar. »Ich geh nur mal schnell zum Automaten.«

Peaches' Puls und Sauerstoffsättigung wurden überprüft und Gott weiß was noch alles, bevor sie uns allein ließen. Man braucht eine Menge Maschinen, um einen einzelnen Menschen zu versorgen. Als die letzte Krankenschwester draußen war, setzte ich mich auf die Bettkante.

»Du hast dir ganz schön Zeit gelassen.«

PEACHES

Ich atmete halb so tief ein, wie ich es gern gekonnt hätte. Ich fühlte mich immer noch, als wäre ich gerade ohne Training einen Marathon gelaufen, aber wenn ich ihn anschaute, war es nicht so schwer, die Augen offen zu halten. Es war komisch, ihn in diesem hellen weißen Licht zu sehen. Ich war eher daran gewöhnt, wie sein Gesicht im Dunkeln und mit Dreck verkrustet aussah.

»Besser spät als nie«, sagte ich, und meine Stimme klang, als hätte ich meine Zunge durch Kies gezogen. »Du siehst …«

Er sah sauber aus.

Er sah blass aus.

Er sah aus, als hätte er seit Monaten nicht geschlafen.

Das Weiße in seinen Augen glänzte genauso wässrig, wie es bei Mum gewesen war, und ich wusste, dass sie nur rausgegangen war, um zu weinen.

Er sah nicht gut aus.

Außer auf die Art, wie er immer gut aussah. Was mir immer noch auf die Nerven ging.

»… lebendig aus.«

Er lachte und sah einen Moment lang noch müder aus. »Ja. Damit bin ich aber nicht allein. Gott sei Dank. Gott sei Dank bin ich damit nicht allein.«

JOE

Sie schaffte es, fast eine Stunde wach zu bleiben. Weil ihr das Sprechen schwerzufallen schien, verbrachten wir die zweite Hälfte mit ihrer Mum vor dem Fernseher und sahen zu, wie irgendwelche Leute versuchten, alten Plunder von ihrem Dachboden zu verkaufen.

Dad brachte Sandwiches von Tesco vorbei. Ich hatte ihm geschrieben, dass Peaches aufgewacht war, und er linste erwartungsvoll zum Bett rüber. »Stellst du mich dann mal vor?«

Ich wusste, dass er sich fragte, wer dieses bleiche, verkabelte, nicht-ganz-sterbende Mädchen war, dem ich nicht von der Seite wich. Ich hatte sie noch nie zuvor erwähnt. Ich hatte sie nicht mal gekannt.

Ich wandte mich dem Bett zu und fragte mich, was Peaches wohl von Dad und den Tattoos, die sich wie Spinnweben über seine Haut ausbreiteten, halten würde. Aber sie war schon wieder eingeschlafen, und die Maschinen neben ihr piepten langsam und gleichmäßig.

In den nächsten Tagen blieb sie immer öfter länger wach. Mum schaffte es, mich zu überzeugen, für eine Weile nach Hause zu gehen, während Tilda bei ihr saß. Ab da wechselte ich meine Kleider wieder häufiger und ging manchmal außerhalb des Krankenhauses was essen. Aber zu Hause bleiben wollte ich nicht. Auf meinem Handy sammelte sich eine lange Liste von verpassten Anrufen und unbeantworteten

Nachrichten an. Leute aus der Schule oder Verwandte, die ich seit hundert Jahren nicht gesehen hatte, versuchten mich zu erreichen. Und Journalisten, die meinen Namen im Internet recherchiert hatten und irgendwie an meine Nummer gekommen waren.

Sams Schwester. Dougs Eltern. Sie riefen auch an. Aber ich konnte da noch nicht rangehen, und ich hatte Angst, dass sie vor der Tür auf mich warten würden, wenn ich zu lange zu Hause blieb.

Das Krankenhaus fühlte sich inzwischen beruhigender an als jeder andere Ort. Als wäre es innerhalb dieser hellweiß gestrichenen Wände sicherer als außerhalb davon.

Ich hatte Nachuntersuchungen wegen meines Knies. Es würde eine Weile dauern, aber es sah nicht so aus, als wäre ein bleibender Schaden entstanden. Als ich Dad anrief, um es ihm zu erzählen, jubelte er durchs Telefon.

Manchmal lief ich Violet im Flur über den Weg oder traf sie, wenn sie sich nachts zu absurden Zeiten Kaffee am Automaten zog. Sie hatte Peaches besucht, nachdem sie aufgewacht war, und ich hatte schon ein paarmal bei ihrem Bruder vorbeigeschaut. Ellie besuchte ich nicht. Violet sagte, sie würde zwar nicht mehr in Lebensgefahr schweben, aber je länger es dauerte, bis sie aufwachte, desto unsicherer war, in welchem Zustand sie sein würde, wenn sie es denn irgendwann tat.

Weder sie noch ich wollten das Krankenhaus verlassen.

»Ich hab das Gefühl, wenn ich mal drei Sekunden nicht hinschaue, dann könnte –«

»Das kenn ich.« Sie lächelte. Ich weiß immer noch nicht, wie es ihr gelungen ist, sich dieses Lächeln zu bewahren.

Manchmal nahmen wir uns bei den Automaten einfach

für eine Weile in den Arm, und der Kaffee in den Plastikbechern schmeckte noch ekliger, wenn er in unseren Händen abgekühlt war. Dann ging sie wieder zu ihrem Bruder oder zu Ellie oder rief ihren Vater an. Und ich kehrte zu Peaches zurück.

PEACHES

Er kam manchmal mitten in der Nacht reingeschlichen und versuchte, mich nicht zu wecken. Das Ding ist, wenn man den ganzen Tag nichts anderes zu tun hat, als zu schlafen, fängt man irgendwann an, zu den seltsamsten Zeiten wach zu bleiben. Wenn du so lange im Krankenhaus bist, wie ich es war, spaltest du dich gewissermaßen von der Person ab, die da im Bett liegt. Dein Körper ist das Ding, nach dem die Krankenpfleger und Schwestern alle paar Stunden sehen, das sie anstupsen und dem sie Sachen an den Finger klemmen, um irgendwas zu checken, und über das sie dich bitten, Bewertungen auf einer Skala von eins bis zehn abzugeben. Der Rest von dir ist getrennt davon, in der Schwebe. Ich hab viel Zeit damit verbracht, halb schlafend, halb wachend über meinem Körper in diesem Bett zu schweben, bei Bewusstsein, aber irgendwie nicht wirklich ein Teil davon.

Und dann kam Joe rein, und ich kehrte zurück. War wieder ein Mensch und nicht einfach nur Teil des allgemeinen Bewusstseins der Welt. Man könnte sagen, dass er mich darin festgehalten hat. Wie eine Art Anker.

Jedenfalls schlich er ganz langsam rein und versuchte, superleise zu sein, aber meistens war ich ohnehin wach.

»Du brauchst nicht auf Zehenspitzen zu gehen.«

Das sagte ich nur, um zu sehen, wie er vor Schreck zusammenzuckte und blinzelnd bemerkte, dass ich ihn anschaute.

»Sorry.«

»Hast du kein Zuhause?«, fragte ich.

Selbst Mum war dazu übergegangen, nachts in ihrem eigenen Bett zu schlafen. Eigentlich waren die Besucherregelungen auch viel strenger, aber wir waren die Überlebenden von Hearne House, und die Leute verhielten sich uns gegenüber ebenso rücksichtsvoll wie Joe, wenn er glaubte, ich würde schlafen.

»Ja, schon, aber hier ist das Essen besser.« Er ließ zwei Mars-Riegel auf meinen Nachttisch fallen und setzte sich auf den Rand des Bettes. Er sah immer noch völlig fertig aus. Ich überlegte, ob ich ihm einen Tausch anbieten sollte. Ich hätte zu gern mal wieder auf einem Stuhl gesessen.

»Warum bist du wach?«, fragte er, bevor ich ihm vorschlagen konnte, das Bett zu nehmen.

»Weil die Alternative schlafen wäre, und Schlaf hatte ich in letzter Zeit so viel, dass es bis Weihnachten reicht. Und, ich weiß nicht, ich denke nach.«

In seiner Miene flackerte Sorge auf. Wir wussten beide, was es hieß, mit seinen Gedanken allein zu sein.

»Nein, nicht darüber«, sagte ich. »Na ja, teilweise.«

Er sprach leise, obwohl es niemanden gab, den er stören konnte. »Welche Teile?«

»Einfach darüber, wie wir uns dauernd immer wieder über den Weg gelaufen sind. Wir beide, Ellie und Violet und Mai. Ich weiß, dass es Zufall war, aber es fühlt sich wichtig an.«

»Ist das so?«

Ich reckte mein Kinn hoch. »Warum bist du immer noch hier, Joe?«

Er zuckte mit einer Schulter und legte seine Hand neben meiner auf die Matratze. »Weiß nicht. Ich schätze, du fühlst dich auch wichtig an.«

Ich schnaubte und schaute weg. Das Reden ermüdete mich zwar nicht mehr, aber ich wusste nicht, was ich sagen sollte.

Joe strich mir mit dem Handrücken über die Wange. »Ja, tust du.«

Mein Blick machte alle meine Versuche, Desinteresse zu signalisieren, zunichte, denn er flog sofort zurück zu ihm. Ich wollte nicht, dass er aus schlechtem Gewissen hier war oder weil ich ihm leidtat, oder aus irgendeinem merkwürdigen Verantwortungsgefühl heraus, das war alles. Nichts von dem, was passiert war, war seine Schuld.

Ich versuchte zu lächeln; es geriet ein bisschen wacklig. »Weißt du, wenn du einfach nur auf eine Gelegenheit wartest, mich noch mal zu küssen, wäre jetzt ein guter Zeitpunkt dafür. Ich bin schwer verletzt, verschwitzt und bettlägerig. Ich glaub, ich hab den Höhepunkt meiner erotischen Ausstrahlung erreicht.«

JOE

Also küsste ich sie. So, wie ich mir vorgestellt hatte, dass ich sie küssen würde, schon während sie noch geschlafen hatte. In einigen meiner verzweifelteren Momente, in der frühen Phase, als noch nicht sicher war, dass sie es schaffen würde, hatte ich überlegt, ob sie vielleicht ein Kuss wecken würde.

Ich küsste sie. So zärtlich, wie ich konnte.

»Shit«, flüsterte sie, als ich mich wieder von ihr löste. Und dann: »Das sollte nicht wirklich eine Aufforderung sein. Du musstet das nicht machen.«

Ich nickte. »Ich weiß.«

»Oh.« Sie führte die Fingerspitzen an ihre Lippen, die sich zu einem zarten, überraschten Lächeln verzogen. »Du musst es auch nicht noch mal machen.«

Sie hatte recht. Ich musste nicht.

Also tat ich es.

DREIUNDDREISSIG

VIOLET

Sie sagten mir, Ade hätte großes Glück gehabt. Und das sagt man bestimmt normalerweise eher nicht über einen Jungen, der seine Mutter verloren hat. Er hatte Glück, dass die Kugeln ihn da getroffen haben, wo sie gelandet sind; sie haben sich zwar tief in seine Knochen gebohrt, aber die lebenswichtigen Bereiche irgendwie verfehlt. Er hatte Glück, dass er nicht an Stellen getroffen wurde, die noch stärker geblutet hätten. Er hatte Glück, dass er überlebt hat.

Nichts davon kann ich bestreiten. Ich würde sagen, wir haben alle Glück gehabt: Ade, mein Vater und ich. Wir hatten Glück, so sehr geliebt worden zu sein.

Sie glauben, dass sie noch weitergelaufen ist, nachdem sie die Kugel abbekommen hat. Weiter, als mit so einer Verletzung eigentlich möglich ist. Meine Mutter. Höchstwahrscheinlich wurde sie in der Nähe der Brücke getroffen, als ich weiter hinten war, mit Joe im Gedränge gefangen und völlig verrückt vor Sorge um sie. Man hat sie tief im Unterholz zwischen den Bäumen gefunden, und sie hatte sich so eng um Ade geschmiegt, dass die Polizei ihn beinahe übersehen hätte, als sie das Gelände sicherte.

Ich musste an diesem ersten Abend lange warten, bis sie den eingelieferten kleinen Jungen mit dem Mädchen, das auf einer anderen Station lag, in Verbindung brachten und zu mir kamen, um mir zu sagen, wie viel Glück er gehabt hatte.

Ich war nicht allein. Die Schwester meines Vaters hatte bei uns angerufen, sobald in den Nachrichten die ersten noch unbestätigten Berichte über die Ereignisse kamen. Und als ich ins Krankenhaus gebracht und sediert wurde, weil ich unter Schock stand, erwarteten mich dort Tanten, die ich noch nie gesehen hatte. Sie gaben an der Rezeption meinen Namen an und behaupteten einfach, Blutsverwandte zu sein, obwohl sie es gar nicht waren.

Ich konnte meinem Vater den Schmerz nicht ersparen, als ich es ihm erzählte. Aber er ist stärker, als ich dachte, und ich muss mich nicht allein um ihn kümmern. Ich bin mit seiner Pflege weniger allein, als meine Mutter es jemals war. So viele Leute wollen helfen.

Meine Mutter hat nie jemanden um Hilfe gebeten. Vielleicht hatte sie das Gefühl, dass das ihren Stolz verletzen würde. Ich sehe das anders. Es ist nichts Schlechtes, um Hilfe zu bitten – und es ist nichts falsch daran, nicht allein sein zu wollen. Ich kann nur stolz darauf sein, dass meine Familie so vielen Menschen am Herzen liegt, dass sie ihre Hilfe anbieten.

ELLIE

Ich hab von der Explosion geträumt. Eigentlich soll man, wenn man im Koma liegt, gar nicht träumen können. Denn das ist nicht dasselbe wie Schlaf, der verschiedene Zyklen hat. Ein Koma ist eher wie ein Zustand der Leere, ein großes Vakuum, in das sie dein Hirn packen, damit du nichts spürst.

Aber ich habe geträumt. Vielleicht war das ja, kurz bevor ich aufgewacht bin. In meinem Traum konnte ich seine blauen Augen sehen; es war so, als würde ich etwas in ihnen suchen. Menschlichkeit. Ich habe Menschlichkeit darin gesucht, aber nichts als blaues Eis gefunden. Und dann stand die Welt plötzlich in Flammen. Ich wurde von einer Druckwelle erfasst, die mich nach hinten und unten schleuderte und mit unerträglicher Hitze übergoss. Es hat nicht wehgetan, aber der Teil von mir, der bei Bewusstsein war, wusste, dass es wehtun sollte. Danach erlosch das weiße Licht und es wurde wieder dunkel, aber die Hitze, die auf meinem Gesicht lag, brannte weiter. Als ich eine Hand auf meine Wange drückte und die Flammen zu ersticken versuchte, waren meine Finger danach klebrig.

Ich lag in der Finsternis und fragte mich, wie viel von mir noch übrig war.

VIOLET

Ich durfte Ellie und meine Mutter am selben Tag besuchen. Drei Tage nach Ambereve. Ade lag auf einer der Stationen, sein Zustand wurde als stabil betrachtet. Er hatte nicht geweint. Ich glaube, alles war so fremd und überwältigend für ihn, dass er gar nicht auf die Idee kam. Nichts von alldem war irgendwie real.

Es fühlte sich auch nicht real an, als ich den Rollstuhl meines Vaters durch den Mittelgang der Krankenhauskapelle schob, wo meine Mutter aufgebahrt war. Meine Tante stoppte mich und sagte mir, ich müsse sie mir so nicht anschauen.

Aber ich habs getan. Ich musste sie sehen, wenn es das letzte Mal war.

Von Anfang an fühlte sich alles falsch an, auch wenn ich

nicht weiß, welcher Teil davon sich überhaupt jemals richtig hätte anfühlen können. Vielleicht lag es daran, dass sie nicht in unserer eigenen Kirche lag, in die sie mich jeden Sonntag mitgenommen hatte und wo sie alle kannte. Es hätten mehr Leute da sein sollen als nur wir drei, die wir uns, so langsam wie wir konnten, auf das Unvermeidliche zubewegten. In den Kummer hätten sich Gesang, Freude und Lobpreis mischen sollen.

Aber das waren alles Sachen für später. Das war nur der erste Abschied. Ich habe seitdem gelernt, dass man sich tausend Mal verabschieden muss, wenn man jemanden verliert, den man liebt.

Unsere Schritte hallten in der Kapelle.

Sie war in einem Sarg aufgebahrt, der extra so tief stand, dass mein Vater ihr Gesicht sehen konnte, ohne aus dem Rollstuhl aufzustehen. Er schrie auf, ein Schmerz, den ich gut kannte, und meine Tante half ihm, seine Hand auf ihre zu legen, damit er sie ein paar letzte Sekunden halten konnte.

Ich betrachtete ihr Gesicht, aber auch wenn ich jedes Detail an ihr kannte, lagen die wichtigsten Teile meiner Mutter nicht in dieser Kiste. Ihre Augen waren geschlossen, ihre Haut sah straffer aus und hatte einen aschfarbenen Ton angenommen, bei dessen Anblick sie abschätzig mit der Zunge geschnalzt hätte. Ihre Wangen wirkten hohl. An ihrem Haaransatz hatte sich ein winziger Teil ihrer Perücke abgelöst. Sie hätte sich niemals erlaubt, nicht absolut ordentlich auszusehen.

Ich leckte meinen Finger an und drückte die Stelle wieder nach unten.

Ihre Haut war kalt. Sie war kalt, als ich ihre Wange küsste.

Falsch, dachte ich, und mir lief ein Schauder über den Rücken, als mir wieder einfiel, wie verloren ich mich gefühlt hatte, als ich sie in jener Nacht suchte. Jetzt würde ich sie nie mehr wiederfinden, und das war falsch. Es war falsch, dass sie, als ich ihre Hand nahm, meine nicht auch nehmen konnte. Dass ihre Hände, die größer und stärker waren als meine, meine Finger nicht umfassen konnten.

Es war falsch. Es war falsch, eine Welt ohne sie zu haben. Es war falsch, dass ich noch lebte, obwohl mir das Herz aus der Brust gerissen worden war. Es war falsch, so viel Schmerz empfinden zu können und doch nicht daran zu sterben. Es war falsch, dass man jemanden so lieben konnte, die Liebe ihn aber nicht retten konnte.

Aber in all diesem Falschen versprach ich ihr etwas. Ich versprach ihr, dass ich von jetzt an bei allem, was ich tue, immer versuchen würde, so glücklich wie möglich zu sein, so wie sie es sich immer von mir gewünscht hat. Ich würde auch versuchen, so erfolgreich zu sein, wie sie es sich gewünscht hat, und so klug und ordentlich, aber vor allem würde ich versuchen, glücklich zu sein.

Aber all das sagte ich nicht zu der Frau in dieser Kiste. Ich richtete meinen Blick auf das Licht im Fenster der Kapelle. Sie ist jetzt überall. Das weiß ich. Die wichtigsten Teile von meiner Mutter sind in mir und in Ade, und überall, wo ich hinschaue. Ich kann einfach den Blick heben, selbst jetzt, und weiß, dass meine Worte sie erreichen.

Ich versprach ihr, dass ich glücklich sein werde. Ich versprach ihr, dass ich nicht allein sein werde.

Als ich zurück ins Krankenhaus kam, erfuhr ich, dass Ellies Familie einverstanden war, dass ich sie besuche.

ELLIE

Die Verbrennungen zogen sich über den größten Teil meiner linken Wange und hörten in einer fast geraden Linie an meiner Nase auf – ich muss den Kopf abgewendet haben. An einer Körperseite waren meine Kleider mit meiner Haut verschmolzen: an meinem Arm, meiner Schulter, meiner Hüfte, meinem Oberschenkel und einem Teil meines Oberkörpers. Ich hatte viel zu heiße Luft eingeatmet, die meine Lunge von innen versengte.

Mehr als zwei Wochen lang schützte mich das künstliche Koma davor, das alles zu erfahren. Ich war während der ersten Notoperationen, als sie mir tote Haut entfernt haben, die Schwellungen behandelt und Flüssigkeiten ausgetauscht haben, quasi gar nicht da. Auch die ersten Transplantationen hab ich verpasst – die Versuche, die Haut, die ich noch hatte, auf eine ungefähr doppelt so große Fläche zu verteilen. Wenn meine Eltern mir erzählen, was ich alles durchgemacht hab, während ich bewusstlos war, ist es mir ein Rätsel, wie ein menschlicher Körper so viel einstecken und trotzdem noch funktionieren kann. Wenigstens hab ich das Schlimmste davon verpasst.

Auch all die ersten Besuche von Violet hab ich verpasst.

VIOLET

Am Anfang konnte ich nur ein paar Minuten am Tag kommen. In der Intensivpflege für Schwerbrandverletzte gibt es eine strikte Begrenzung: sechs Patienten pro Station und nicht mehr als zwei Besucher pro Bett. Die Besuchszeiten sind ebenso eingeschränkt, und da die Möglichkeit einer

Infektion besteht, werden sogar noch strengere Kontrollen durchgeführt als im Rest des Krankenhauses.

Aber ich war, sooft ich konnte, dort. Beim ersten Mal war Ellie nicht wiederzuerkennen. Die Schwellung sorgte dafür, dass alles an ihr unfassbar straff aussah. Ein Teil ihres Gesichts war praktisch weg und der Rest kaum sichtbar. Eine Maschine atmete für sie, und bei jedem Einatmen wurde sie ein bisschen aus dem Bett gehoben. Es gingen irgendwelche Alarmtöne an. Offenbar wehrte ihr Körper sich gegen die künstliche Beatmung. Und als das Pflegepersonal kam, um sich um sie zu kümmern, stand ich auf. Ich hatte Panik, aber die Schwestern und Pfleger waren so ruhig, das hat mich dann wieder etwas beruhigt.

Ellies Mutter fasste nach meiner Hand, als ich zur Tür ging, so als wüsste sie Bescheid. »Sie wird es schaffen«, sagte sie, und da fiel mir wieder ein, was Ellie mir erzählt hatte. Es war nicht das erste Mal, dass ihre Mutter am Bett eines Kindes ausharrte, für das sie nichts tun konnte. »Sie ist eine Kämpfernatur, und alle hier kämpfen für sie, also …« Sie verstummte. Ich sah, dass sie schwer schluckte. »Sie haben mir erzählt, dass sie dich neben ihr gefunden haben.«

In mir waren keine Worte, nur ein leiser Schmerzenslaut. Ich nickte.

Ich hatte nicht geahnt, dass mich erst die Mutter von einem anderen Mädchen umarmen musste, als würde sie mich nie wieder loslassen, damit ich zusammenbrechen konnte.

ELLIE

Aus der Aufwachphase erinnere ich mich nur noch verschwommen an gedämpfte Schmerzen und die Gesichter meiner Eltern. Die Ärzte hatten mich erst vom Beatmungsgerät entwöhnt, bevor sie mich aus dem Koma holten. Jeder Atemzug war eine Kraftanstrengung, aber ich atmete eigenständig. Ich weiß noch, dass ich irgendwas über Schmerzlinderung und Knöpfe erzählt bekam, auf die ich drücken könne. Aber das waren Sachen, die ich erst richtig wahrnahm, als ich mich wieder bewegen konnte. Mum erinnert sich noch an meine ersten Worte nach dem Aufwachen: »Was machen diese ganzen Leute in meinem Zimmer?«

Am nächsten Tag kam Violet, nur für ein paar Minuten. Aus irgendeinem Grund machte es mich nervös, dass sie da war. Ich war es nicht gewohnt, schwach zu sein. »Ich hab nicht um einen Spiegel gebeten«, sagte ich zu ihr. »Ich weiß, wie ich aussehen muss.«

»Du siehst schön aus«, sagte sie.

VIOLET

Natürlich hatten alle Zeitungen über sie berichtet. Die zeigte ihr keiner, aber auf der Krankenhaustoilette hab ich zwei Frauen gehört, die lang und breit über das Ende ihres perfekten Lebens diskutierten.

Ich glaube nicht, dass Ellies Leben je perfekt war. Gibt es so was überhaupt? Aber das Leben selbst ist so etwas Schönes. Dass Ellies Brustkorb sich wieder unter ihrem eigenen Atem hob und senkte, war ebenso fantastisch, wie sie es immer gewesen war, wenn sie sich über die Tartanbahn bewegt hatte. Für jemanden, der gespürt hat, wie sie fast gestorben ist, ist es das Schönste auf der Welt, dass sie lebt.

Sie ist auf alle Arten schön, die es gibt. Das werde ich immer so sehen.

ELLIE

Nach einem Monat lernte ich Violets Bruder kennen. Ich war endlich auf die normale Station verlegt worden und durfte hin und wieder auch Besucher empfangen, die jünger waren als zwölf, obwohl meine Lieblingskrankenschwester Kinder als »wandelnde Krankheitsüberträger« bezeichnete.

Er war so klein, auch wenn ich mich selbst ganz klein fühlte. Sich von Brandwunden zu erholen, beansprucht die Muskeln mehr als alles andere. Violet hatte ihre Hände auf seine Schultern gelegt und führte ihn ins Zimmer, aber ich hätte ihn auch so erkannt. Sie haben dasselbe Lächeln.

Wir sprachen darüber, was ihr passiert war. Über all die Leute, die wir verloren hatten. Ihre Mutter. Sam, den ich fast so lange gekannt hatte wie meine eigene Familie; in meinen Kindheitsfotos ist er der Junge mit dem schiefen Grinsen und den Pausbacken, der meine Hand hält. Und Doug. Miss Ewell. Meinen alten Leichtathletiktrainer und zwei Schwimmerinnen aus den unteren Jahrgängen, mit denen ich trainiert habe.

Joe kam auch manchmal vorbei und setzte sich zu mir. Er erzählte mir, wie es Peaches ging, aber über die, die nicht mehr hier sind, wollte er nicht reden.

Ich hob die Liste mit den Namen auf, die in den Zeitungen abgedruckt war, und las sie mir häufig durch. Da standen unglaublich viele drauf, die wir kannten, und Leute, die wir nicht kannten, die aber trotzdem zu uns gehörten, weil wir dasselbe durchgemacht hatten. Ich hab das Gefühl, dass all diese Menschen hier heute bei mir sind. Jeden Tag.

Es bedeutete mir sehr viel, zu sehen, dass Ade noch lächeln konnte. Er zog seinen Stuhl direkt neben mein Bett und sagte Hallo. »Vi erzählt immer von dir.«

Ich zog die Augenbrauen hoch. Die Augenbraue. »Über dich redet sie auch sehr viel.«

Er kramte einen Comic aus der Tasche und legte ihn auf meine Decke. »Ich hab dir eine Geschichte mitgebracht. Kannst du lesen.«

Violet schnalzte hinter ihm mit der Zunge. »Das ist sein Lieblingscomic.«

Er handelte von normalen Menschen, die die Welt retten.

VIOLET

Es dauerte eine Zeit, bis Mai an Ellies Krankenbett kam. Ade hatte er schon früh besucht, und einmal war ich ihm draußen vor der Schwerbrandstation begegnet, als er durch die Scheibe zu den sechs Betten hinschaute. Sechs Betten, in denen sechs Menschen lagen, die ohne die intensive Pflege, die sie dort bekamen, nicht mehr am Leben wären.

Ich hatte ihm gesagt, er könne mit reinkommen. Es waren zwei Besucher gleichzeitig erlaubt. Aber er wartete, bis sie von der Intensivstation auf die normale Station verlegt wurde und wieder sprechen konnte.

Ich glaube, er wollte nicht zu viel Zeit im Krankenhaus verbringen. Seine Eltern arbeiteten dort, und über kurz oder lang wussten wir alle, wer sie waren. Eine Chirurgin und ein Oberarzt mit müden, freundlichen Augen, die versuchten, so viele wie möglich zu retten, weil sie ihrer Tochter nicht mehr helfen konnten.

Ich erfuhr erst durch den Klatsch im Krankenhaus und Nachrichtenberichte, dass seine Schwester gestorben war.

»Ich bin nicht so gern hier im Krankenhaus«, sagte er zu Ellie, als er zu uns kam. »Die Leute werden glauben, ich hätte

Angst, zu Hause allein zu bleiben, und das Letzte, was Imani wollen würde, ist, dass ich Angst habe.«

ELLIE

»Ich habe Angst«, sagte ich zu ihm. »Ich kann nicht aufhören, davon zu träumen. Ich lege mich schlafen, und plötzlich geht alles wieder von vorne los.«

Wir hatten in der Schule Kriege durchgenommen. Und in den Nachrichten von Attentaten und Bombenanschlägen gehört, die weit weg schienen. Manchmal kamen sie auch beängstigend nah, aber nie so nah, dass wir uns nicht weiter unangreifbar gefühlt hatten.

Jetzt wusste ich, wie es klang, wenn eine Bombe gezündet wurde. Auch wenn mir das immer noch unmöglich erschien.

Mai beugte den Kopf über seine Hände, die in seinem Schoß lagen, als würde er beten. »Leute, die meine Familie nicht gut kennen, stellen mir laufend diese eine Frage – die meisten ganz freundlich: Ob wir je damit gerechnet hätten, dass hier auch so was passiert. Ich bin Muslim, und darum glauben sie anscheinend, ich wäre aus einem Teil der Welt geflohen, in dem diese Art von Horror alltäglich ist. Ich komme aus Marokko. Und solange wir dort wohnten, habe ich nie Gewalt erlebt. Meine Eltern sind hierher gezogen, weil man ihnen gute Jobs angeboten hat.«

Er wurde still und atmete tief ein, so als wäre dazu noch mehr zu sagen, aber als gäbe es keine passenden Worte dafür.

»Du hättest auch nie gedacht, dass du hier so was erlebst«, sagte Violet.

Mai schüttelte den Kopf.

Violet setzte sich auf die Bettkante zwischen uns. »Ich habe auch Angst. Wir haben das jetzt selbst erlebt. Es ist kein Horror, der weit weg irgendwem anders passiert ist. Wir können nie mehr so tun, als wären wir *sicher*. Nichts wird mehr wie vorher sein, und das macht mir Angst. Aber noch mehr fürchte ich mich davor, dass ich der Angst erlaube, mich vom Leben abzuhalten. Ich werde leben. Nicht sicher zu sein, ist dafür erst recht ein Grund. Ich finde nicht, dass wir diesen Leuten erlauben sollten, noch ein einziges weiteres Leben zu rauben.«

VIOLET

»Ich werde auch leben«, sagte Mai. »Ich habe viel mehr Angst davor, wie wütend meine Schwester auf mich wäre, wenn ich es nicht täte.«

Er lächelte kurz und nahm dann mit hochgezogenen Augenbrauen einen Comic vom Nachttisch. Ade musste ihn dort liegen gelassen haben. »Oh hey, das ist mein Lieblingscomic.«

Ellie und ich hielten uns lange an den Händen, nachdem er gegangen war.

Ich sagte ihr, dass es mir leidtäte, dass sie solche Albträume hat, und sie zuckte mit der Schulter, die nicht in Verbänden steckte. »Sie sind in einem Teil meines Gehirns, den ich nicht kontrollieren kann. Wenn ich wach bin, ist es leichter. Ich kehre jede Nacht dorthin zurück, aber wenn ich aufwache, fühle ich mich jeden Tag daran erinnert, wie viel ich Glück hatte, da rauszukommen.«

Wir beide hatten Glück. Die Zeitungen nennen uns jetzt

auch so, wenn sie ab und zu darüber berichten, wie unser Leben jetzt weitergeht. Wir sind die Überlebenden. Die Glücklichen.

VIERUNDDREISSIG

MAI

Seit wir nach England gezogen sind, bin ich zwei Menschen. Zu Hause bei meiner Familie bin ich Majid und in der Schule Mai.

Dieses zweite Ich kam durch ein Missgeschick zustande. Die Lehrerin, die mich in meiner ersten englischen Klasse vorstellte, verstummte, nachdem sie die Hälfte von »Majid« ausgesprochen hatte, so als hätte sie Angst davor, weiterzusprechen. »Bitte begrüßt Maj …«

Und die Klasse machte aus etwas Fremdem etwas Vertrautes. Aus Maj wurde Mai. Damals hab ich den Namen gehasst, aber in der Zeit sprach ich besser Darija und Französisch als Englisch, also hab ich schnell gelernt, den Mund zu halten.

Jetzt kennt jeder an der Schule meinen Namen. Ich bin natürlich wieder hingegangen. Ich hab nicht vor, irgendwelchen Terroristen auch noch meine Abschlussprüfung hinterherzuwerfen. Die, die bis zum Schluss im Hearne House waren, bilden hier nur eine kleine Gruppe. Ein paar von uns hängen seitdem immer zusammen, für andere ist es das Letzte, womit sie in Verbindung gebracht werden wollen. Aber ganz gleich, wofür wir uns entschieden haben, jetzt sind unsere Namen hier jedem ein Begriff.

Ich kann also Majid sein, wo immer ich will. Was gut ist.

Ich möchte, dass die Leute meinen richtigen Namen kennen.

Aber ich habe angefangen, Mai zu mögen. Ich glaube, den behalte ich auch. Der Mai ist der Monat, in dem der Frühling anfängt, die Zeit, in der die Dinge sich zum Besseren verändern. Und quasi ein Auftrag, immer in Bewegung zu bleiben.

ELLIE

An Weihnachten durfte ich nach Hause. Wenigstens für ein paar Tage. Solange ich nicht vollständig genesen bin, wird es jetzt erst mal so bleiben. Ein Wochenende bin ich zu Hause, dann wieder eine Zeit lang im Krankenhaus oder in der Reha. Ich muss in den nächsten Jahren auch noch mit weiteren OPs rechnen – die Ärzte arbeiten daran, die vernarbten und verschmorten Stellen der Person, die ich einmal war, zu ersetzen, so wie Künstler ein Gemälde restaurieren. Ich gehe zweimal die Woche zur Physiotherapie, um wieder Kraft aufzubauen, weil auch die Muskeln bei solchen schweren Verbrennungen stark in Mitleidenschaft gezogen werden. Außerdem gehe ich zu den Therapiestunden, auch wenn ich eigentlich nicht will.

Ich weiß nicht, ob ich wieder laufen oder schwimmen oder Rad fahren werde. Mit Ellie Kimber, dem Multitalent, ist es vorbei. Aber ich möchte betonen, dass das nichts mit meinen Verletzungen zu tun hat. Wenn ich mir dieses Leben je für mich selbst gewünscht hätte, würde ich dafür kämpfen, es wiederzubekommen. Aber ich habe darüber nachgedacht, und das ist nicht, wofür ich kämpfen will.

Wenn ich wieder laufe, dann nur für mich. Könnte sein, dass mir das gefällt. Ich bin vorher nie nur so für mich gelaufen.

Aber was ich wirklich wieder machen will, ist die Arbeit als Model. Ich könnte dankbar sein, dass meine schlimmsten Verletzungen auf der Seite sind, auf der ich taub bin, und mich einfach abwenden, um nicht zu hören, was die Leute sagen, wenn sie mich sehen. Aber genau das habe ich nicht vor. Mein Gesicht so, wie es jetzt ist, in Zeitschriften zu sehen, fühlt sich wichtiger an denn je. Es mag nach alldem unmöglich klingen, aber wenn die Erfahrung mich eins gelehrt hat, dann, dass nichts unmöglich ist.

PEACHES

Offiziell bin ich zwar keine Schulabbrecherin, aber ich arbeite dran. Jetzt hat Mum sich plötzlich tierisch reingehängt, was die Schule angeht, und mich dazu gebracht, dass ich mich zur Prüfung für die mittlere Reife anmelde, aber danach gehe ich ab und mache was, das mich interessiert. In der Stadt gibts ein Ausbildungsprogramm für Regienachwuchs, dafür will ich mich bewerben. Es ist an der Zeit, dass ich von der Beleuchtungsbrücke runterkomme und mich zeige, und sei es nur als die nebulöse Gestalt, die in einem dunklen Zuschauerraum sitzt und Anweisungen gibt.

Moz hat immer davon gesprochen, dass wir eine eigene Theatergruppe gründen sollten. Er meinte, wir hätten bessere Ideen als alle anderen zusammen. Ich werde meine nach ihm benennen.

JOE

Ich kann mich irgendwie zu nichts aufraffen.

PEACHES

Aber im Augenblick trete ich auf der Stelle. Ich fühle mich noch nicht wieder bereit für die Schule. Und ich lerne nicht wirklich für die Prüfungen, auch wenn ich es versprochen habe.

Ich verbringe viel Zeit mit Joe. Er hilft mir. Eigentlich glaube ich, dass wir uns gegenseitig ein bisschen helfen.

JOE

Mir fällts schwer, einfach wieder zur Tagesordnung überzugehen. Ich hab das Gefühl, die Welt hat sich komplett verändert, aber die Leute machen weiter, als wär nichts. Dabei klaffen überall Lücken – Löcher in der Welt –, und wenn man nicht aufpasst, bemerkt man sie vielleicht erst, wenn man reingefallen ist.

So wie ich, als ich zurück an die Clifton kam.

Alle hatten gesagt, das würde mir helfen. Die Schule. Es würde mich auf andere Gedanken bringen. Dad ist sogar mit mir hingelaufen, was unfassbar peinlich war, und hat mich am Tor verabschiedet wie einen Fünfjährigen.

Danach bin ich zu der Mauer vor der Mensa gegangen. Dort hat immer derjenige von uns, der zuerst da war, auf die anderen gewartet; wir kamen ja alle aus unterschiedlichen Richtungen. Sams Eltern haben ein Haus außerhalb des Ortes und Doug kam mit dem Bus.

Ich sah alles genau vor mir. Wie Doug mit den Turnschuhen, die seine Mum immer für ihn putzte, durch den Dreck scharrte. Und wie Sam ausgespuckte Kaugummis so anordnete, dass sie ein versautes Wort ergaben. Einer von ihnen rief zu mir rüber: »Hey, Kumpel, du bist spät dran! Der Kleine ist wohl nicht aus dem Bett gekommen, was?«

Aber da war niemand an der Mauer.

Danach wurde alles schwarz um mich rum und ich hab kaum Luft bekommen, weil ich so ein Engegefühl in der Brust hatte. Es fühlte sich so an, wie ich mir einen Herzinfarkt vorstelle. Wäre doch auch typisch, wenn es mit so was enden würde, oder? Nach allem, was war.

Aber es war Panik. Eine Panikattacke.

Die haben echt einen Krankenwagen gerufen wegen meiner Panik. Und der Sanitäter hat mir dann erklärt, dass es sich anfühlt, als würde man sterben, dass es aber nur der Kopf ist, der deinen Körper dazu bringt, dramatischer zu reagieren, als es sein müsste. Ich hatte danach noch mehrere solche Attacken. Das ist so, als würde mein Hirn mich mit lauter Was-wäre-wenns bombardieren, auf die ich keine Antwort habe.

Ich hab noch nicht wieder versucht, zurück zur Schule zu gehen. Ich überlege, woandershin zu wechseln, wo es weniger Lücken gibt und weniger vertraute Orte, die leer sind.

PEACHES

Wir gehen spazieren, wenn wir eigentlich im Unterricht sitzen sollten. Wir suchen uns eine Richtung aus und laufen einfach drauflos. Echt unglaublich, was uns hier vorher alles nie aufgefallen ist. Es gibt versteckte Parks; man biegt irgendwo um eine Ecke und plötzlich steht man vor einem grünen Platz. Und es gibt lauter skurrile kleine Läden in Straßen, die so ruhig sind, dass man sich fragt, wie die eigentlich je was verkaufen.

Das tut gut. Ich kann besser atmen, wenn ich weiß, dass überall um mich rum genug Platz ist.

Ich war in letzter Zeit sogar häufiger mal auf dem Sportplatz. Was nicht gerade mein natürlicher Lebensraum ist.

JOE

Also trainiere ich, statt zur Schule zu gehen. Dad bringt mich zum Sportplatz, obwohl ich ihm ansehen kann, dass er das frühe Aufstehen jetzt schon satthat. Und manchmal holen wir auf dem Weg Peaches ab. Sie schläft nicht gut. Das geht uns allen so. Aber sie bei mir zu haben, hilft mir, nicht sofort panisch zu werden, wenn zu viel Gedränge herrscht oder es zu leer ist. Dann schaue ich zum Rand, wo sie sitzt, und es ist okay.

Es ist okay.

VIOLET

Meine Tante – meine echte Tante, die ich sehr liebe – will bei uns einziehen, sobald es meinem Vater gut genug geht, um nach Hause zu kommen. Es gab auch die Überlegung, dass wir zu ihr ziehen, aber unser Haus ist größer und liegt nicht allzu weit von ihrer Arbeit entfernt. Meine Cousins sind alle erwachsen und schon ausgezogen.

Sie sagt immer, dass sie unsere Mutter nicht ersetzen kann, uns aber wie eine Mutter lieben wird.

Bislang lerne ich nur stundenweise, aber ich freue mich darauf, wieder zur Schule zu gehen. Und die Freunde zu sehen, die ich da habe. Zu arbeiten. Das Leben ist merkwürdig ohne Alltagsroutine, darum halte ich mich an einen selbst gebastelten Plan. Morgens bringe ich Ade zu seiner Schule und nachmittags besuche ich Ellie. Im Krankenhaus gehen wir zusammen Kaffee trinken. Und wenn sie zu Hause ist, setzen wir uns ins Wohnzimmer der Kimbers und schauen uns Filme an, die meine Mutter in unserem Wohnzimmer niemals erlaubt hätte.

Ellie braucht immer noch sehr viel Pflege, aber sie will nicht, dass ich damit irgendwas zu tun habe. Sie sagt: »Ich möchte das Einzige in deinem Leben sein, worum du dich nicht kümmern musst.« Ich glaube, dass es ihr auch hilft, jemanden zu haben, der kein Aufheben um sie macht. Sie ist meine Atempause und ich ihre.

Ich treffe auch die anderen oft. Mai, Joe und Peaches. Peaches ist häufig im Krankenhaus und Joe ist meistens an ihrer Seite. Obwohl wir ja jetzt alle wissen, dass Sicherheit eine Illusion ist, fühlen wir uns sicherer, wenn wir zusammen sind.

PEACHES

Mai hat die Gruppe ins Leben gerufen. Sie hat keinen therapeutischen Zweck und soll die Therapie auch nicht ersetzen. Eigentlich hat sie gar keinen bestimmten Zweck. Wir hängen die halbe Zeit einfach nur rum und spielen Computerspiele: Autorennen oder irgendwelches Fantasy-Zeug, bei dem man Drachen füttern und Körbe flechten muss. Von Schießereien haben wir alle genug.

Am Anfang haben wir uns an Ellies Krankenbett getroffen (die Zwei-Besucher-Regel wurde aus Mitleid für uns ausgesetzt; wir wären ja fast gestorben und haben keine Scheu, das auszunutzen). Wir haben Comics gelesen oder über irgendwas im Fernsehen geredet. Inzwischen schickt Mai uns den Treffpunkt immer vorher aufs Handy: Am häufigsten sind wir in dem Coffeeshop im Krankenhaus und bei den Kimbers im Wohnzimmer.

Treffen der Glücklichen. Habt ihr Zeit?

MAI

Wir werden permanent so bezeichnet, und ich weiß, wie es sich anfühlt, einen Namen aufgedrückt zu bekommen, um den man nie gebeten hat. Du kannst ihn entweder hassen oder du machst ihn dir zu eigen.

Wir bekommen alle andauernd dieselben Fragen gestellt, von Leuten, die nicht dabei waren und nie verstehen werden, wie es war, selbst wenn sie diese Transkripte hier lesen. Selbst wenn wir alle noch eine Woche darüber reden würden. Aber die Fragen, die an mich gerichtet werden, unterscheiden sich manchmal von den anderen.

»Ich nehme an, du bist an so was gewöhnt?«

Nein, bin ich, wie gesagt, nicht.

»Du bist bestimmt froh, dass die Täter keine Muslime waren, oder?«

Ich verstehe, warum sie das sagen, aber es ist ignorant. Terror und Hass haben eine lange Geschichte über alle Hautfarben, Rassen und Glaubensbekenntnisse hinweg. Sie gehören zu den Dingen, zu denen Menschen fähig sind, aber nur einige wenige verquere und verabscheuungswürdige Menschen. Glücklicherweise nur einige wenige.

Also, nein, ich bin nicht froh, dass die Terroristen nicht die gleiche Religion hatten wie ich. Ich finde es eine Schande, dass sie meiner Spezies angehörten.

Und dann ist da noch eine letzte Frage – die, die wir alle

wieder und wieder gestellt bekommen, weil niemand, der das alles nicht durchlebt hat, es je wird verstehen können.

»Du bist sicher froh, dass du zu den wenigen Glücklichen gehörst?«

ELLIE

Für mich ist dieser Spitzname nicht neu. Zu mir haben sie immer gesagt, ich könne mich glücklich schätzen, dass ich meinen Bruder überlebt habe. Meine Eltern schwankten, mal sorgten sie dafür, dass ich mich geliebt fühlte, mal ertrugen sie es in ihrer Trauer kaum, mich anzuschauen.

Wenn zu überleben alles ist, was Glück bedeutet, dann bin ich einer der glücklichsten Menschen überhaupt.

JOE

Bei der Beerdigung hab ich dann endlich mit Sams und Dougs Eltern gesprochen. Sie haben eine gemeinsame Zeremonie für die beiden organisiert. Es gab so viele Beerdigungen nach dem Anschlag, da war das eine gute Idee.

Auf allen Fotos waren wir drei zusammen drauf, so als wären wir eine Art wandelnde Menschenkette gewesen. Doug, Sam und Joe. Joe, Doug und Sam. Wenn man einen von uns gerufen hat, drehten zwei andere sich um. Daher war es gut, ihre Särge nebeneinander zu sehen. Schließlich haben wir jahrelang immer alles zusammen gemacht.

Nur, dass sie jetzt ohne mich gestorben sind.

Der Gottesdienst war, als würde man ein verschneites Fernsehbild ansehen, wenn der Empfang gestört ist. Ich hab nur einzelne Fetzen mitbekommen, das alles ergab für mich überhaupt keinen Sinn. Ich hab erst angefangen zu weinen, als ich wieder draußen war und Dougs Mum gesehen hab. Ich schätze mal, sie ist schon vorher rausgegangen, um durchzuatmen.

Dougs Mum ist Bäckerin. Als wir klein waren, durften wir manchmal mit ihr zusammen Brötchen backen. Wir haben immer unsere Initialen oben in den Teig eingeritzt, damit sie nachher sehen konnte, welche nicht für den menschlichen Verzehr geeignet waren. S, D, J.

Immer wir drei.

Peaches war noch im Krankenhaus und ich hab meine Eltern einfach stehen lassen und bin zu ihr. Wir waren alleine und ich hab geheult und immer wieder gesagt, dass es mir leidtut. Es tut mir leid, dass ich überlebt habe und die beiden nicht. Es tut mir leid, dass ich derjenige war. Es tut mir leid, es tut mir leid.

Auch jetzt fühle ich mich manchmal so. Zu leben, fühlt sich manchmal an wie die unglücklichste Sache der Welt.

Aber manchmal auch nicht. Wenn ich an all die Dinge denke, die ich nicht missen möchte. Blaue Himmel und kalte Morgen, dass meine Schwestern ihren Abschluss machen, wie mein Vater mir beim Laufen zusieht, und Mum und Ellie und Mai und Violet. Und Peaches.

Ich werd eine Weile brauchen, um mein Leben wieder auf die Reihe zu kriegen, aber ich werd es schaffen. Ich will leben. Wenn das Glück ist, dann werd ich es nicht verschwenden.

PEACHES

Habe ich Glück? Jede Nacht zünden sie wieder das Freudenfeuer an. Jede Nacht sitze ich wieder mit Moz oben auf der

Beleuchtungsbrücke, schaue mir an, wie die Fackeln den Hügel hochkommen, und weiß, was ihnen allen bevorsteht. Und kann sie trotzdem nicht aufhalten. Es hört nicht auf.

JOE

Manchmal schließe ich die Augen und sehe Sam und Doug von Neuem sterben. Manchmal schließe ich die Augen, und wir alle schauen Ellie Kimber wieder beim Tanzen zu.

ELLIE

Früher dachte ich, so was wie zu laut gäbe es gar nicht. Meine Eltern standen in jener Nacht wegen des Lärms weit von der Hauptbühne entfernt. »ZU LAUT«, hatte Dad noch mit den Lippen geformt, bevor ich losrannte und mich direkt vor die Lautsprecher stellte. »ZU LAUT«. Ich wollte von Musik umgeben sein. Und nichts, aber auch gar nichts, war laut genug, um mich zufriedenzustellen.

Jetzt weiß ich, was zu laut ist. Wenn ein Auspuff fehlzündet oder irgendwas mit einem unerwarteten Knall umfällt, verstehe ich, wie etwas zu laut sein kann.

Ich trage diese Nacht auf mehr Arten mit mir herum, als ich jetzt schon sagen kann. Und werde es immer tun. Aber ich trage auch andere Dinge mit mir herum, die meinem Herzen näher sind.

VIOLET

Es gibt immer noch Tage, an denen die Trauer mich plötzlich übermannt. Ich bringe Ade zur Schule. Ich besuche Ellie. Ich fahre mit dem Bus nach Hause, und wenn ich dann allein bin, schluchze ich los, weil ich daran denken muss, wie es sich angefühlt hat, wenn meine Mutter ihre Hände in meinen Haaren hatte.

Ich habe meine Braids aufgemacht. Niemand wird sie je wieder so sorgfältig flechten.

Aber ich fühle mich mutiger als früher. Meine Mutter ist nicht mehr bei mir, aber ich rede überall mit ihr und erzähle ihr von der Zukunft, die ich haben werde. Wenn ich an sie denke, denke ich, dass sie überrascht von mir wäre, aber auch stolz auf mich. Manchmal spüre ich ihre Hand auf meiner Schulter. Sie führt mich, aber sie hält mich nicht zurück.

Ich habe Glück, so viel Liebe erfahren zu haben, und ich habe Glück, weil ich auch jetzt geliebt werde.

PEACHES

Ich schlafe schlecht, aber die Stunden, in denen ich wach bin, sind besser denn je. Wir haben alle irgendwas verloren bei diesem Anschlag. Aber ich glaube, ich hab auch was gewonnen. Es war kein fairer Handel – keiner, den ich mir gewünscht hätte. Aber das ist das Leben, das ich jetzt habe. Es ist ein Leben, das ich dreimal hätte verlieren können.

Ich werde es nutzen.

JOE

Und wenn wir alle zusammenkommen, bei den Treffen, die Mai organisiert, dann ist es, als ob sich ein paar der Leerstellen in der Welt schließen würden. Dann kann ich mir vorstellen, dass es vielleicht irgendwann möglich sein wird, an Doug und Sam zurückzudenken, ohne dass es so sauweh tut – als ob einer mit einem Messer ein Stück aus mir rausgeschnitten hätte. Dann glaub ich beinahe, dass sich das Gefühl, sie zu vermissen, irgendwann wandeln wird und ich dann einfach froh sein werde, dass es sie gab.

Ich konnte noch nie gut allein sein. Aber das bin ich auch nicht. Ich kann jederzeit Kontakt zu den anderen aufnehmen. Dann geht Violet verschlafen ans Telefon, weil ich vergessen habe, dass für sie neun Uhr abends eine passende Zeit ist, um ins Bett zu gehen. Oder Ellie meldet sich, wenn sie mal wieder im Krankenhaus ist und Ablenkung von der Langeweile braucht. Oder Mai informiert mich darüber, dass er mich auf *Mario Kart* geschlagen hat.

Und dann ist da noch Peaches. Meine Konstante. Sie schreibt mir nachts mit unfehlbarem Timing *Kann nicht schlafen*, wenn ich gerade aus dem schlimmsten Albtraum hochgeschreckt bin. Sie steigt morgens völlig verpennt in aller Herrgottsfrühe zu Dad und mir ins Auto und sagt, das Schlimmste an meinen sportlichen Ambitionen wäre, dass sie mit der Frühstückszeit bei McDonald's kollidieren. Und sie spielt mir alle ihre Lieblingsmusicals vor und sagt bei jedem, dass ich mich dieses Mal garantiert verlieben werde.

Und meistens hat sie recht.

Aber immer nur in sie.

MAI

Manchmal schreiben sie in der Zeitung darüber, was jetzt mit Hearne House passieren soll. Mal heißt es, es soll abgerissen werden, dann wieder, dass geplant sei, es in ein Denkmal zu verwandeln für die, die dort gestorben sind. Was auch immer sie am Ende entscheiden, es ist mir egal. Dieser Park ist mir egal. Die Toten sind nicht mehr da, und ihre Mörder haben kein Anrecht auf ein Vermächtnis. Der Tod schleicht sich nicht mehr über die Brücke an oder streift durch die Flure des Hauses. Also hab ich auch keine Angst davor.

Wenn ich auf diese Nacht zurückblicke, erinnere ich mich daran, dass Leute Platz gemacht haben, damit andere sich verstecken konnten, selbst wenn das bedeutete, dass sie selbst so leichter gesehen wurden. Ich erinnere mich an Mütter, die ihre Kinder an sich gedrückt haben, um sie zu beschützen. An Freunde, die Arm in Arm weggegangen sind oder sich an den Händen gehalten haben, als sie starben.

Ich erinnere mich an Liebe, trotz allem.

Wenn von dort irgendwas übrig bleibt, kann es nur Liebe sein.

ANMERKUNG DER AUTORIN

Ich kann mich an keine Zeit in meinem Leben erinnern, in der meine Welt nicht von Terrorismus geprägt war. Zwar wurde 1998 das Karfreitagsabkommen unterzeichnet, das die meisten mit dem Nordirlandkonflikt in Verbindung stehenden Terroranschläge beendete, trotzdem wuchs ich in Guildford in direkter Nachbarschaft zu einem der zwei Pubs auf, die vor meiner Geburt von Terroristen in die Luft gejagt worden waren. Meine Eltern wohnten in der Wohnung direkt gegenüber, als die Bombe hochging. Sie konnten spüren, wie der Boden unter ihren Füßen bebte, und sahen, was die Explosion angerichtet hatte. Und darüber hinaus arbeitete mein Vater bei Harrods, ebenfalls Schauplatz eines Bombenattentats mit sechs Toten.

London war in meiner Kindheit noch immer eine Stadt der gelegentlich gesperrten U-Bahnen, der verdächtigen Pakete und der Museums-Evakuierungen bei Schulausflügen. Und die Leute rieten einem, sich nicht zu dicht vor Glasscheiben zu stellen. Ich habe sehr frühe Erinnerungen daran, dass ich darauf gewartet habe, dass meine Eltern von der Arbeit nach Hause kamen, mir aber nicht ganz sicher war, ob sie wirklich kommen würden.

Heute hat man häufig wieder den Eindruck, dass es jede Woche irgendwo auf der Welt Terroristen in die Nachrichten schaffen. Die sinnlose, zur Schau gestellte Gewalt kann sich sehr beängstigend und sehr nah anfühlen. Aber es ist wichtig, sich ein paar Dinge über Terrorismus in Erinnerung zu rufen. Vor allem, dass er zu nichts führt und Terroristen niemals gewinnen. Es wurde wissenschaftlich untersucht und statistisch bewiesen (zum Beispiel in einem Buch von Audrey Kurth Cronin mit dem Titel *How Terrorism Ends*), dass es seit den 1970er-Jahren nicht eine extremistische Gruppierung geschafft hat, ihre Ziele durch Terroranschläge zu erreichen. Es scheint, dass das Gegenteil der Fall ist: Indem sie versuchen, uns Angst einzujagen, erhöhen sie nur unsere Entschlossenheit, uns zu behaupten und gegen sie zusammenzustehen.

Obwohl die Ereignisse, über die man in den Nachrichten hört – wie das fiktionale Attentat in diesem Buch –, Menschenleben fordern und, was man nie unterschätzen darf, auf viele Überlebende eine nachhaltige Wirkung ausüben, sind die meisten Terroranschläge nicht gut geplant und nicht tödlich. Viele von ihnen scheitern spektakulär. Der Unterhosenbomber Umar Farouk Abdulmutallab versuchte sich als Selbstmordattentäter, schaffte er aber nur, sich seine edelsten Teile zu verbrennen. 2007 griffen Terroristen den Flughafen von Glasgow an, nur um aus dem Wagen gezerrt zu werden, den sie als Waffe benutzen wollten, und von unbeeindruckten Schotten Prügel zu beziehen.

Terrorismus fühlt sich an wie eine Konstante in unserer Welt, aber er hat, wie Mai sagt, eine lange Vergangenheit und kann keiner einzelnen Gruppe zugeschrieben werden. Die Terroristen meiner Kindheit waren weiße Männer. Und auch viele Terroristen meiner Gegenwart sind es. Die Überlebenden des Attentats von Anders Breivik auf der Insel Utøya mit ihrer psychischen Widerstandskraft, ihrer Hoffnung und ihrem Humor waren einer von Dutzenden Einflüssen auf dieses Buch. Auch die Überlebenden von Anschlägen in Paris, Orlando, Boston, Nizza, Istanbul, Tunesien, New Delhi, Mumbai, Bali, Bagdad und vielen weiteren Orten, wo Terroranschläge für Menschen den Boden zum Beben brachten, zählen dazu. Nichts wird wie voher sein habe ich vor dem Anschlag in Manchester von 2017 geschrieben, aber ich kann den Mut und die Resilienz der Überlebenden dieser Gräueltat nicht übergehen, und auch nicht die Liebe und Unterstützung, die die Stadt danach gezeigt hat. Freya Lewis, die das Attentat überlebte, hat ihre Geschichte in ihrem Buch *What Makes Us Stronger* erzählt. In Zeiten des Terrors möchte ich immer etwas über die Menschen hören, die ihn überleben. Wir werden überflutet von Bildern der Terroristen und hören, wie ihre Motive analysiert und kritisiert werden, aber ich bin derselben Meinung wie Violet – es ist egal, welche Gründe diese Leute zu haben glauben. *Kein* Grund ist gut genug, um einen Terrorakt zu begehen. Die Attentäter verdienen weitaus weniger Aufmerksamkeit. Ich möchte von jenen hören, die zu früh verloren wurden, und erst recht von jenen, die überlebt haben. Deren Namen möchte ich kennen.

Von daher ist das Vorgehen der Terroristen zwar Teil dieses Buches, aber die Terroristen selbst und ihre speziellen Motive habe ich außen vor gelassen. Es reicht, zu sagen, dass es Menschen vieler verschiedener Glaubensrichtungen und Überzeugungen gibt, die dem Trugschluss unterliegen, dass Gewalt eine Möglichkeit sei, Gehör zu finden. Wenn wir jemals erleben wollen, dass das aufhört, müssen wir ihnen zeigen, dass diese Strategie nicht aufgeht. Dann müssen wir Mörder mit Stille schlagen und Überlebende ausführlich zu Wort kommen lassen.

Ich habe mich bemüht, die Gewalt in keiner Weise zu glorifizieren, sie aber auch nicht auszublenden. Dies ist eine Geschichte, die von den Überlebenden erzählt wird, und es liegt nicht in ihrer Verantwortung, zu erklären, warum das alles passiert ist. Sie haben überlebt, und sie werden für den Rest ihres Lebens jeden Tag weiter überleben. Das reicht.

Die Figuren in diesem Buch werden zu der Erkenntnis gezwungen, dass an jedem Ort zu jeder Zeit plötzlich unfassbar schreckliche Dinge passieren können. Sie machen weder vor Wochenenden noch vor Ferien und noch nicht mal vor Pandemien halt. Die meisten von uns können sich unmöglich einen Reim auf solche Ereignisse machen oder sie vorhersehen. Und ich weiß, dass dieser Gedanke sehr beängstigend sein kann. Aber gerade weil das Leben selbst so komplett unkalkulierbar ist, ergibt es keinen Sinn, dass wir uns von Angst beherrschen lassen. Wir können uns nicht schützen, indem wir aufhören zu leben – indem wir nicht auf diese Party oder jenes Festival gehen oder nicht in diesen speziellen Zug steigen. Um sich dem Terrorismus zu widersetzen, müssen wir das beste Leben führen, das wir haben können, und so viele Menschen lieben, wie nur möglich. Das wünsche ich uns allen.

»Was von uns übrigbleibt ist Liebe.«
Philip Larkin, Ein Grabmal in Arundel

EINE TÖDLICHE WAHL

Marisha Pessl
NIEMALSWELT
Taschenbuch
384 Seiten
ISBN 978-3-551-31993-7
Auch als Hardcover und E-Book erhältlich

SEIT JIMS UNGEKLÄRTEM TOD hat Bee keinen ihrer Freunde mehr gesprochen. Als sich die fünf für ein Wochenende wiedertreffen, entgehen sie nachts nur knapp einem Autounfall. Noch unter Schock kehren sie ins Haus zurück, doch dort eröffnet ihnen ein geheimnisvoller Besucher das Unfassbare: Der Unfall ist wirklich passiert und es gibt nur einen Überlebenden. Die Freunde sind in einer Zeitschleife zwischen Tod und Leben gefangen, in der sie dieselben elf Stunden immer wieder durchlaufen – bis sie einstimmig gewählt haben, wer von ihnen überlebt.

WWW.CARLSEN.DE

CARLSEN

Die Arbeit der Übersetzerin am vorliegenden Text wurde
im Rahmen des Programms »NEUSTART KULTUR«
aus Mitteln der Beauftragten der Bundesregierung für Kultur
und Medien vom Deutschen Übersetzerfonds gefördert.

Zitat im Nachwort aus: Philip Larkin, *Gedichte.*
Klett-Cotta, 1988. Zweisprachige Ausgabe,
übersetzt von Waltraud Anna Mitgutsch.

FSC
www.fsc.org
MIX
Papier aus verantwortungsvollen Quellen
FSC® C083411

Wir produzieren nachhaltig
• Klimaneutrales Produkt
• Papiere aus nachhaltigen und kontrollierten Quellen
• Hergestellt in Europa

Originalverlag: Electric Monkey, part of Egmont Books.
An imprint of HarperCollinsPublishers.
Dieses Werk wurde vermittelt durch die
Literarische Agentur Thomas Schlück GmbH, 30161 Hannover.
Originaltitel: This can never not be real
Umschlagabbildungen: shutterstock.com © Ana Babii/Archiwiz
Aus dem Englischen von Birgit Schmitz
Lektorat: Brigitte Kälble
Herstellung: Björn Liebchen
Satz: Pinkuin Satz und Datentechnik, Berlin
ISBN: 978-3-551-58429-8